COMMUNICATION OU DIFFÉREND
Le grand débat Habermas-Lyotard

Garba OUMAROU

COMMUNICATION OU DIFFÉREND
Le grand débat Habermas-Lyotard

Préface de Mounkaïla Abdo Laouali SERKI

L'Harmattan

© L'Harmattan, 2019
5-7, rue de l'École-Polytechnique ; 75005 Paris

http://www.librairieharmattan.com

ISBN: 978-2-343-17789-2
EAN: 9782343177892

À la mémoire de ma mère Fatima OUMAROU, décédée en 2002

REMERCIEMENTS

Qu'il me soit permis d'exprimer ma profonde gratitude à l'égard de mon Directeur de thèse, le Professeur Mounkaïla Abdo Laouali SERKI, Directeur du Laboratoire d'Étude et de Recherche en Philosophie, Culture, Communication et Société (LERPHICCS) à l'Université Abdou Moumouni de Niamey. Je le remercie pour la rigueur, la patience et la disponibilité incommensurables dont il a fait montre tout au long de mon parcours académique. Ses orientations et recommandations ont été très déterminantes dans l'accomplissement de ce travail.

Mes remerciements vont également à l'endroit des enseignants du Département de Philosophie, Culture et Communication qui ont, chacun en fonction de son domaine, participé à ma formation philosophique.

J'exprime toute ma reconnaissance à ma famille qui m'a apporté un soutien moral et financier sans faille tout au long de mon parcours universitaire.

Les frères et amis Boubacar MAIZOUMBOU, Amada ALADOUA, Idi BOUKAR, Tanimoune MAMANE DAN IRO, Lamoudi TANKOANO m'ont apporté un soutien moral inestimable, je leur suis redevable.

« Pour saisir le caractère radicalement ouvert du débat sur la vérité, la justice et la valeur esthétique – qui ne peut pas être tranché par une pensée réflexive et transcendantale, mais passe par l'argumentation entre une diversité de points de vue –, il aurait fallu pouvoir anticiper le passage d'une philosophie de la conscience, dans la tradition cartésienne, à une philosophie du langage, d'une philosophie du sujet transcendantal à une philosophie de l'intersubjectivité, et d'une philosophie atemporelle à une pensée de la raison située dans l'histoire. »

Rainer ROCHLITZ, *Subversion et subvention. Art contemporain et argumentation esthétique*, Paris, Gallimard, 1994, pp. 125-126.

PRÉFACE

Le livre de Garba OUMAROU, intitulé *Communication ou différend. Le grand débat Habermas-Lyotard*, est en fait la version remaniée de la thèse de doctorat unique de philosophie que l'auteur a soutenue le samedi 9 décembre 2017 à l'Université Abdou Moumouni de Niamey. La soutenance de Garba OUMAROU a été en soi un événement historique, dans la mesure où ce fut une grande première en doctorat unique de philosophie au sein d'une université nigérienne.

Le plaisir fut pour moi immense d'avoir dirigé cette thèse fondatrice, une thèse du reste si brillante et préparée par un candidat dont l'engagement philosophique est sans faille. Et c'est avec le même sentiment de légitime fierté que j'ai aujourd'hui l'insigne honneur de préfacer l'excellent livre qui en est issu.

Il n'est pas anodin de souligner que Garba OUMAROU fut un doctorant extrêmement consciencieux et travailleur, qui sait ce qu'il veut et qui se donne les moyens d'atteindre des objectifs préalablement et clairement fixés, quitte à se mortifier et à s'imposer d'énormes privations. Je note aussi qu'il a d'abord soutenu un mémoire de maîtrise en anglais avant de s'inscrire en première année de philosophie ! Il est également titulaire de deux masters professionnels – en gestion des projets et en communication/marketing – qui, manifestement, étaient loin de le satisfaire et d'étancher sa soif intellectuelle.

À l'évidence, pour entreprendre et gagner les batailles sur ces différents fronts, il lui a fallu une bonne dose de volonté – voire d'audace – et d'organisation. Je ne peux dès lors que saluer la perspicacité d'un chercheur exemplaire, comme je l'ai du reste remarqué depuis le mémoire de master recherche de philosophie qu'il avait soutenu le 27 septembre 2014 sous ma direction. L'avenir de la philosophie, le bien-être individuel et collectif, comme le développement des États, requièrent en effet d'immenses sacrifices qu'en ce qui le concerne Garba OUMAROU a su consentir tout au long du processus.

S'il a été le premier des doctorants à soutenir sa thèse de philosophie au sein de l'Université Abdou Moumouni de Niamey, ce n'est nullement le fruit du hasard, mais c'est dû à un travail intense et méthodiquement mené. C'est aujourd'hui cette très bonne thèse qui a été revue et corrigée pour être publiée, ce qui, du coup, offre au public un ensemble de réflexions pointues relevant tant de la philosophie en général que de l'esthétique, de la philosophie du langage ou de la philosophie politique en particulier.

En deux grandes parties de quatre chapitres chacune, l'auteur aborde des questions qui sont d'actualité, d'une grande pertinence et d'autant plus originales que le problème de l'accord de choses différentes, de la synthèse de points de vue a priori antagoniques, de la préservation des droits des individus face à une logique universaliste par trop prégnante, va bien au-delà de la philosophie au sens strict et embrasse carrément tous les pans de notre existence.

Le livre de Garba OUMAROU est intéressant en ce que, à l'issue d'une confrontation particulièrement soutenue entre la communication argumentative de Jürgen Habermas et la communication esthétique telle qu'elle a été théorisée par Jean-François Lyotard, il finit par rendre intelligibles les conditions de possibilité d'un véritable consensus interindividuel, tout en mettant en exergue les similitudes et les différences de l'une et de l'autre des deux approches.

L'auteur a bien souligné dans quelle mesure l'essence des réflexions de Habermas et de Lyotard réside, pour le premier, dans la rationalité communicationnelle fondée sur la reconstruction du monde vécu et l'institutionnalisation résolue de la discussion, et, pour le second, dans la pratique communicationnelle du vécu dans ce qu'il appelle la « diverse spécificité ».

Cela n'est pas sans rappeler l'idée d'un *sensus communis aestheticus* (sens commun esthétique) développée par Kant dans la *Critique de la faculté de juger* à travers les quatre caractéristiques suivantes du jugement esthétique :

- l'universalité subjective fondant une certaine communicabilité à partir du sens commun esthétique présupposé en chacun de nous, sur le plan de la quantité ;
- le désintéressement, du point de vue de la qualité ;
- la finalité sans fin spécifique, sous l'angle de la relation ;
- la nécessité, si l'on considère la modalité.

Garba OUMAROU estime à juste titre que le *sensus communis* traduit la « partageabilité » du sentiment esthétique.

Du reste, avec le présent livre, la philosophie comme pensée prenant pour objet la pensée elle-même, s'enrichit d'une nouvelle page au Niger, ce qui est loin d'être anecdotique dans la mesure où les ouvrages explicitement philosophiques écrits par des Nigériens ne sont pas légion. L'auteur de *Communication ou différend. Le grand débat Habermas-Lyotard* a d'autant plus de mérite qu'il contribue à faire sortir la philosophie de la "tour d'ivoire" dans laquelle une certaine opinion a voulu la confiner ici.

À bon droit, on peut donc dire que Garba OUMAROU a apporté une pierre significative à l'édifice philosophique nigérien. Comme Pierre Corneille le fait dire à Rodrigue dans *Le Cid*, « aux âmes bien nées, la valeur n'attend point le nombre des années ». Cette assertion a tout son sens concernant Garba OUMAROU dont le coup d'essai est un véritable coup de maître et une invite à tous à cultiver l'excellence, en philosophie ou ailleurs, nonobstant les difficultés multiformes auxquelles nous pouvons nous trouver confrontés.

Mounkaïla Abdo Laouali SERKI

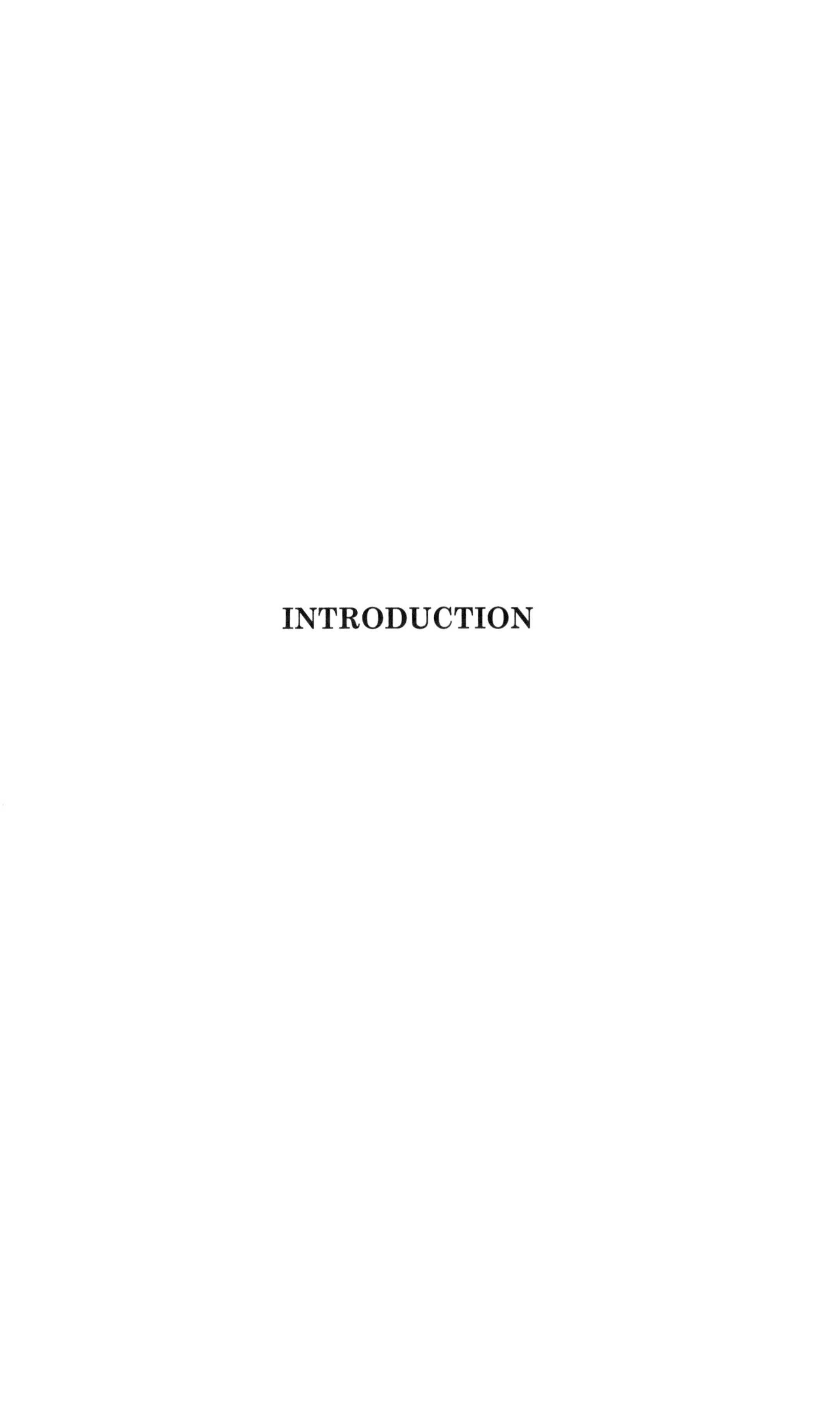

INTRODUCTION

Les thématiques philosophiques développées par l'Institut de Recherche en Sciences Sociales de l'École de Francfort font l'objet, aujourd'hui comme avant, d'interprétations diverses. Ceci est d'autant plus logique étant donné l'envergure et la pertinence des réflexions menées par les acteurs de l'Institut en question. Qu'il s'agisse de l'ancienne ou de la nouvelle génération, le contenu des réflexions n'a pas significativement changé d'orientation. L'idée capitale qui est au centre des débats repose sur l'ambitieux programme de l'Institut en question, consistant à la reconstruction de la modernité et à l'accomplissement du projet des Lumières focalisé sur l'émancipation de l'humanité. Parmi tant d'autres acteurs de l'Institut de Recherches en Sciences Sociales, Habermas occupe une place importante. Son édifice théorique de la raison communicationnelle comme perspective de reconceptualisation de la modernité n'a jamais cessé de susciter des questionnements, et même des contradictions dialectiques dans l'univers de la pensée philosophique contemporaine. Ainsi, de toutes les grandes réactions philosophiques que ce chantier habermassien a suscitées, on peut retenir celle du penseur français Jean-François Lyotard. Ce dernier s'est largement prononcé sur le modèle de la pratique communicationnelle mis en relief par Habermas. Ce livre entend mettre en relief les perspectives de ces deux grands auteurs sur la question de la communication.

Rappelons que la modernité se pose comme symbole de rupture de tuteurage de l'homme vis-à-vis des croyances religieuses. C'est surtout le criticisme kantien, sous l'angle d'historisation et différenciation du processus de rationalisation, qui décrit le processus de la modernité. Cette théorie kantienne, relayée par la pensée hégélienne, a réactualisé la modernité comme découverte de la subjectivité. La modernité serait, en ce sens, définie comme « cette séparation croissante du monde objectif, créé par la raison en accord avec les lois de la nature, et du monde de la subjectivité, qui est d'abord celui de l'individualisme, ou plus précisément celui d'un appel à la liberté personnelle[1] ».

Certes, le processus de la « détranscendantalisation[2] », opéré à travers le pragmatisme, a constitué une rupture d'avec l'universalisme abstrait de la philosophie hégélienne. Sous l'éclairage de la pragmatique, la pensée philosophique se reconstitue sous l'angle d'une analyse des conditions sociales concrètes. L'Institut de Recherche en Sciences Sociales devenu l'École de Francfort, s'est du reste inscrit dans cette dynamique. Partant du soi-disant échec de la modernité, l'Institut s'est donné la tâche de repenser les conditions d'épanouissement de l'homme. Pour Théodore Adorno, la modernité comme rationalisation, telle qu'elle s'est constituée depuis les Lumières, est fondée sur un mode déterministe qui a conduit au totalitarisme et au désenchantement. Horkheimer parle à ce titre d'« Eclipse de la Raison »[3].

La perspective de la deuxième génération de l'École de Francfort s'inscrit dans l'optique de repenser les valeurs de salut de l'humanité prônées par ces Lumières. Ainsi, pour Habermas, la modernité est un processus inachevé qui peut être rétabli par le truchement d'un modèle de communication intersubjective. Son paradigme communicationnel repose sur un tournant langagier et une théorie de la société[4]. Ce paradigme habermassien est la transformation de l'impératif catégorique kantien. Ce qui explique la teneur morale de son paradigme communicationnel. Habermas traduit l'impératif sous l'angle du principe de discussion et d'universalité. L'éthique de la discussion « rompt avec l'idéalisme et le monologisme kantiens ».[5] Faut-il aussi rappeler, à ce niveau, la reconstruction des principes moraux et de la communication publique entrepris dans le cadre de son analyse. La reconstruction

---

[1] A. TOURAINE, *Critique de la modernité,* Paris, Fayard, 1992, pp. 13-14.
[2] J. HABERMAS, *Discours philosophique de la modernité. Douze conférences*, trad. Christian Bouchindhomme et Rainer Rochlitz, Paris, Gallimard, 1988.
[3] M. HORKHEIMER, *Éclipse de la Raison*, trad. Laizé, Paris, Payot, 1974.
[4] J. HABERMAS, *Théorie de l'Agir communicationnel, tome 1 : rationalité de l'agir et rationalité de la société*, trad. Jean-Marc Ferry, Paris, Fayard, 1987.
[5] J. HABERMAS, *De l'éthique de la discussion,* trad. Mark Hunyadi, Paris, Flammarion, 2013, p. 26.

rationnelle des intuitions morales implique donc la justification des énoncés avancés par les participants à la communication, au sens où « les propositions ou énoncés moraux sont justifiables, ils ont une teneur cognitive[6] ».

Aussi, la théorie communicationnelle est-elle articulée à une "pragmatique universelle" tenant lieu d'une instance métalangagière. C'est sur fond de cette instance que tout usage du langage implique la prétention à la validité honorée à travers l'argumentation. Par ailleurs, la pratique de la discussion argumentée sous-tend une formation de l'opinion et de la volonté publique. Pour maintenir l'équilibre entre l'autonomie du public et du privé,

> la procédure de la formation discursive de la volonté prend en compte le rapport interne des deux aspects : l'autonomie d'individus insubstituables et leur enchaînements dans les formes de vie intersubjectivement partagées.[7]

Lyotard, pour sa part, s'interroge premièrement sur la validité d'une normativité dans les sociétés contemporaines hautement technicisées. Il discute la validité d'une perspective communicationnelle essentiellement fondée sur la prétention à la critiquablité de tout acte langagier. En effet, dans un système fonctionnaliste où prime la performance, la question des valeurs et des normes devient suspecte. La dynamique des sociétés industrielles avancées entraine, selon Lyotard, une mobilité du statut de la connaissance et des valeurs normatives. Ainsi, Lyotard se réfère notamment à l'idée du « jeu de langage » de Wittgenstein pour questionner la validité de la dimension universelle du langage. Il commence par mettre en doute la pragmatique universelle mis en place par Habermas comme cadre conceptuel de communication argumentative.

Rappelons qu'il n'y a pas chez Wittgenstein l'idée de métalangage entendu comme instance supérieure à l'aune de laquelle on décide de la validité des autres structures du langage. Il y a autant de variétés de langage, dès lors qu'il y a une variété

---

[6] J. HABERMAS, *L'intégration républicaine. Essais de théorie politique*, trad. Rainer Rochlitz, Paris, Fayard, 1998, p. 11.

[7] J. HABERMAS, *De l'Ethique de la discussion*, op. cit., p. 23.

de communautés linguistiques. Aussi, si le langage est composé de divers types de phrases (l'expressif, l'interrogatif, l'impératif, l'exclamatif), il serait problématique d'envisager un enchainement qui conduira à un consensus.

Dans cette même logique, Lyotard trouve que la pragmatique universelle sous-tendue par la justification cognitive passe sous silence la question de la pluralité des régimes de phrases et des genres de discours. C'est cette réflexivité de la pratique argumentative comme « métadiscours universalistes »[8] qui constitue le péché de l'éthique de la communication. Pour Lyotard « la rationalité n'est raisonnable que si elle admet que la raison est multiple, comme Aristote disait que l'être est multiple ».[9]

De plus, la discussion rationnelle ne doit pas être perçue, du moins selon Lyotard, comme la seule approche valable dans l'établissement de la réalité. Le langage n'est pas seulement rationalité, il relève également de l'agonistique, c'est-à-dire faire usage du discours dans la perspective de réussir :

> Il y a donc un différend sur les moyens d'établir la réalité entre les partisans de l'agonistique et les partisans de dialogue. Comment régler ce différend ? Ceux-ci disent : par le dialogue, ceux-là : par l'agôn. Si l'on s'en tient là, le différend ne fait que se perpétuer, en devenant une sorte de méta-différend, un différend au sujet de la manière de régler le différend, au sujet de la manière d'établir la réalité.[10]

Par ailleurs, Lyotard s'inscrit dans une perspective d'indécidabilité dans le rapport du langage et de la réalité. Cette indécidabilité renvoie à l'incapacité du langage à dire ce qu'est le réel, étant donné le caractère insaisissable de celui-ci. Lyotard dénonce l'« absoluité » du concept et la surestimation du tournant linguistique, comme il le précise en ces termes : « Par le langage, on sort de la singularité ; on l'inclut dans un réseau qui est

---

[8] P. W. PRADO JR., « *Argumentation esthétique* » in *Procope, Habermas, La raison, la critique,* dirigé par Christian B, Rainer R, trad. Rainer Rochlitz avec la collaboration de Christian Bouchinhomme, Paris, 1996, Les Editions du Cerf, pp. 39-68.

[9] J. RAJCHMAN, et C. WEST, *La pensée américaine contemporaine*, Paris, PUF, 1991, p. 17.

[10] J.-F. LYOTARD, *Le différend*, Paris, Editions de Minuit, 1984, p. 47.

perpétuel renvoi, insaisissable, impalpable, on va vers l'universel[11] ».

Dans une tout autre dynamique, Lyotard repose la question de formulation des normes et de légitimation du discours argumentatif. Sa thèse prend pour point de départ les trois critiques kantiennes qui ont posé le jalon de la pluralité de rationalités. En effet, de ces trois rationalités, découlent trois processus d'obtention de l'assentiment : le cognitif, l'éthique et l'esthétique. La distinction entre « le conceptuel » et le « non conceptuel » a inspiré Lyotard pour distinguer sentiment esthétique et synthèse conceptuelle. La sphère cognitive cesse d'être l'instance de référence aux autres. Ainsi, les interlocuteurs argumentant selon ces différentes rationalités ne sauraient trouver un langage commun.

À travers la question du sublime kantien, Lyotard retrace la distance entre la faculté de concevoir et la faculté de présenter. Si nous avons l'idée de l'absolument grand, nous n'avons pas la possibilité de montrer des exemples de ces idées. « [...] l'idée de l'absolu n'est pas présente, en tant que telle, c'est-à-dire comme concept, de la raison [...] et cette présence est celle de la « satisfaction exaltante » qu'éprouve la pensée à l'occasion de l'objet qu'elle juge sublime ».[12] Cette impossibilité de présenter l'imprésentable se traduit sous forme de mélancolie, « il s'agit en effet du déplaisir, et même de l'angoisse »[13] (incapacité de présenter comme nostalgie de la présence) ou de l'innovation (l'invention des règles, des nouvelles formes artistiques). Cette idée de nostalgie et d'innovation représente respectivement la sphère de la modernité et de la postmodernité.

Lyotard se propose ainsi d'explorer l'intuition afin de fonder une approche susceptible de rendre justice à la dimension individuelle. En procédant ainsi à une « archéologie de la subjectivité », il élabore ainsi une « esthétique de la communication » afin de démontrer les limites de l'échange

---

[11] J.-F. LYOTARD, *Rudiments païens*, Paris, Klincksieck, 2011, p. 71.
[12] J.-F. LYOTARD, *Leçons sur l'analytique du sublime*, Klincksieck, 2015, p. 114.
[13] *Ibid*, p. 110.

conceptuel. Pour Lyotard, l'être humain n'est pas essentiellement raison, il est aussi intuition et sensibilité. En tant que constitutive de son être, cette faculté détermine également sa conduite au même titre que la raison. C'est donc dans cette perspective qu'il s'est intéressé à une communication axée sur le domaine sensible.

Dans cette même logique, Alain Renault nous fait remarquer que le concept nous fournit la propriété commune aux objets mais « ne nous permet en aucun cas d'appréhender l'existence toujours particulière des objets de cette classe. C'est pourquoi la saisie du particulier dans son existence exige une autre source de connaissance, qui est l'intuition ».[14]

La préoccupation de Lyotard est prise en charge par des penseurs comme Jean Caune qui postule que dans la coopération entre les humains, il n'y a pas que l'« expérience subjective universellement communicable »[15], il ya des expériences subjectives qu'on ne saurait communiquer aux autres par le truchement du discours. Ce dilemme communicationnel est à l'origine du différend. S'inscrivant dans la même perspective que Lyotard, Plinio Walder établit une distinction entre le « point de vue de la théorie de la communication »[16] qui s'appuie sur « la pragmatique universelle » à travers la reconstruction des conditions de possibilité de l'intercompréhension, et le « point de vue de la pensée du différend»[17] qui permet de mettre en exergue les incommensurabilités. Lyotard pense que ce n'est pas la communication argumentative mais plutôt l'art comme démenti à la position du discours[18] qui peut mieux traduire le différend.

Notre ambition, à travers ce travail, est, de confronter la dynamique actuelle de la rationalité communicationnelle avec la dimension esthétique dans l'optique de jauger la validité de chacune.

---

[14] A. RENAUT, *Kant aujourd'hui*, Paris, aubier, 1997, p. 234.
[15] J. CAUNE, *Esthétique de la communication, Que-sais-je ?* Paris, PUF, 1997, p. 13
[16] P. W. PRADO JR. « *Argumentation esthétique* » in *Procope, Habermas, la raison, la critique,* trad. Christian BOUCHINDHOMME, Rainer ROCHLITZ, op. cit., pp. 39-48.
[17] *Ibid.*
[18] J.-F. LYOTARD, *Discours Figure*, Paris, Klincksieck, 2002, p. 13.

La question principale qui doit nous guider, tout au long de ce travail, est celle de savoir quelle est, entre l'approche habermassienne et lyotardienne, la plus apte à assurer la communication interindividuelle ?

Pour répondre à cette question, notre travail s'articule autour de deux grandes parties. Dans un premier temps, nous nous attèlerons à retracer les fondements des théories du langage et de la communication. Ce qui nous permettra de mettre en exergue le passage de la raison métaphysique et transcendantale aux théories communicationnelles. Il s'agira également de mettre en relief le processus de différenciation des systèmes de rationalité : Théorique, pratique et esthétique, donnant suite aux modes de communication : cognitive interactive et expressive. Dans le même ordre d'idée, cette partie prendra en charge l'articulation du social à la théorie langagière. Du reste, cette articulation reflètera le penchant de chacun de ces deux auteurs (Habermas et Lyotard) à privilégier la dimension théorico-pratique ou la dimension esthétique, à s'affirmer pour ou contre l'universalisation des particuliers. Dans la deuxième partie, nous mettrons en discussion la théorie communicationnelle de Habermas et la théorie du différend de Lyotard. Il s'agit, à ce niveau, de clarifier les soubassements de chaque approche. Du côté de Habermas, nous exposerons les principes de la théorie argumentative, le statut de l'universel et du particulier, sur fond du principe universel et le principe de la discussion. Nous prouverons, à ce titre, l'intrication des valeurs morales et des dispositions politico-juridiques dans la mise en place la théorie du consensus. Du côté de Lyotard, l'idée centrale s'articule autour du principe de délégitimation entendu comme remise en cause de toute normativité. C'est un autre rapport vis-à-vis de la modernité qui ne se réfère pas à l'argumentation rationnelle mais au sensible.

PREMIÈRE PARTIE : AUX ORIGINES DES THÉORIES DU LANGAGE ET DE LA COMMUNICATION

CHAPITRE I :
LA MODERNITÉ : DE LA RAISON HISTORIQUE À LA RAISON COMMUNICATIONNELLE

Certes, l'avènement de la modernité dans l'univers philosophique renvoie de prime abord à la rupture d'avec les considérations mythico-religieuses. En ce sens, la question de la modernité philosophique serait liée à la découverte de l'individu en tant que conscience pensante. La découverte de la conscience ne peut, à elle seule, épuiser la dimension de la modernité. En effet, il y a derrière cette découverte l'idée de l'évolution progressive de l'humanité vers la réalisation de l'émancipation. Mais ce projet de libération semble être contrarié. Certains événements qui ont marqué l'histoire humaine, notamment au cours du vingtième siècle, comme *Auschwitz* et l'antisémitisme, ont démontré à plus d'un titre que la modernité demeure encore un horizon. La reconstruction de cette modernité s'opère à travers la théorie communicationnelle de Habermas que nous explorerons dans ce chapitre.

1. Reconstruction de la modernité

1.1. L'avènement de la modernité : reconstruction de la philosophie transcendantale kantienne

La philosophie transcendantale, dans les différentes orientations, serait la manifestation de la Raison dans l'histoire universelle[19]. Elle est, en ce sens, caractérisée par l'usage des « grandes catégories de l'histoire »[20]. La perspective de la détranscendantalisation, dont il est question ici, consistera à analyser cette raison dans ses différentes manifestations sociales. Elle implique aussi le passage de la raison substantielle cosmologiste à la raison comme pratique et échange entre humains. Ceci pose la nécessité de la reconstruction de la vision cartésiano-kantienne. La première évolution significative serait

---

[19] F. FUKUYAMA, *La fin de l'histoire et le dernier homme*, Trad. Denis-Armand Canal, Paris, Flammarion, 1992, p. 81.

[20] T. W. ADORNO, *Minima moralia*, trad. Eliane Kaufholz et Jean-Réné Ladmiral, Paris, Payot, 1980, p. 13.

celle réalisée par la sémiotique peircienne. La sémiotique transcendantale de Sanders Peirce a remplacé l'ontologie, la métaphysique au sens aristotélicien, et la critique de la connaissance au sens de Kant.

La philosophie transcendantale conçoit le sens sous l'angle d'une « temporalité essentielle et anhistorique[21] ». C'est justement cette stratégie conceptuelle de la recherche de l'inconditionné qui porte préjudice à la philosophie transcendantale. Ce qui mérite d'être écarté pour donner un ancrage social à la raison, c'est la chose en soi kantienne. La recherche de l'inconditionné « oblige à penser le monde comme un ensemble constitué, de la même façon que l'on pense le monde des objets d'une expérience possible. C'est ainsi que se trouvent subordonnées aux contextes objectaux dans lesquels des sujets socialisés se rencontrent et ont une pratique communicationnelle des sujets d'un format supérieur[22] ».

Ainsi, Habermas s'appuie plus sur la pensée kantienne pour voir la modernité comme étant une époque historique caractérisée par la normativité, une époque qui « prend conscience du problème historique que sont l'abandon d'époques exemplaires du passé et la nécessité de puiser en soi-même tout ce qui relève des normes[23] ». La perspective habermassienne s'inscrit donc comme parachèvement à travers le dépassement de l'opposition transcendantal-empirique, au profit d'un « quasi-transcendantal ».

Ce n'est pas toute la dimension transcendantale qui se trouve renvoyée. Ce qui est remis en cause c'est l'idée fondamentale d'apriorisme qui correspond à la constitution d'expériences par objectivation de la réalité « selon des critères invariants »[24], une objectivation qui se manifeste dans toutes les expériences comme « système de concepts fondamentaux[25] ».

---

[21] J. P. RESWEBER, *La philosophie du langage*, *Que sais-je ?*, Paris, PUF, 1979, p. 60.

[22] J. HABERMAS, *Théorie et pratique,* Trad. Gérard Raulet, Paris Payot, 2006, pp. 44-47.

[23] J. HABERMAS, *Discours philosophique de la modernité*, op. cit., p. 23.

[24] J. HABERMAS, *Logiques des sciences sociales et autre essais*, Paris, PUF, trad. Rainer Rochlitz, 1987. p 358.

[25] *Ibid.*, p. 358.

Habermas préfère donc engager la question de la modernité et de la détranscendantalisation à travers une remise en cause de la philosophie de l'histoire. C'est-à-dire renoncer à l'idée d'une histoire universelle de Francis Fukuyama qui présente l'humanité sous l'angle« d'un schéma d'explication[26] » unidimensionnel des sociétés humaines. La détranscendantalisation donne un ancrage social aux concepts à l'idée de liberté, de raison, de nature, d'histoire, de vérité dans la communication langagière et s'annonce ainsi comme un « pluralisme des champs de recherches[27] », et un processus de différenciations historiques, de valorisation des instituions de la modernité.

L'ancrage sociologique de la raison implique dorénavant, non seulement le dépassement des conditions psychologiques individuelles à l'image de la logique du cogito cartésien, mais aussi la prise en compte du « monde vécu » entendu comme sphère socioculturelle et politique dans laquelle l'être humain évolue. Ceci a aussi pour conséquence la mise en œuvre de la dialectique de l'analyse conceptuelle à l'analyse empirique. Selon Jean-Marc-Durand Gassalin, « tout l'enjeu de la détranscendantalisation va donc consister à penser une raison suffisamment articulée à l'histoire, faillible et plurielle[28] ».

Ainsi, l'agir communicationnel que conçoit Habermas, n'est ni le cogito cartésien encore moins le macro-sujet marxien, il se constitue comme raison moulée sur la vie sur les gens, sur les éléments de l'existence.

La légitimité de l'âge moderne est soustraite de l'absolutisme, de la transcendance en s'ouvrant à des structures de légitimité polyvalentes. Pour restaurer la dimension émancipatoire de la raison, Habermas se propose de restaurer le processus de différentiation de la raison dissoute par l'idéalisme hégélien.

---

[26] F. FUKUYAMA., *La Fin de l'Histoire et le Dernier Homme*, op. cit., p. 81.

[27] M. HORKHEIMER et T. W. ADORNO, *Dialectique de la Raiso*n, trad. Eliane Kaufholz, Paris, Gallimard, 1974, p. 25.

[28] J.-M. DURAND-GASSALIN, *École de Francfort*, Paris, Ed Gallimard, 2012, p. 342.

1.2. Processus de sécularisation et différenciation des domaines de savoirs

Dans la théorie de l'agir communicationnel, Habermas a mentionné que « la rationalité des opinions et des actions est un thème sur lequel travaille traditionnellement la philosophie. On peut même dire que la pensée philosophique provient du devenir réflexif de la raison incorporée dans la connaissance, dans la parole et dans l'action[29] ». Il est donc loisible d'avancer que la problématique de la rationalisation s'oriente vers une analyse des divers domaines pratiques d'application de la raison. Ce faisant Habermas vise donc à révéler les défaillances des théories sociales modernes de ses devanciers dont Max Weber, Horkheimer et Adorno, en mettant en relief la partialité des jugements qu'ils ont développés à ce propos.

Habermas revient ainsi à la charge sur concept de rationalité esquissé par Max Weber à propos dans la perspective du processus de modernisation des sociétés occidentales. De ce fait, pour appréhender les « images pré-modernes » des sociétés occidentales, la conceptualisation développée par Weber notamment dans *L'éthique protestante et l'esprit du capitalisme*[30]serait importante. L'environnement culturel des sociétés occidentales traditionnelles, comme décrites par Max Weber, était caractérisé par la prédominance du sacré. De plus, les cultes « constituent une antithèse à la compréhension du monde moderne[31] ».

La rationalisation s'oriente fondamentalement vers une double logique. D'une part, elle est envisagée comme rationalisation des "images du monde". Et dans cette première acception, elle symbolise le développement et la spécification des savoirs. C'est à ce type de rationalisation que l'on relie la poussée des nouvelles sciences, des nouvelles visions décentrées du monde.

---

[29] J. HABERMAS, *Théorie de l'agir communicationnel, tome 1. Rationalité de l'agir et rationalisation de la société,* op. cit., p. 17.

[30] M. WEBER, *L'éthique protestante et l'esprit du capitalisme suivi d'un autre essai*, Trad. Jacques Chari, Paris, Librairie Plon, 1964.

[31] J. HABERMAS, *Théorie de l'agir communicationnel, tome 2. Pour une critique de la raison fonctionnaliste*, trad. Jean-Louis Schlegel, Paris, Fayard, 1987, p. 60.

Elle sous-entend, également, une conception neuve du juridico-politique et de l'institutionnalisation des communautés humaines.

D'autre part, la rationalisation implique la transformation subie par les pratiques culturelles traditionnelles. En effet, selon cette seconde espèce de rationalisation, les croyances seraient beaucoup plus fondées sur les convictions individuelles que collectives. Ceci constitue l'amorce des sentiments des libertés individuelles, d'où l'éclosion des vies privées, des éthiques et morales laïques et individuelles.

Cette transformation, qui est en même temps d'ordre institutionnel, comporte des implications significatives sur plusieurs dimensions. En premier lieu, il y a l'émergence des identités collectives qui nécessitent de nouvelles procédures de légitimation. Faut-il *a priori* rappeler que la rationalisation comme autonomisation porte, comme l'indique Max Weber, principalement sur la sphère sociale culturelle et personnelle. Le socle normatif, assuré par 'images du monde' de la religion traditionnelle, change progressivement d'ancrage avec la nouvelle dynamique culturelle du capitalisme.

La problématique de la rationalisation, au cœur des réflexions philosophiques modernes, se présente comme redéfinition des systèmes de croyance sous forme de désenchantement de la magie et des mythes. Il correspond au « monde de la magie[32] », qui selon Horkheimer et Adorno doit être exorcisé dans le cadre de *l'Aufkärung* avec le passage au pluralisme des visions du monde.

Le processus de la rationalisation s'est posé comme exigence des sociétés bourgeoises ; il correspond à la nécessité de répondre aux situations nouvelles. Dans cette perspective il faut rappeler l'émergence des sciences sociales, de plusieurs autres théories chargées d'expliquer et de renforcer l'évolution des sociétés pré-bourgeoises et bourgeoises chargées de fournir des explications sur le sens de la vie. Du point de vue de la science, il y a la prolifération et la différenciation des domaines de recherches,

[32] M. HORKHEIMER et T. W. ADORNO, *Dialectique de la Raison*, op. cit., p. 21.

impliquant en même temps des théories du langage, des théories esthétiques, des théories de l'action.

Sur un tout autre plan, un processus de laïcisation se traduit par une certaine « éthicisation » des images du monde. La religion se libérant progressivement du dogmatisme s'autonomise progressivement du pouvoir clérical pour devenir affaire privée. Ainsi, le système organisationnel de la société, jadis sous l'égide de l'autorité religieuse, devient laïc. En conséquence, les individus s'érigent en collectivités et associations institutionnalisées. Mais les aspects les plus déterminants qui en résultent sont la séparation de la légalité et de la moralité et l'universalisation du droit et de la morale. Cela suppose un développement significatif des valeurs sociopolitiques et institutionnelles. C'est ce qui fait dire à Habermas qu'une « fois que la communauté de foi s'est sécularisée pour devenir communauté de coopération, seule une morale universaliste peut conserver son caractère contraignant »[33].

Du point de vue de Habermas, la vision wébérienne de la rationalité est paradoxale et partielle ; elle consiste à considérer que la libération des sphères des valeurs soumet l'émancipation à une logique moyens-fins détruisant par là les ressources de sens et les libertés individuelles. C'est dire qu'avec l'éclosion des sciences et la naissance de l'État moderne (XVIIIème siècle), répondant aux exigences de l'économie et du profit du marché, la logique du système déploiera des forces qui vont endiguer les forces morales et finiront par subvertir « l'intégration sociale ».

La perspective habermassienne de rationalisation se veut fondamentalement une entreprise de reconstruction de la vision de Weber et de Horkheimer. Elle vise à relancer le processus déjà entamé par ces auteurs, afin de dégager les conditions d'instauration d'une unification sociale après la « mise en langage du sacré ». En d'autres termes, la rationalisation est ici instauration des principes nouveaux pour une normativité laïque.

En marge de la spécialisation des domaines « expressif », « normatif », « cognitif », de la rationalisation systémique du

---

33 J. HABERMAS, *Théorie de l'agir communicationnel, tome 2. Pour une critique de la raison fonctionnaliste,* op. cit., p. 102.

marché et de l'administration, il y a la rationalisation sociale par la communication intersubjective qui fonde l'intégration sociale. Aux yeux de Habermas, cette logique constitue un signal fort, en ce sens qu'elle conduit à la mise au point de trois dimensions importantes : le domaine de la vie privée, de la vie publique et la prétention à la validité universelle. Elle conduit surtout à l'instauration progressive de l'intersubjectivité langagière dans les croyances.

On peut dire que la dynamique de la rationalisation implique en premier lieu l'émergence de la conscience. Elle constitue également l'imbrication des sciences formelles et des analyses empiriques.

Par ailleurs, la nécessité de donner suite aux besoins a favorisé le développement des savoirs théoriques applicables pour la satisfaction des besoins pratiques : ce qu'il faut surtout souligner à ce niveau, c'est la distinction de la « vie quotidienne » de la « culture d'experts[34] ». Cela est déterminant du point de vue de la question de validation du discours. Il est important de rappeler ici, et Weber l'a bien précisé, que les sociétés pré-bourgeoises avaient une démarche spéciale de validation de discours qui s'appuyait sur des structures symboliques du monde vécu. Avec la science, le processus de validation du discours n'est plus rattaché aux actions quotidiennes. Il requiert un procès public et une délibération.

Dans *Condition de l'Homme moderne*,[35] Hannah Arendt a bien mis en relief la question de la vie publique et de la privée, l'avènement de l'espace public. Elle a mis en exergue l'émergence d'un espace public dans la cité grecque, mais, il s'agit d'un espace à l'état de balbutiement. Il se présentait sous l'angle d'une vie de cité qui envisageait deux ordres d'existence, un domaine privé propre (idion) et ce qui est commun (koinon). Mais Hannah Arendt n'approfondit pas sa réflexion dans ce sens comme Habermas. Sa

---

[34] J. HABERMAS, *Discours philosophique de la modernité*, op. cit., p. 402.

[35] H. ARENDT, *Condition de l'homme moderne*, trad. Georges Fradier, Paris, Calmann-Lévy, 1961.

pensée constitue tout de même un point significatif de rationalisation et un soubassement à la laïcisation de l'espace :

> L'excellence que les grecs appelaient « areté », les romains « virtus » a toujours été assignée au domaine public où l'on pouvait se distinguer des autres : toute activité exécutée en public peut atteindre à une excellence que l'on ne saurait égaler dans le privé, car l'excellence par définition exige toujours la présence d'autrui.[36]

Un développement structuré des relations communicationnelles se dessine et donne lieu à des formations des espaces publics de discussion. Les procès de rationalisation des « ordres de vies » s'orientent de plus en plus vers des prétentions à la validité et sont susceptibles d'être révisés dans le sens d'intégrer des nouvelles informations. Ce processus est couplé par l'émergence des libertés d'opinion et d'expression et le recours à la raison publique pour la justification des normes publiques. Les « systèmes de savoir, que sont l'art et la critique, la science et la philosophie, le droit et la morale, se sont d'autant plus radicalement séparés de la communication quotidienne, qu'ils se sont concentrés plus strictement et plus unilatéralement sur une fonction du langage et sur un mode de validité[37] ».

La conception habermassienne de la rationalisation constitue aussi une relecture de l'analyse d'Herbert Mead et de Niklas Luhmann. Mead s'est intéressé à la rationalisation du système communicationnel du monde vécu. Sa conception constitue, certes, un apport conceptuel incontestable comme l'atteste Habermas, mais elle pèche pour n'avoir pas entrevu le processus d'intercompréhension. La logique communicationnelle a évolué en trois phases essentielles : interaction par les gestes, par les symboles et par les normes. Mead élabore une théorie de signification.

Pour sa part, Niklas Luhmann entrevoit la théorie de la rationalisation sous un angle systémique. Cette conception traduit la transformation de « la conceptualité de la tradition

---

[36] *Ibid.* p. 88.
[37] J. HABERMAS, *Discours philosophique de la modernité,* op. cit., pp. 400-401.

occidentale[38] ».C'est le système de l'économie du marché qui procède à l'élaboration du sens. « Les sujets capables de conscience de soi sont donc remplacés par des systèmes qui procèdent à l'élaboration ou à l'utilisation du sens[39] ».

En marge de la question de différenciation, Habermas a également entamé une reconstruction des théories positiviste et décisionniste.

1.3. Vers une reconstruction des théories positiviste et décisionniste

La critique dont fait l'objet le courant positiviste s'inscrit presque dans le même ordre d'idée que celle engagée contre la vision wébérienne de la rationalité. Certes Habermas reconnait l'inéluctabilité de la différenciation des systèmes de savoir, mais il postule que toute orientation scientifique doit reposer sur une culture, et que toute entreprise de recherche, en même temps qu'elle élabore des règles, prend en charge les valeurs symboliques de la communauté humaine. C'est cette dimension qui manque cruellement au positivisme.

La doctrine positiviste serait perçue comme une variable du scientisme du XIX siècle. Elle se définit, depuis Auguste Comte, comme foi aux démarches scientifiques, « la croyance de la science en sa validité exclusive[40] ». Ainsi, le positivisme considère d'une part la connaissance comme description de la réalité et, d'autre part, la théorie comme copie de la vérité. En réaffirmant le primat de la méthode sur le réel et sur le sujet connaissant, la logique positiviste oublie la dimension subjective de l'humain au profit de l'instrumentalité. Le positivisme est caractérisé, selon Habermas, par « l'illusion objectiviste » :

> L'objectivisme, qui donne aux sciences l'illusion d'un en soi de faits structurés selon des lois, masquant ainsi la constitution préalable de ces faits, ne peut plus être dépassé efficacement de l'extérieur, à partir de la position d'une théorie de la

---

[38] J. HABERMAS, *Discours philosophique de la modernité*, op. cit., p. 438.
[39] *Ibid.*, p. 436.
[40] J. HABERMAS, *Connaissance et Intérêt,* trad. Gérard Clemançon, Paris, Gallimard, 1976, p. 37.

> connaissance générée, mais seulement par une méthodologie qui transcende ses propres limites[41].

Le positivisme, en tant qu'il fait l'apologie du formalisme, représente une sorte de transcendantalisme. En ce sens, pour le penseur de l'École de Francfort qu'est Habermas, l'idéalisme pratique kantien et même la philosophie spéculative chez Hegel est un masque du positivisme ; il reflète un repli sur le droit existant comme valeur unique. Il y a, en lui, un renvoi à un rationalisme lointain qui n'est qu'un positivisme à peine voilé. Car, à travers cette conception hégélienne, la notion de droit de révolution est complètement absente.

Le positivisme s'exprime également à travers le formalisme du langage. En ce sens, ce sont les symboles formalisés qui remplacent la langue ordinaire. Aussi en même temps qu'il se formalise, le langage scientifique devient de moins en moins dépendant du sujet pensant. Il se produit donc un processus de désubjectivation dans le positivisme. L'enjeu, à ce niveau, est donc de taille, dès lors que le sujet pensant est dépouillé de son pouvoir de créateur, la science transcende l'humain. Il n'est donc plus question de l'autodétermination du sujet. Comme conséquence, le savoir scientifique n'a plus besoin, pour sa légitimation, du sujet connaissant. C'est plutôt par la cohérence de la logique du raisonnement que « toute connaissance doit faire la preuve de sa légitimité[42] ». Héritier du marxisme, Habermas s'engage dans la défense de la dimension subjective mais renonce à l'instauration de la société sans classes. Il s'agit donc pour lui de reprendre l'idéal démocratique à partir de la bourgeoisie.

Par ailleurs, le positivisme élimine tout ce qui relève des valeurs, « en limitant aux faits » toute entreprise de recherche. Dans *Connaissance et intérêt*, Habermas mentionne qu'à travers le positivisme wébérien « les essentialités de la métaphysique sont déclarées inessentielles en face des faits »[43]. Le renvoi à la métaphysique n'est rien d'autre que la mise à l'écart de toutes les valeurs morales. En principe, la découverte de la vérité se fonde

---

[41] *Ibid.*, pp. 103-104.
[42] *Ibid.*, p. 108.
[43] *Ibid.*, p. 112.

sur une procédure, des concepts et un résultat communément accepté : « La vérité est publique (*offentlichkeit*)[44] ».
Les réactions contre la logique positiviste se posent comme refus de l'assujettissement de la vie humaine à la structure objective. La théorie marxiste est un exemple de logique antipositiviste. Le marxisme a tenté, dans sa logique, de mettre en exergue l'idée qu'une théorie sociale est impossible lorsqu'on réduit la volonté et les actions des hommes à la structure objective et l'affranchissement des êtres à la structure sociale. Pour le marxisme, il nous faut entreprendre une théorie démystificatrice qui démontre que la structure du monde est le résultat de la volonté des hommes et qu'elle est susceptible de subir un changement avec l'évolution historique.

En effet, Le marxisme perçoit le positivisme sous l'angle d'un plaidoyer en faveur des règles ou des lois formelles, et en même temps d'une remise en cause de la subjectivité humaine. Ainsi, l'idéologie scientiste n'a pas pour finalité la libération des acteurs sociaux. La vision habermassienne de la libération est, en ce sens, nuancée. La nouvelle dynamique constitue une rectification du choix marxien axé sur l'alternative de la production matérielle et l'idéal de la société sans classes. Dans cette optique, c'est plutôt le processus de la formation rationnelle reposant sur l'activité communicationnelle qui doit orienter la démarche. La maîtrise de la nature est une condition nécessaire mais pas suffisante pour la libération de l'humanité. Cette idée fait la faiblesse du marxisme en le réduisant à l'idée de la domination de la nature à travers la rationalité manipulatrice.

Ainsi, la libération ne doit pas se reposer sur l'action de reproduction de la nature. C'est seulement la communication qui peut réaliser la rationalité libératrice. Pour parvenir à la libération, Habermas suggère la subordination de la rationalité objective des sciences de la nature à la subjectivité des sciences sociales.

Face à cette logique, il faut une rationalisation du processus de l'histoire de l'homme. Pour assurer une telle tâche, il faut

---

44 *Ibid.*, p. 134.

nécessairement entreprendre une démarche de réflexivité théorique fondée sur la communication rationnelle et pratique, comme par exemple entreprendre un processus d'apprentissage communicationnel :

> Il y a aucune raison d'admettre qu'il existe dans la rationalité une continuité entre la capacité de manipuler techniquement des processus objectaux et la maîtrise pratique des processus historiques. L'irrationalité de l'histoire trouve son fondement dans le fait que c'est nous qui la « faisons », sans pouvoir jusqu'à présent le faire en toute conscience. C'est pourquoi on ne fera pas progresser la rationalisation de l'histoire en étendant le pouvoir de d'hommes exerçant des tâches manuelles, mais seulement en élevant le niveau de réflexion et en aidant la conscience des individus agissant à progresser dans l'émancipation.[45]

C'est à travers la pratique de formation communicationnelle qu'on peut parvenir à endiguer cette logique instrumentale déjà enclenchée par le positivisme. Et il faut rappeler que ce ne sont pas ces nouvelles technologies issues de la logique capitaliste qui vont déterminer ce processus communicationnel, mais « des stades de la réflexion qui dissolvent le caractère dogmatique de formes dépassées de domination et d'idéologies, subliment la pression du cadre institutionnel et libèrent l'activité communicationnelle « *en tant que telle*[46] ».

Sur le plan politico-juridique aussi, le positivisme par le fait qu'il défend le *statu quo* et prône l'abandon du contenu social au profit de la forme des textes, constitue une négation du droit. Il se traduit également par l'usage d'un certain syllogisme qui ne prend la dimension morale en considération. Ce renvoi du social et le repli sur la dimension formelle conduit finalement au volontarisme et à l'arbitraire. Pour Vladimir Toumanov, le positivisme sous l'angle du droit serait donc la soumission inconditionnelle à la théorie pure du droit et la négation du droit naturel et de toutes considérations métajuridique.[47]

---

[45] J. HABERMAS, *Théorie et pratique* op. cit., p. 340.

[46] J. HABERMAS, *Connaissance et Intérêt,* op. cit., p. 89.

[47] V. TOUMANOV, *Pensée juridique contemporaine*, Les Editions du Progrès, Moscou, 1974.

La critique du positivisme entreprise par Habermas s'inscrit dans la prise en compte des valeurs morales universelles dans la conception et la mise en place des principes institutionnels. C'est seulement à travers le recours à l'universalité morale, selon Habermas, qu'on serait dans les conditions d'établir des institutions justes et durables. Dans le passage ci-dessous, Habermas expose le risque lorsque l'élaboration des principes institutionnels est confiée à certains spécialistes au mépris de la réalité des acteurs sociaux concernés :

> Les ingénieurs de l'organisation correcte peuvent faire abstraction des catégories régissant les rapports moraux pour se limiter à l'élaboration des circonstances dans lesquelles les hommes, de la même façon que les objets naturels, sont contraints de se conformer à des comportements calculables à l'avance. Cette politique qui se détache de la morale remplace la pédagogie d'une vie conforme au Bien et à la justice par la possibilité de bien vivre dans un cadre correctement organisé[48].

Contre la perspective positiviste, Luc Ferry, à l'instar de Habermas, estime que c'est dans la prise en compte de la dimension idéale que les droits de l'homme « acquièrent toutes leur fonction critique [49] ». De ce fait, pour que les droits s'orientent dans le sens de l'émancipation, il faut pouvoir les concevoir en rapport avec « *l'essence abstraite de l'homme*[50] ».

Le positivisme juridique entend débarrasser le droit de toute sa dimension idéologique pour finalement l'appréhender comme objet scientifique. Conséquemment, le système juridique, à l'image des démarches scientifiques, tire sa validité des règles formelles. Ainsi, dans la perspective positiviste, l'homme de la loi adopte la position des logiciens, et la légitimité des décisions juridiques cessera d'être déterminée par la volonté des personnes concernées mais plutôt par les procédures formelles. Le droit tourne le dos aux valeurs sociales, à l'idéologie entendue comme perspective de changement du *statu quo*. Mais, la logique positiviste réduit toute dimension à l'acquisition de la connaissance et à sa mise en application dans le sens technologique. C'est la dérive essentielle

---

[48] J. HABERMAS, *Théorie et pratique*, op. cit., p. 75.
[49] L. FERRY, « De la critique de l'historicisme à la question du droit » in *Rejouer le politique*, Etienne Babilar, Luc FERRY et. al., Paris, Gallilée, 1981, pp. 29-50.
[50]*Ibid.*, pp. 29-50.

que décrit Habermas en ces termes : « Le positivisme est tout aussi incapable de différencier ces deux concepts de la rationalité que de prendre conscience qu'il implique lui-même ce qu'il combat hors de lui : une raison décidée[51] ».

Le problème du positivisme est donc de l'ordre de la légitimité, ce qui conduit du coup au décisionisme.

Cette mise au point débouche sur la reconstruction des théories précédentes du langage et de la communication.

2. Reconstruction des théories communicationnelles

2.1. Critique de la philosophie du sujet et des sciences historico-herméneutiques

La socialisation de la raison implique, comme nous l'avons mis en relief plus haut, la reconstruction du moi transcendantal. Cela participe de la logique de l'accomplissement de la modernité. Toutefois, la réalisation de l'émancipation requiert un renforcement de la dynamique au travers d'une reconstruction des schémas par les analyses précédentes. C'est dans ce cadre que s'inscrit la refondation des démarches de la philosophie du sujet et de l'herméneutique. Cette entreprise n'a pas, rappelons-le, pour objectif de faire une « sorte de cure » afin de restaurer les conditions de possibilité théorique et pratique pour « la mise en place d'un nouvel espace public[52] ». La philosophie du sujet constitue certes un aspect de la modernité sous l'angle de la découverte de la subjectivité comme chez Hegel, expression de conscience de soi, « rapport à soi » chez Descartes. Elle constitue de ce fait un tournant décisif de la modernité. Dès lors, Habermas questionne en quoi ce principe de la subjectivité et celui de la conscience de soi inhérents à la réflexion transcendantale seraient des sources suffisantes pour satisfaire le besoin de normativité qui orienteraient la modernité.

[51] J. HABERMAS, *Théorie et pratique*, op. cit., p. 333.
[52] J. HABERMAS, *Morale et communication*, trad. Christian Bouchindhomme, Paris, Cerf, 1986, p. 10.

La philosophie hégélienne du sujet se caractérise par une autoréflexion de la subjectivité et de la reconnaissance subjective des individus. La « liberté de la subjectivité »,[53] qui constitue son principe, est loin de répondre aux exigences modernes de l'émancipation. C'est dans ce sens que Habermas estime que « Hegel ne peut pas obtenir la dimension de réconciliation, c'est-à-dire de la restauration d'une totalité désunie, à partir de la conscience de soi où à partir de la relation réflexive que le sujet connaissant instaure vis-à-vis de lui-même ».[54]

Si la pensée du sujet se caractérise par la démarche monologique du sujet, l'instauration des normes découlerait du seul sujet. Chez Hegel, ce principe s'oriente certes dans la logique de réconciliation, mais il se fonde sur la conscience de soi et la relation réflexive que le sujet connaissant instaure vis-à-vis de la nature. Certes, le sujet absolu hégélien, contrairement à celui de Schelling, se maintient dans le processus qui engendre l'action réciproque entre le fini et l'infini, c'est-à-dire que la conception de Hegel s'appuie sur le réel concret. Chez lui c'est la totalité morale qui constitue le principe de réconciliation entre l'universel et le l'individuel. Or comme le constate Habermas lui-même, dès lors que « l'absolu doit être pensé comme subjectivité infinie [...] on ne peut penser la fusion des moments de l'universel et de l'individuel qu'en se plaçant dans le cadre de référence de connaissance de soi monologique ».[55]

En s'intéressant au paradigme cartésien, Habermas trouve que « la philosophie de la conscience avait privilégié l'intérieur par rapport à l'extérieur, le privé par rapport au public, l'immédiateté de l'expérience subjective par rapport aux médiations du discours ».[56]

---

[53] G. W. F. HEGEL, *Les principes de la philosophie du droit, ou droit naturel et science de l'Etat en abrégé*, trad. Robert Dératé avec la collaboration de Jean-Paul Frick, Paris, Vrin, 1982, p. 283.

[54] J. HABERMAS, *Discours philosophique de la modernité*, op. cit., p. 35.

[55] *Ibid.*, p. 48.

[56] J. HABERMAS, *Vérité et justification,* trad. Rainer Rochlitz, Paris, Gallimard, 2001, p. 264.

La philosophie marxienne constitue aussi, selon Habermas, une variante de la philosophie du sujet. L'approche marxiste a seulement opéré un déplacement d'accent vers la praxis, elle « demeure une variante de la philosophie du sujet (...) ».[57]

Frank Fischbach ne dit pas autre chose lorsqu'il affirme que ce modèle « est celui de la relation sujet-objet et l'analogie consiste en ce que le sujet connaissant produit des jugements susceptibles (relativement à leur objet) de vérité et d'erreur tandis que le sujet agissant produit des actes sanctionnés (du côté de l'objectivité) par le succès et l'échec ».[58]

Sur un tout autre aspect, le pragmatisme philosophique et l'herméneutique ont constitué un tournant décisif qui a permis de sortir de la logique du sujet isolé qui se fait lui-même objet dans l'acte réflexif au profit de « l'idée d'une connaissance médiatisée par le langage et destinée à l'action [...] ».[59]

Habermas trouve que C'est dans les sciences herméneutiques[60] qu'on trouve plus de ressources à puiser dans le cadre de l'instauration de la communication publique libre et rationnelle. En thématisant la démarche herméneutique, Habermas vise fondamentalement Heidegger, Dilthey et Gadamer. En effet, la démarche herméneutique porte, en général, sur les conditions du sens et de la compréhension dans le langage. Chez Gadamer comme chez Heidegger, elle s'intéresse à la compréhension des intentions d'un sujet en découvrant les circonstances psychologiques et biographiques de la compréhension de la relation dialogique entre le social et l'individuel, par le truchement des signes linguistiques. Dans l'herméneutique, la langue, l'expression (dans l'herméneutique gadamérienne surtout) joue un rôle décisif.

La prise en compte de l'expérience herméneutique a donné une nouvelle impulsion à la démarche habermassienne. En effet

---

[57] J. HABERMAS, *Discours philosophique de la modernité*, op. cit., p. 79.

[58] F. FISHBACH, *L'être et l'acte. Enquête sur le fondements de l'ontologie moderne de l'agir*, Paris, La Découverte, 2009, p. 16.

[59] J. HABERMAS, *Morale et communication*, op. cit., p. 31.

[60] C'est-à-dire plus que dans toutes les autres approches telles que la philosophie du sujet cartésienne, le marxisme, etc.

avec l'herméneutique, la communication échappe à l'emprise formaliste de la langue. Dans le huitième chapitre de *Logiques des sciences sociales,* Habermas a déjà esquissé une remise en cause de l'approche linguistique au profit de l'approche herméneutique. Celle-ci constitue donc un dépassement de la philosophie du sujet et de la linguistique structuraliste. L'herméneutique, alliée au pragmatisme, permet de « mettre en avant des réseaux et des connexions de la pratique de la communication quotidienne ».[61]

D'un point de vue méthodologique, la démarche herméneutique s'inscrit dans la même logique que l'agir communicationnel. Par exemple, elle est en harmonie avec ce dernier lorsqu'elle établit une différenciation méthodologique entre les sciences humaines et les sciences naturelles. L'une et l'autre acceptent l'idée que les sciences de la nature mettent en œuvre une appréhension externe alors que les sciences humaines déploient une appréhension interne. Habermas reconnait lui-même la portée conceptuelle et méthodologique des sciences herméneutiques comme «une logique d'interprétation généralisée[62] »

Certes, l'herméneutique a renoncé à privilégier la conscience et la représentation des relations intériorité-extériorité. Toutefois, l'herméneutique (celle de Heidegger comme celle de Dilthey) n'envisage pas une orientation normative. L'autoréflexion herméneutique permet d'éliminer l'objectivisme et le subjectivisme et crée les conditions d'élucidation des expériences du sujet parlant. De plus, si Heidegger a pu écarter la logique sujet-objet de son paradigme, et que d'autre part il a renvoyé la description phénoménologique au profit de l'interprétation, il retombe dans la philosophie de la conscience en posant le *Dasein* comme subjectivité transcendantale. Ainsi à travers la conception de cet être anonyme qu'est le *Dasein*, Habermas pense que « Heidegger commet l'erreur d'instituer une instance métahistorique dans son approche. Il « écarte la pratique de l'entente »[63]. Les faiblesses de

---

[61] *Ibid.*, p. 31.
[62] J. HABERMAS, *Connaissance et Intérêt*, op. cit., p. 25.
[63] J. HABERMAS, *Discours philosophique de la modernité*, op. cit., p. 166.

l'analyse heideggérienne découle du fait qu'il « a négligé les éléments d'une pragmatique formelle »[64], insiste Habermas.

Ainsi, la compréhension herméneutique s'inscrit contre toute remise en cause du consensus établi. Le principe de tout jugement doit être nécessairement basé sur des formes « d'intercompréhension préalablement établies »[65]. Ce qui fait que l'interprétation herméneutique revêt une logique de mystification. Les herméneutes ont défendu l'idée qu'il ne pouvait pas y avoir de théorie en un sens scientifique ou *quasi* scientifique, de la compréhension du langage et de la nature du sens précisément parce que le sens est toujours déjà "pré compris". Le sens est déjà constitué, les conditions de la compréhension sont déjà réunies, avant même qu'on puisse se demander sur ce que c'est que comprendre.

Jacques Derrida a pu opérer une avancée significative en reconstruisant la pensée heideggérienne, et surtout en privilégiant le langage dans la pratique communicationnelle. L'essence du langage doit être comprise selon le modèle de l'écriture et non du discours. Toutefois, Habermas souligne que Derrida ne rompt nullement avec « l'insistance fondamentaliste de la philosophie du sujet[66] ». Il s'enlise, tout de même, dans la subjectivité transcendantale, et l'écriture passe pour signe absolument originaire dégagée de toute pragmatique, au-delà de toute communication, donc indépendante du sujet qui parle et écoute.

Avec l'herméneutique, dans la mesure où nous sommes « impliqués » dans la langue naturelle, nous ne saurons ni prévoir ni reconnaître la survenue d'un problème de la pseudo-communication. En effet, dans un processus d'échange communicationnel entre locuteurs et interlocuteurs, seule la présence d'un tiers rendrait perceptible une perturbation communicationnelle. Or dans les sciences herméneutiques nous demeurons toujours dans « le rôle du participant réfléchissant[67] ».

---

[64] J. HABERMAS, *Vérité et justification,* op. cit., p. 22.
[65] J. HABERMAS, *Logiques des sciences sociales et autres essais,* op. cit., p. 267.
[66] J. HABERMAS, *Discours philosophique de la modernité*, op. cit., p. 211.
[67] J. HABERMAS, *Logique des sciences sociales et autres essais,* op. cit., p. 252.

Selon Habermas, la faiblesse de l'herméneutique réside dans l'absence « d'un critère universel », dimension sans laquelle on ne saurait être dans les conditions de possibilité d'une communication normale. Alors, peut-on envisager une universalité en herméneutique ? Ainsi, même si l'herméneute serait par ailleurs capable de repérer un malentendu communicationnel, il lui manquerait la capacité méthodologique lui permettant de l'appréhender dans le fond. Habermas parle en ce sens de « l'expérience-limite de l'herméneutique ».[68]

Par ailleurs, la rhétorique herméneutique a constitué un facteur de premier plan dans la divergence théorique qui oppose Habermas aux herméneutes. En effet, la rhétorique qui repose sur la compréhension et le dialogue, pouvait être fondée sur la fausse communication : la démarche herméneutique est « insuffisante lorsqu'on a affaire à une communication systématiquement déformée [69]». Par exemple la communication thérapeutique est frappée par la relation de pouvoir de domination entre le malade et le thérapeute.

2.2. Théories du langage : du logicisme formel à la pragmatique

Les théories du langage à l'œuvre dans la démarche habermassienne et lyotardienne englobent des perspectives de la logique formelle et des approches pragmatiques. Il serait pertinent d'en faire un tour d'horizon afin de déterminer le type de rapport que les unes entretiennent avec les autres. L'intérêt fondamental est d'expliquer l'ancrage des approches habermassienne et même lyotardienne et de mettre en relief la quintessence de leur apport. Nous dégagerons donc des pistes de réflexion sur l'évolution du langage à travers un va-et-vient entre les auteurs de la sémantique formelle et ceux de la théorie de la signification-usage.

Les théories du langage, faut-il le rappeler, traitent du langage de façon globale. Elles transcendent les théories linguistiques, qui, elles portent spécifiquement sur les langues.

---

[68] *Id.*

[69] *Ibid.*, p. 251.

Les théories du langage traitent des aspects tels que la signification, la référence, la vérité, la nécessité. Nous n'avons pas la prétention de faire une analyse systématique de ces théories. La théorie sémantique est considérée comme la théorie-souche du langage. Cela est lié au fait qu'elle est presque la première qui a donné une analyse scientifique du langage. La sémantique formelle relève de la pensée analytique du 20ème siècle. Les auteurs de référence sont les logiciens comme Russel, Frege et le premier Wittgenstein. La pensée analytique du langage a un enjeu descriptif (FREGE). Aussi, la quintessence du langage sémantique réside-t-elle essentiellement dans le sens sémantique des mots.

La sémantique est édifiée autour de la proposition qui est considérée comme la structure logique de la réalité concrète. La proposition est l'élément fondamental de la sémantique. C'est aussi la structure propositionnelle qui distingue le discours ordinaire du discours scientifique. Le langage constitue une structure logique représentant la structure du monde réel. Sur la base de ce postulat, seul le langage propositionnel est doté de signification, et la proposition constitue la forme canonique de la philosophie analytique.

Chez le premier Wittgenstein également, la théorie du langage se caractérise par une vision représentationaliste. C'est donc en toute logique que le premier Wittgenstein et Frege considèrent que les mots et le monde sont les deux principales dimensions de la communication linguistique. La tâche du langage est de décrire la réalité. Le monde est présenté comme structure logique, comme un ensemble des faits : « le monde est déterminé par les faits, ces faits étant la totalité des faits[70] ». La proposition est pour le premier Wittgenstein un édifice logique pour décrire le monde et la logique formelle vecteur de signification linguistique.

Ce qui nous intéressera principalement seront les principes communicationnels établis par Frege dont celui de contextualité, et de véridconditionnalité. Le premier indique que l'unité de base de la signification n'est pas le mot, mais la phrase. Les mots n'ont de

---

[70] L. WITTGENSTEIN, *Tractatus logocophilosophicus*, Trad. Gilles Gaston Granger, Paris, Gallimard, 1993, p. 29.

sens que dans le contexte des phrases. Le deuxième renvoie à l'idée que le sens d'une phrase est constitué par ses conditions de vérité. Ces deux principes interviendraient doublement dans l'analyse de l'approche. Aussi, la théorie frégéenne nous intéresse-t-elle en tant que théorie de la signification fondée sur la vérité. Elle propose un ensemble d'axiomes de l'interprétation du discours en mettant l'accent sur la compétence sémantique du locuteur : sur ce qu'il comprend quand il parle son langage. Cela est important à prendre en compte dans l'analyse du cognitivisme habermassien.

Mieux, Frege s'attèle à asseoir un système de formalisation du langage ordinaire en concevant des opérateurs logiques qui représenteraient certaines expressions de la langue naturelle dans le langage scientifique. C'est dans cet esprit que le système de symbolisation est utilisé à la place des certains mots du langage ordinaire. Les symboles comme ≠, ∞ et € sont utilisés respectivement pour souligner la différence, l'infini et l'appartenance.

Sur un tout autre plan, la théorie des actes du langage (deuxième Wittgenstein, Austin et John Searle) a donné une nouvelle impulsion à la théorie du langage. Il revient surtout à Austin de lancer la logique pragmatique en 1955 lors des William Studies Lectures à Havard. Ainsi, avec Austin, ce n'est pas la sémantique des mots, c'est-à-dire le sens littéral qui est mise en avant mais plutôt l'intentionnalité du locuteur. Le langage cesse d'être uniquement description pour être aussi vouloir dire. Le grand mérite de cette théorie réside surtout dans le fait d'avoir établi l'idée qu'il y a d'autres usages linguistiques possibles à part la proposition. Aussi, la théorie d'Austin reconstruit-elle l'idée frégéenne des composantes du langage. Chez Frege, la condition du langage c'est l'existence des mots et un monde à décrire. Avec la théorie des actes de langage, Austin établit une catégorisation du discours linguistique en trois familles d'actes de langage : les locutoires qui consistent à la simple production de phrases dotées de sens ; les actes illocutoires comme informer, commander, avertir pour ne citer que ceux là, qui constituent « des énonciations ayant une valeur conventionnelle[71] » et enfin les perlocutions qui tiennent lieu d'actes de discours que « nous provoquons ou accomplissons par le fait de dire une chose ».[72]

Ce qui importe le plus dans les actes de langage, ce sont les conventions du discours qu'Austin a explicitement institutionnalisées. Ces dispositions théoriques postulent des conditions et circonstances appropriées pour chaque type d'acte de communication. La conventionalité est la caractéristique fondamentale de l'usage effectif du langage : « pour baptiser un bateau, il est essentiel que je sois la personne désignée pour le faire ; pour se marier (chrétiennement), il est essentiel que je ne sois pas déjà marié avec une femme vivante, saine d'esprit et non divorcée ».[73]Dans le même ordre d'idées qu'Austin, J. Searle met en cause l'idée russellienne de la description selon laquelle« il n'y a pas dévaluation qui soit déductible à partir de descriptions »[74].Comme Austin, il affirme que « parler une langue c'est réaliser des actes de langage ».[75]

Il revient surtout au deuxième Wittgenstein de donner un nouvel élan à la pragmatique à travers les jeux du langage. Inspiré par les jeux d'échecs, Wittgenstein bâtit l'idée de la compréhension d'un langage sur un ensemble de règles d'usage. Le jeu de langage se définit plus concrètement dans ce cadre comme forme d'usage social sanctionné du langage. Le jeu est, selon Wittgenstein constitutif des activités sociales et les jeux font partie intégrante d'une "activité", d'une "forme de vie". Le langage est le lieu "d'affinité" entre des jeux irréductibles. Faut-il aussi rappeler que Wittgenstein fonde cette analyse pragmatique sur les recherches mathématiques qui étaient à l'avant-garde de la pragmatique.

Wittgenstein avance par ce fait le caractère situationnel et contextualiste du discours. Cela nous renvoie à la priorité du

---

[71] J. L. AUSTIN, *Quand dire c'est faire,* Paris, éditions du Seuil, 1970, p. 43.
[72] *Ibid.*, p. 119.
[73] *Ibid.*, p. 4.
[74] J. SEARLE, *Les actes de langage. Essai de la philosophie du langage,* Paris, Hermann, 1972, p. 228.
[75] *Ibid.*, p. 52.

langage sur la pensée et la primauté des jeux sur les règles. Chez Wittgenstein, le langage ordinaire est le langage authentique. S'il existe des règles qui régissent les jeux de langage, ces règles ne constituent pas des instances supérieures mais des indications. Wittgenstein opère donc un « passage de la sémantique de la vérité à la théorie de la compréhension fondée sur l'usage, [...][76] ».

La théorie d'acte de langage d'Austin est d'un apport significatif. Ce tournant pragmatique « se proposait de remplacer le modèle de la représentation par un modèle de la communication ».[77]Mais son insuffisance réside dans son caractère monologiste. Paul Grice complète cette insuffisance en élaborant une analyse conversationnelle dont le noyau est l'interlocution.

Par ailleurs, la théorie de l'interaction de Paul Grice développe l'idée que la communication linguistique fonctionne comme un code : le locuteur dispose d'un code que l'interlocuteur décode conformément aux conventions. Il estime également que la dimension de la conventionalité ne saurait rendre compte d'un sens. Dans la pratique communicationnelle, estime Grice, les conventions à elles seules ne permettent pas à l'auditeur de pénétrer et d'appréhender les intentions et le vouloir dire du locuteur. En ce sens, la communication interactive part au-delà de la signifiance naturelle, elle engage l'intentionnalité, « le vouloir dire » du locuteur. Grice propose ainsi une approche basée sur la conversation qui se présente en quatre catégories.

Catégorie de la quantité :

> « 1. Que votre communication contienne autant d'information qu'il est requis (pour les visées conjoncturelles de l'échange) ;
>
> 2. Que votre contribution ne contienne pas plus d'information qu'il n'est requis. »[78]

A la catégorie de la qualité :

> « "N'affirmez pas ce que vous croyez être faux."

---

[76] J. HABERMAS, *Vérité et justification,* op. cit., p. 28.

[77] *Ibid.*, p. 200.

[78] P. GRICE, « Logique et conversation », in *Communications,* N° 30, 1979, P57-72, http:www.persee.fr/doc/comm_0588_8018_1979_num_30_1_1446, (document généré le 03/06/2016).

"N'affirmez pas ce pourquoi vous manquez de preuves." »[79]

À la Catégorie de modalité :

« "Evitez de vous exprimer avec obscurité."

" Evitez d'être ambigu."

"Soyez bref"

"Soyez méthodique." »[80]

Et enfin de parler à propos de la catégorie de la relation.

Habermas a estimé que la sémantique formelle (Russel, Frege, 1er Wittgenstein), la théorie des actes de parole(Austin), la théorie de la signification-usage (second Wittgenstein), la sémantique intentionnelle (Paul Grice) traitent partiellement du langage. Chacune s'occupe de « l'un ou de l'autre aspect du langage ».[81] Ils fondent toutes ces approches dans une analyse beaucoup plus englobante qui prend en charge toutes les dimensions du langage.

Ainsi, au niveau de la sémantique formelle, notamment dans *Tractatus logico-philosphicus* du 1er Wittgenstein, *Écrits logiques et philosophiques* de Frege, le lien entre le langage et la réalité se résume à une dimension de représentation. La théorie des actes de parole prend en charge la catégorisation des types de discours en locutoire, illocutoire et perlocutoire sans envisager la dimension dialogique qui fonde l'interaction langagière. La théorie de la signification-usage se centralise sur le jeu de langage à travers l'usage « des mots dans des formes de vie particulières [82] ». La théorie conversationnelle de Grice envisage une logique interactive, contrairement à la sémantique et à la théorie des actes de parole qui sont monologiques. Avec le primat de l'intentionnalité du locuteur sur le sens littéral, la pratique conversationnelle passe pour une théorie orientée vers une finalité au détriment de l'intercompréhension.

Ces théories ne prennent pas véritablement en charge les questions de signification de l'entente intersubjective. Pour opérer

---

[79] *Ibid.*

[80] *Ibid.*

[81] M. K. AKUE ADOTEVI, *Jeux de langage et raison communicationnelle. Le statut de l'incompréhension dans le langage,* Marseille, Résurgences, 2014.

[82] *Ibid.*, p. 131.

un dépassement des théories langagières, Habermas met en place la pragmatique formelle universelle pour décontextualiser les actes de langage et les jeux. Il décrit trois types en jeu dans le discours : 1) relation entre locuteur et allocuteur ; 2) relation entre locuteur et ses intentions ; 3) relation entre ce qui est dit et le monde. Cette typologisation est sous-tendue par des présuppositions ou des prétentions à la validité qui interviennent dans la validation de chaque de discours.

2.3. Dialectique du pragmatisme linguistique et de la théorie sociale: dimension sociolinguistique de la communication

Toute analyse du langage implique une réflexion sur les comportements sociolinguistiques. Ceci permettrait de mettre en rapport les situations sociales avec les conditions sociales de production du langage. Certes, lorsqu'on pose le langage essentiellement comme outil d'échange d'informations et de communication, on perd de vue les différents contextes de sa production, de sa perception et surtout les déterminants qui orientent sa signification.

Le dépassement du mentalisme constitue en même temps l'ouverture du langage au contexte de vie et de l'action. La démarche qui pose la dialectique du pragmatisme linguistique et du monde vécu, vise premièrement à démontrer que la détermination du langage par la pensée n'est pas absolue. L'acte langagier dépend aussi du contexte d'action. Le langage n'est pas désincarné, il est contenu dans un contexte social qui a ses normes. Wittgenstein a vu juste lorsqu'il élabore le concept de métaphore pour relever l'engagement des sujets à respecter les règles de communication dans « l'espace sociologique et anthropologique ».

Le langage n'est donc pas désincarné, il est lié aux normes socioculturelles du monde vécu. Tous les actes langagiers trouvent leur signification conformément aux contextes de leur usage. La communication sociale, faut-il le mentionner, est déterminée par plusieurs enjeux : enjeu relationnel, social, etc. C'est en ce sens que le concept de monde vécu devient central dans la pensée habermassienne. Dans la perspective de la rationalisation communicationnelle, rappelle Habermas, on « pourra difficilement renoncer à un tel concept si l'on veut rendre compte du fait fondamental qu'est la socialisation langagière[83] ».

C'est donc pour toutes ces raisons que l'auteur de l'École de Francfort allie une théorie de la société à sa théorie du langage. En mettant en avant la dimension sociale dans l'analyse langagière, Habermas s'inscrit dans la même dynamique que Pierre Bourdieu lorsque ce dernier critique le paradigme saussurien dont le structuralisme linguistique analyse l'usage de la langue sans l'insérer dans « les relations sociales où elle fonctionne[84] ».

L'analyse sociologique a pour enjeu de poser la problématique de la rationalité globale qui, tout en tenant compte des différents déterminants communicationnels inhérents au monde vécu, puisse garantir l'intercompréhension par le truchement de la discussion publique. La rationalité langagière va de pair avec la rationalité socioculturelle. C'est dans cet alliage que l'on peut triompher contre la logique systémique. Cette entente véritable doit être fondée sur des principes de liberté, d'égalité et justice dans la communication.

C'est surtout avec l'introduction du pragmatisme que sont mises à découvert les principales structures symboliques qui déterminent le sens, la signification et la validité du discours. Ainsi, le langage n'est pas produit *ex nihilo*. Il est imbriqué dans un « pouvoir symbolique qui a pour enjeu la *formation* et la *réformation* des structures mentales ».[85] Les structures linguistiques sont noyées dans le social. Un acte langagier n'a de sens que lorsqu'il est ancré dans un contexte d'arrière-plan. Contrairement donc au structuralisme linguistique, le langage ne peut être appréhendé comme un vase clos. Le langage, pour

---

[83] J. HABERMAS, *Discours Philosophique de la modernité,* op. cit., p. 424.
[84] P. BOURDIEU, *Ce que parler veut dire. L'économie des échanges linguistiques.* Paris, Fayard, 1982, p. 15.
[85] *Ibid.*, p. 31.

Habermas, est avant tout « ouverture langagière au monde »[86], il est toujours lié à une situation sociale. Il a ainsi allié une analyse du langage avec celle du monde vécu. Le langage fait partie de ce monde vécu et est gouverné par un ensemble d'institutions, de réglementations.

Le pragmatisme linguistique s'oriente dans la réconciliation de deux dimensions : la première liée aux points de vue des participants et la seconde aux contextes de « formes de vie » socioculturels. Une telle réconciliation doit s'appuyer sur des investigations sur les structures du monde vécu reposant sur les pratiques quotidiennes. L'intérêt visé est la découverte des « invariants récurrents dans la diversité historique des formes de vie socioculturelles ».[87] Le pragmatisme insère la théorie du langage dans la théorie sociale afin de « repérer et de construire les conditions de possibilité universelles de l'intercompréhension ».[88]

Le pragmatisme linguistique implique que les significations linguistiques sont affectées par les conditions d'usage. Dans la perspective de la rationalité communicationnelle, on introduit la question de validité communicationnelle sous l'angle des prétentions des actes de communication posés. Habermas précise toutefois qu'il faut « prendre au sérieux les potentialités pratico-rationnelles »[89] ainsi que « la précompréhension que nous avons de notre propre monde vécu social ».[90]

Il s'agit donc de reconstruire la rationalité existante en la basant non sur les structures symboliques du monde vécu mais sur la prétention à la validité des actes de parole. La pragmatique linguistique, selon Habermas, « opère avec des prétentions à la validité susceptibles d'être honorées par la discussion et avec une théorie des mondes telle que la pragmatique du langage permet de

---

[86] J. HABERMAS, *Théorie de l'agir communicationnel, tome 1. Rationalité de l'agir et rationalisation de la société* , op. cit., p. 11.
[87] J. HABERMAS, *Vérité et justification,* op. cit., p. 274.
[88] J. HABERMAS, *Logiques des sciences sociales et autre essais*, op. cit., p. 329.
[89] J. HABERMAS, *Morale et communication*, op. cit., pp. 10-11.
[90] J. HABERMAS, *sociologie et théorie du langage,* Trad. Rainer Rochlitz, Paris, Arman Colin, 1995, p. 7.

la reformuler ; enfin, elle apporte la compréhension des actes de langage aux conditions de leur acceptabilité rationnelle ».[91]

La souscription au tournant linguistique de la philosophie constitue une ouverture à la théorie morale dans une perspective métaphysique. Le langage, en tant que médium d'intersubjectivité et de la relation sujet-objet, est transposé dans le cadre de la validation des règles morales. Sur la base du postulat du pragmatisme aucune expérience ou conviction ne «se dérobe à l'interprétation, « à l'appréciation ou à la rectification publique »[92]. Ainsi se pose la nécessité de reconstruire les espaces publics de discussion pour la rationalisation des convictions et croyances. La perspective pragmatiste se fonde sur la conviction que « les tâches de la philosophie et de la pensée en général sont toujours *devant nous*, dans un avenir toujours à construire, et non pas dans l'héritage à épuiser ».[93]

La prétention à la validité est de l'ordre de l'interlocution. Quatre prétentions à la validité sont susceptibles d'être revendiquées et de trouver reconnaissance : l'intelligibilité, la vérité, la justesse et la sincérité. Pour chaque acte de parole, le locuteur revendique l'intelligibilité de l'énonciation, la vérité de sa composante propositionnelle, la justesse de sa composante performative et la sincérité de l'intention du locuteur.

En conséquence, « l'autorité épistémique » cesse d'être réduite à la relation sujet-objet pour être au centre de l'échange public. La vérité d'un énoncé ne saurait être confinée aux sentiments intérieurs de l'individu. Pour faire preuve de validité, les convictions individuelles sont extériorisées et soumises à l'appréciation du public. Et l'interlocution dans ce « monde commun » qu'est le public, dans toute « variété des perspective »[94], se fait sous le double angle d'une l'analyse linguistique et de l'expérience.

---

[91] J. HABERMAS, *Vérité et justification*, op. cit., p. 263.
[92] *Ibid.*, p. 173.
[93] J.-P. COMETTI, « Jürgen Habermas et le pragmatisme », in *Habermas. L'usage public de la Raison,* Rainer Rochlitz (Coord.), Paris, PUF, 2002, pp. 67-94.
[94] H. ARENDT, *Condition de l'homme moderne,* op. cit., p. 98.

CHAPITRE II : RATIONALISATION ET APPRENTISSAGE COMMUNICATIONNEL CHEZ HABERMAS

La question de la rationalisation est une suite logique de la détranscendantalisation de la raison. L'ancrage de la raison dans le social se structure en interaction intersubjective. Cette interaction n'a pas la même orientation que la communication ordinaire. La rationalisation est un paramètre qui instaure un modèle de communication qui rompt avec l'interaction quotidienne. À la différence de cette dernière, la rationalisation vise à instaurer l'universalité langagière qui permettrait aux différentes structures communautaires d'être reliées, en dépit des écarts de cultures qui les éloignent les unes des autres. Elle constitue également une dynamique d'actualisation des accords, c'est en ce sens que l'apprentissage communicationnel prend son sens chez Habermas. Il s'agit donc de créer les conditions nécessaires afin que les acteurs sociaux puissent faire valoir leur capacité à argumenter et à justifier.

1. Processus de rationalisation

1.1. Rationalisation du « monde vécu » et du langage ordinaire

Le monde vécu se caractérise comme un cadre social d'arrière-plan assurant le développement culturel et communicationnel des acteurs sociaux. Il constitue également un contexte d'accumulation et de renforcement des aptitudes morales à travers l'accumulation progressive des savoirs issus de la succession des générations. Ainsi, ce qui définit fondamentalement le contexte du vécu, c'est l'accumulation de l'expérience quotidienne par le médium du « langage naturel ». Dans sa dimension morale et cognitive, ce monde vécu repose, selon Habermas, « sur quantité de prétentions purement factuelles, dont la légitimité n'a jamais été ni interrogée ni démontrée en un phénomène qui demande à être expliqué. »[95]

---

[95] J. HABERMAS, *Sociologie et théorie du langage*, op. cit., p. 44.

Aussi, l'unité sociale dans le monde vécu s'appuie sur les considérations spirituelles. Le système d'organisation est aussi, en partie, structuré par la spiritualité. Les individus et les groupes sont, dans une certaine mesure, unis par des liens irrationnels comme ceux de la religion et des mythes. De ce fait, la cohésion sociale est plus tributaire de l'existence des êtres transcendants que de la volonté humaine. La validité des cultes religieux du monde vécu va de soi, elle ne découle pas d'une argumentation encore moins de décisions rationnelles. La reconstruction du monde vécu vise ainsi à rompre avec cette spontanéité et à instaurer un univers où la discussion rationnelle est au fondement de tout. Pour Habermas,

> la philosophie pourrait, dans un rôle d'interprète tourné vers le monde vécu, actualiser son rapport à la totalité. Cela lui permettrait au moins de remettre en mouvement, comme on ferait d'un mobile obstinément enrayé, le mécanisme immobilisé qui tient ensemble l'instrumentalité cognitive, la capacité morale et l'expressivité esthétique.[96]

Si le monde vécu, en tant que réservoir culturel demeure non problématisé, il n'y aurait pas de conditions de possibilité de l'instauration d'une communauté de communication de type « universel ». C'est du moins ce que pense Habermas. Ceci étant, dans sa dimension « primaire », le monde vécu est caractérisé par des diversités de conceptions de la vie, une multiplicité de langage et de dialectes, et des cultures plus ou moins particulières qui, à certains égards, peuvent ne pas être compatibles les unes aux autres. C'est de ce point de vue que le monde vécu ne serait pas propice à une communication intersubjective de type universel. Cela ne voudrait nullement insinuer que dans le contexte du monde vécu, aucune entente n'est possible. Bien au contraire, des ententes interindividuelles et intercommunautaires existent bel et bien. Ce qui est mis en exergue, à travers ce point, c'est le caractère spontané, fragmentaire et non consensuel des tels accords. C'est dire, en d'autres termes, que la formation de l'accord dans un tel environnement est plus tributaire des relations affectives, naturelles, que discursives et consensuelles.

---

[96] J. HABERMAS, *Morale et communication*, op. cit., p. 39.

Ainsi, les valeurs de l'unité comme la solidarité ne sont pas soumises à la problématisation rationnelle véritable. Ce sont les structures symboliques et les sentiments de sympathie qui conditionnent les prises de décisions. Pour Habermas, la sentimentalité ne crée pas la compréhension véritable. « La compréhension, disait-il, ne s'achève pas dans la sympathie, mais dans la reconstruction d'une objectivation mentale. »[97]

Il ne s'agit pas, à travers ce propos, d'avancer l'idée que le monde vécu est complètement dépourvu de valeur épistémiques. Nous voulons juste démonter que les prétentions contenues dans ce contexte ne sont pas à la hauteur du paradigme de l'éthique de la discussion. Ce monde vécu est avant tout un ensemble des « structures d'images du monde orientant l'action »[98]. La structure de rationalisation dont il est question ici vise à ouvrir ces structures symboliques à la pratique de vérification.

C'est dans ce sens que la théorie de la discussion doit être soutenue, au préalable, par une sorte déblayage du contexte socioculturel existant. La reconstruction du monde vécu se veut donc une refondation du mode d'interaction social. L'entente pérenne que prétend établir l'éthique de la discussion repose sur une exigence d'un espace public, une interaction inclusive des acteurs sociaux. Ces deux dimensions ne se retrouvent pas dans le contexte du monde vécu. Tout au plus, on peut parler d'un espace public en puissance comme le modèle d'interaction propre à la société bourgeoise.[99]

Mais, si un potentiel de raison est encore présent, il n'est tout de même pas de nature à favoriser un type de communication rationnelle. La procédure de publicité et les conditions d'inégalité qui le caractérisent méritent d'être révisées. L'espace public et la communication contenus dans « l'Ethique de la discussion » requièrent ainsi que les acteurs sociaux prennent nécessairement

---

[97] J. HABERMAS, *Connaissance et Intérêts,* op. cit.,p. 181.

[98] J. HABERMAS, *Théorie de l'agir communicationnel, tome 1. Rationalité de l'agir et rationalisation de la société,* op. cit., p. 60.

[99] J. HABERMAS, *Espace public Espace public. Archéologie comme dimension constitutive de la société bourgeoise*, trad. Marc B. de Launay, Paris, Payot, 1978.

part aux discussions mais surtout que le résultat des échanges soit en conformité avec la volonté de ces acteurs.

En somme, on doit dire que la rationalisation du monde vécu se pose comme démarche visant à restaurer, du moins à instaurer une dimension unitaire aux modèles d'interactions qui existent déjà dans les sociétés. L'unité de la pratique communicationnelle renvoie, ici, à l'idée de trouver un ensemble de normes communes de communication qui permettraient aux différentes structures communautaires de retrouver une certaine harmonie malgré les écarts de cultures qui les éloignent les unes des autres. Cela ne peut se faire que lorsqu'on procède, d'une part, à une espèce d'épuration du langage ordinaire et, d'autre part, à décloisonner les pratiques culturelles pour les ouvrir aux grands ensembles. Elle inscrit, entre autres, objectifs le démontage des structures d'hiérarchisation qui caractérisent les relations entre les générations, la déstructuration des considérations culturelles qui sont susceptibles d'entraver l'interaction publique pour ne citer que cela.

La distanciation des acteurs de leur considération culturelle est donc un impératif pour la réalisation d'un tel projet. C'est seulement lorsque les communautés sociales acceptent de prendre du recul vis-à-vis de leur propre tradition et qu'ils s'ouvrent aux autres que la communication argumentée sera possible. Du point de vue épistémique, la reconstruction du monde vécu permettrait donc d'opérer une rupture vis-à-vis des états de fait considérés comme allant de soi au profit des échanges constructifs et des « accords rationnellement motivés. »

La reconstruction du monde vécu ne constitue donc pas une rupture intégrale d'avec les réalités du vécu, il s'agissait plutôt du processus de « mise en examen », de questionnement afin de donner aux convictions individuelles et collectives des fondements beaucoup plus convaincants. Après tout, Habermas reconnait lui-même que les traditions mythiques sont d'une valeur importante quant à l'orientation des actions communautaires, mêmes s'ils « ne rendent pas possibles les orientations rationnelles de l'action ».[100] Cette problématisation est la condition *sine qua non* des accords rationnellement motivés, de l'universalisation des intérêts, et de la stabilité sociale durable.

La reconstruction est aussi un déblocage de la communication. Elle est déblocage lorsqu'on l'envisage comme fondement d'une communication inclusive. La communication dans le vécu traditionnel, faut-il le dire, est sectaire et non-inclusive. Les individus n'ont pas accès à la communication de façon équitable. La propriété et la position sociale détermine beaucoup plus l'accès des individus au domaine public. En conséquence, la prise de décision est plus une affaire d'une minorité. Il s'agirait donc de détacher la pratique de la communication de la question de privilège.

Aussi, le langage ordinaire, constitutif du monde vécu, même s'il permet aux individus de coordonner leurs actions, n'assure l'intercompréhension qu'à une échelle réduite. Le langage ordinaire a un caractère implicite, c'est-à-dire qu'il est toujours propre à une communauté restreinte. Il est incorporé dans les cultures et les dialectes, et en ce sens, il ne saurait admettre l'abstraction propre à la théorie de la communication. En somme, comme le souligne Habermas :

> Seules les valeurs qui se prêtent suffisamment à l'abstraction et à la généralisation pour être intériorisées comme des principes hautement *formels* et appliquées selon les *procédures*, seules ces valeurs possèdent, pour orienter l'action, une force assez intensive pour transcender les situations individuelles singulières, à la limite pénétrer systématiquement tous les domaines de la vie, et ramener une biographie entière, voire l'histoire des groupes sociaux, à une idée qui en établit l'unité.[101]

En relation avec cette question de reconstruction du vécu, il y a la différenciation comme pluralisation de rationalité. Cette différenciation constitue un approfondissement de la même logique, et elle se présente comme une classification des valeurs contenues du monde vécu.

---

[100] J. HABERMAS, *Théorie de l'agir communicationnel, tome 1. Rationalité de l'agir et rationalisation de la société,* op. cit., p. 60.
[101] *Ibid.*, p. 186.

1.2. Différenciation des types d'action et de rationalités

Il n'est pas inutile, à l'entame de ce point, de préciser que la question de rationalités ne se rapporte nullement à l'existence d'une pluralité de la raison humaine. En effet, il n'ya qu'une seule raison chez chaque être humain. Sans que cette unicité ne soit remise en cause, on peut parler d'un usage différencié de la raison, c'est-à-dire qu'il y a différentes manifestations de la raison humaine. Cette idée ne souffre d'aucune ambigüité. Selon les modalités et le contexte de son application, Kant a, d'abord, parlé de raison pratique et de raison théorique. Ce sont ces deux dimensions que Habermas a repris à sa charge et les a approfondi en intégrant, par ailleurs, les analyses qui ont été développées notamment par Marx Weber et Horkheimer.

Habermas s'est approprié la réflexion kantienne sur la dimension pratique et théorique de la raison. À l'aune de ces deux raisons, il a entrepris de poser la question de rationalisation comme« une spécialisation du traitement des problèmes selon les domaines concernés, cognitifs, normatif, ou expressif, autrement dit selon qu'il s'agit de questions de vérité, de normes et d'attitudes subjectives ou d'évaluations. »[102]

Il s'est agit, pour lui, de montrer que la rationalité se justifie par rapport à l'emploi et au contexte dans lequel nous faisons usage de la raison. On peut, de manière détaillée, parler de rationalité socioculturelle, rationalité cognitive, de rationalité politico-administrative pour démontrer les différents emplois de la raison. Mais on retient que de façon générale, Habermas met en parallèle deux types de rationalités plus ou moins antithétiques. Une raison communicationnelle et une raison instrumentale. La raison communicationnelle n'est autre que la manifestation de la raison pratique, cette raison qui prend en charge les préoccupations morales. « Je remplace, en effet, la raison pratique par une raison fondée sur la communication, dit Habermas ».[103]

---

[102] R. ROCHLITZ, « Introduction. Raison et rationalité chez Habermas » in *Habermas. L'usage public de la raison*, Rainer Rochlitz (coord.),op cit., p. 7-30.

[103] J. HABERMAS, *Droit et démocratie. Entre faits et normes*, trad. Rainer Rochlitz et Christian Bouchindhomme, Paris, Gallimard, 1997, p. 17.

La raison communicationnelle est présentée par Habermas comme base de l'orientation normative et procédurale de la conduite sociale. Elle intègre la justesse et le discernement dans l'aspect politique, socioculturelle et communicationnel. Ainsi, la raison pratique rendue pragmatique est le reflet de la vie active. Elle renvoie à la liberté et à la responsabilité de l'homme en tant que citoyen assumant ses responsabilités dans la société civile et dans l'Etat. Mais, il faut aussi dire que la rationalité communicationnelle, qu'elle soit perçue dans le domaine politique, culturel ou autre, se fonde nécessairement sous l'angle d'échange discursif entre les agents sociaux et, de ce fait, obéit à un certain nombre de règles et procédures. « Les acteurs recherchent une entente (*verstandignung*) sur une situation d'action, afin de coordonner consensuellement (*einvernehmlich*) leurs plans d'action et de-là même leurs actions ».[104]Cette rationalité se mesure à la faculté qu'ont les personnes participant à une interaction de s'orienter en fonction des exigences de validité.

Comme il a été précisé, dans le propos ci-dessus, il y a une implication d'intersubjectivité dans la rationalité. En ce sens, la rationalité transcende la conscience individuelle isolée. On ne peut donc parler de rationalité communicationnelle plus spécifiquement que lorsqu'au moins deux consciences sont dans une intersubjectivité discursive. Mais, la discursivité n'est qu'un pan de la rationalité. Il y a, au préalable la reconnaissance de l'autre en tant qu'être capable de raison. La rationalité est donc ouverture de l'égo vers son autre, mieux, vers les autres. Cette ouverture se fait par le truchement du langage. Elle est aussi élan de l'être vers l'unité. Cette unité n'est pas finalisée, c'est-à-dire qu'elle n'est pas sous-tendue par une visée matérielle. S'il faut parler de visée, dans la rationalité communicationnelle, il faut plutôt l'envisager sous l'angle de la fondation d'une communauté.

La formation d'un tel monde commun passe par le langage argumenté. Et comme il a été déjà question dans la reconstruction du monde vécu, la communication rationnelle n'est possible que

[104] J. HABERMAS, *Théorie de l'agir communicationnel, tome 1. Rationalité de l'agir et rationalisation de la société*, op. cit., p. 102.

lorsque le langage ordinaire est débarrassé des scories culturelles et des valeurs préréflexives. L'intérêt de cette révision rentre dans la droite ligne de construction de l'unité communicationnelle. Comme la communication vise l'intercompréhension mutuelle, les interlocuteurs se doivent de prendre des dispositions *a priori* pour rendre possible cette dernière. Par exemple, les procédures politiques, les résolutions des conflits culturels requièrent une rationalité communicationnelle, et les dispositions d'un usage rationnel de la communication doivent être garanties *a priori*. Ces dispositions *a priori* sont d'ordre théorique et pratique et conditionnent ainsi la rationalité de la communication.

Mais la vie sociale n'est pas essentiellement compréhension mutuelle, elle n'est pas que procédure de stabilisation sociale. Elle est aussi quête de bien être, construction de soi. Et en tant que telle, elle n'écarte pas le combat, la rivalité, l'usage de la ruse pour la réalisation des intérêts mesquins. L'interaction sociale est ainsi, sous l'emprise de la recherche de profit, la quête de la puissance. C'est dans ce contexte que Habermas parle de rationalité par rapport à une fin.

En procédant à la distinction entre raison communicationnelle et raison par rapport à une fin, Habermas veut démontrer, au grand dam des penseurs de la première génération de l'École de Francfort, comme Horkheimer et Adorno, qu'il y a, en marge de la raison instrumentale dont ils en font l'apologie, une raison communicationnelle qui donne l'espoir de l'unité et de l'émancipation humaine. Cette mise au point serait donc à l'encontre de la thèse à connotation postmoderniste développée par exemple dans la *Dialectique de la Raison*[105].

Dans une deuxième perspective, il s'agit pour Habermas de relever que la rationalité communicationnelle comme avènement de la modernité est toujours sous la menace constante d'une rationalité technologique. Cette rationalité technologique serait le résultat du rapport monologique entre l'entendement calculateur et la réalité physique. La rationalité par rapport à une fin, qui est quête et possession des biens, pourrait être présentée comme une

---

[105] M. HORKHEIMER et T. W. ADORNO, *La dialectique de la Raison*, op. cit.

logique de l'entendement manipulateur appliqué dans les rapports entre les humains. La finalité de la rationalité par rapport à une fin s'oppose à celle de la rationalité communicationnelle. La première s'inscrit dans la logique de la possession et de la manipulation, la deuxième s'inscrit uniquement comme rapports intersubjectifs pour la construction de l'identité commune.

Aussi, la rationalité communicationnelle, en tant qu'elle se fonde sur l'intersubjectivité et les « présuppositions pragmatiques » entre les humains, permet de rationaliser la dimension technologique et instrumentale. C'est dans cette raison communicationnelle que réside le ferment de la libération de l'humanité. En ce sens, la rationalité technologique, comme conséquence du capitalisme industriel ne sera pas hors de contrôle tant que la raison communicationnelle est à l'œuvre dans la société. Grâce la rationalité communicationnelle, l'on peut se servir des produits du capitalisme industriel sans se laisser asservir par celui-ci.

Toutefois, même s'il conteste le primat de la rationalité technologique, Habermas demeure tout de même convaincu qu'elle représente une grave menace pour la manifestation de la liberté individuelle, collective et pour la stabilité du monde contemporain. Son analyse de la réalité sociale, à l'ère du capitalisme industriel avancé, semble d'ailleurs refléter un certain pessimisme. « La réalité sociale semble, dit-il, globalement se réduire à une réalité organisationnelle objectivée, débarrassé d'obligation normatives ».[106]

La distinction entre le domaine privé et le domaine public est la pierre angulaire qui permet de déterminer ce qui relève de l'action comme finalisée et ce qui est socialement établi comme valeur. Ainsi, une valorisation du domaine politique au détriment de l'économique peut réduire les effets de la rationalité instrumentale. Le propos de Hannah Arendt avançait dans *Condition de l'homme moderne* tient lieu d'un avertissement dans ce sens : « toute surestimation de la vie économique ou sociale aux

---

[106] J. HABERMAS, *Théorie de l'agir communicationnel, tome 2. Pour une critique de la raison fonctionnaliste,*, op. cit., p. 338.

dépens de la vie politique revient à substituer des comportements sociaux à l'action et, en conséquence, à abolir la distinction entre le domaine public et le domaine privé »[107].

En résumé, on peut dire que la rationalité par rapport à une fin est, autant que la rationalité communicationnelle, inhérente à la vie humaine. Serait-il donc possible d'entrevoir une vie humaine essentiellement sous la logique communicationnelle. Défendre une telle thèse serait prétendre envisager une conduite humaine essentiellement sous le contrôle de la raison. Après tout une certaine dépendance vis-à-vis de la rationalité technologique n'empêche en rien qu'on en fasse un instrument de libération. À cet effet, la rationalité technologique ne doit pas être tenue à l'écart de la vie pratique. Cela relèverait d'ailleurs d'une utopie. Pour Alain Touraine par exemple, ce « monde technique n'est pas isolé, il assure la communication entre les divers univers culturels. Sans lui, chacun d'eux se renferme sur lui-même (...) »[108]. Du reste, serait-il aussi judicieux d'explorer en profondeur les paramètres sur lesquels on peut faire valoir la raison communicationnelle. Il s'agirait, en d'autres termes, d'analyser les concepts et démarches qui permettent de faire valoir la rationalité communicationnelle spécifiquement.

1.3. De la normativité théorique et pratique

La question des normes théorique et pratique constitue un couronnement de l'analyse de la logique communicationnelle mis en œuvre dans la pensée de Habermas. La normativité est aussi une suite logique de la reconstruction du vécu et du processus de rationalisation. La « normativité et la rationalité *se recoupent* sur le terrain de la fondation des jugements moraux obtenus dans l'attitude hypothétique »[109]. L'élaboration des normes théoriques et pratiques est le socle sur lequel s'appuie l'éthique de la discussion. Les normes sociales issues du monde vécu, quoi qu'elles puissent orienter l'activité des acteurs sociaux à un certain degré, ne se fondent pas exhaustivement sur la volonté des acteurs. Elles sont

---

[107] H. ARENDT, *Condition de l'homme moderne,* op cit., pp. 23-24

[108] A. TOURAINE, *Critique de la modernité,* op. cit., p. 172.

[109] J. HABERMAS, *Droit et démocratie. Entre faits et normes*, op. cit., p. 19.

soit liées aux considérations rituelles, soit elles émanent des décisions partielles d'une catégorie d'individus jouissant d'un certain privilège social. L'un dans l'autre, elles ne découlent pas d'un processus délibératif inclusif. C'est la question de normativité qui fait revêtir un nouveau visage à l'agir communicationnel. C'est dans la constitution des normes pratiques à dimension universelle que chaque citoyen se fait législateur.

Ainsi, d'un point de vue pratique, l'agir communicationnel repose sur la normativité de la morale et du droit. Il prend ancrage dans les décisions issues de l'opinion publique. Parlant des principes moraux, du droit, de la justice ou de l'opinion publique, on se réfère *ipso facto* à la nécessité de prendre en compte les valeurs que les acteurs ont en commun. Ces valeurs doivent faire l'objet d'une argumentation avant qu'elles puissent être validées dans le cadre de la réalisation des intérêts communs.

Ce qui caractérise fondamentalement la question de l'établissement des normes, c'est la réactualisation du « rapport entre factualité et validité ». Ainsi, dans le processus de la normativisation, le « monde en tant que somme des faits possibles ne se constitue que pour une communauté d'interprétation, dont les membres situés à l'intérieur d'un monde vécu intersubjectivement partagé, s'entendent sur quelque chose qui existe dans le monde. »[110]

Cela revient à dire que tant du point de vue théorique, c'est-à-dire épistémique, que du point de vue pratique, les normes de l'agir communicationnel sont élaborées sur la base de l'assentiment de chaque individualité en situation de discussion. C'est ce qui leur garantit la dimension d'universalité. C'est seulement lorsqu'elles sont constitutives de notre vouloir que les normes « intériorisées nous inculquent certaines structures de personnalité ».[111]

Dans ce sens, faut-il ajouter que le processus d'institution des normes est un processus sans cesse renouvelé et actualisé. Il évolue avec le temps, incorporant les événements advenus dans les

---

[110] *Ibid.*, p. 28.

[111] J. HABERMAS, *La technique et la science comme idéologie*, op. cit., p. 23.

contextes. Et c'est parce qu'il n'est pas que cumulatif qu'il rompt avec certaines considérations antérieures et intègre des aspects du nouveau contexte.

Les pratiques communicationnelles prennent ancrage dans les valeurs traditionnelles de solidarité déjà existantes. Mais, elles reposent aussi sur le système de droit. À ce titre, il faut rappeler que droit et morale se complètent sans se subsumer l'un dans l'autre. Chaque dimension serait incomplète lorsqu'elle ne prend pas en compte son autre. C'est l'articulation de ces deux dimensions qui fait la vigueur de la théorie communicationnelle. La morale, dans sa dimension d'universalité, permet de prendre en compte les intérêts des individus, sans distinction. Le droit a, quant à lui, une portée institutionnelle, et c'est à travers celle-ci qu'il assure la stabilité du monde vécu contre les effets pervers de la rationalité instrumentale.

On peut dire, à première vue, que normativité épistémique serait liée premièrement aux contextes de recherches et aux démonstrations scientifiques. Cela est vrai dans le sens où c'est d'abord dans le domaine formel que réside la possibilité d'une démarche d'abstraction et de conduite de raisonnement dans le sens de prouver la validité des discours. Dans le cadre de l'éthique de la discussion, la valeur épistémique rentre également dans l'esprit de prendre en charge « les prétentions à la validité » des discours émis par les acteurs en débat. En ce sens, Habermas dit que la « normativité n'est pas une propriété mystérieuse, elle naît des conditions minimales de la communication et de la coopération entre les agents sociaux. »[112].C'est du reste pour établir une distinction entre cette normativité et le raisonnement propre à l'action finalisée qu'il disait aussi que le contexte social est polarisé par deux types d'actions. Il y a, d'une part des actions « normativement régulées, entre les sujets qui agissent au

[112] C. AUDARD, « Le principe de légitimité démocratique et le débat de Rawls-Habermas » in *Habermas. Usage public de la raison*, Rainer Rochlitz (Coord.), op. cit., pp. 95-132.

moyen de la communication »[113] et, d'autre part, des actions visant à « exercer une influence stratégique réciproque »[114].

La normativité épistémique est une mise en œuvre des forces illocutoires dans le cadre argumentatif. Elle s'opère lorsque les participants à la discussion rationnelle se trouvent dans l'obligation d'honorer les prétentions à la validité d'un discours, dans le cadre d'une discussion publique. La finalité est de créer les conditions de possibilité de la vérité, de la justesse pour ne dire que cela. De ce point de vue, l'application des normes requiert un processus d'explication argumentative ».

Certes, il y a lieu d'établir une distinction entre les deux types de normativité. Mais, qu'il s'agisse de l'une ou de l'autre, il est toujours question de discussion publique argumentée pour asseoir l'accord entre les acteurs sociaux concernés. Qu'il s'agisse de vérité propositionnelle, de justesse normative, de l'authenticité intentionnelle, c'est essentiellement dans le cadre de l'échange discursif, établi sur fond des présupposés pragmatiques, qu'on établisse l'intérêt universel valable pour une volonté commune sans répression.

Si la normativité, ainsi envisagée dans le processus communicationnel, permet de conduire à bien des actions publiques, il n'en demeure pas moins vrai, aussi que ces normes demeureront toujours fragiles, lorsqu'elles ne sont pas sous-tendues par une fondation solide. C'est du reste pour cela qu'un système multiple d'apprentissage serait indispensable afin de donner consistance aux activités publiques de communication.

2. Apprentissage moral et sociocognitif de la normativité

2.1. Apprentissage moral et processus communicationnel

La pratique communicationnelle n'est pas un simple processus de transmission d'information. L'activité communicationnelle, en tant que telle, va de pair avec la coordination des actions collectives. Elle se fonde et prend sens à travers l'intercompréhension. L'idéal d'intercompréhension

---

113 J. HABERMAS, *Vérité et justification* op. cit., p. 276.
114 *Ibid.*, p. 276.

contenu dans l'agir communicationnel est aussi inclus dans la dynamique de réalisation des valeurs morales. C'est ce qui confère à l'agir une dimension proprement anthropologique, du moins en le mettant en parallèle avec son autre qui est l'agir instrumental.

C'est aussi pourquoi, la réalisation de l'unité à travers la communication requiert un processus d'apprentissage. Cet apprentissage vise non seulement à prendre en compte les valeurs morales mais aussi les présuppositions pragmatiques. En s'inspirant d'une part d'Herbert Mead, Habermas pose la problématique de l'apprentissage communicationnel comme une espèce de « reconstruction de structures conceptuelles »[115]. Les acteurs sociaux sont considérés comme étant, depuis leur enfance, dans un apprentissage par intériorisation des normes, de la pratique communicationnelle. Cet apprentissage débute comme « appropriation progressive, sociocognitive et morale, de la structure, objectivement donnée, de rôles qui règlent légitimement les relations interpersonnelles. »[116]

D'un autre côté, Habermas s'appuie sur les « hypothèses philosophiques » de Lawrence Kohlberg, plus précisément sur le processus de développement moral. Kohlberg a démontré que l'individu s'approprie les structures normatives par développement successif. Il décline, à ce titre, six stades de développement moral chez les individus. Le stade de punition et de l'obéissance, stade du projet instrumental individuel de l'échange, celui des attentes interpersonnelles, stade des droits premiers, du contrat social, stade des principes éthiques universels.[117] Ainsi, l'acquisition des structures morales sont, en ce sens, le résultat d'un apprentissage. Le dernier stade est celui qui est conforme à la communication universelle.

Mais, pour Habermas, il serait judicieux d'entrevoir l'acquisition des normes morales en termes d'une intercompréhension qui nécessite des perspectives de décentration. C'est dire ici que c'est dans les interactions directes

---

[115] J. HABERMAS, *Théorie de l'agir communicationnel, tome 2. Pour une critique de la raison fonctionnaliste,* op. cit., p. 42.
[116] *Ibid.*, p. 42.
[117] J. HABERMAS, *Morale et communication,* op. cit, pp. 138-139.

que les normes morales s'acquièrent et font preuve de leur validité.

Certes, les règles morales structurent de part en part l'activité sociale dans le monde vécu. Elles lient les volontés des acteurs dans leurs différentes prises de position. En ce sens, l'apprentissage communicationnel consacre la transformation des attitudes et comportement individuels égoïstes en structures collectives. C'est cette idée qu'illustre le passage ci-dessous :

> Nous prétendons qu'il y a une forme de processus universellement valide de pensée morale rationnelle que toutes les personnes pourraient articuler, à supposer que les conditions socioculturelles appropriées au développement du stade sociocognitif sont remplies.[118]

Le principe des intérêts universalisables comme exigence de l'éthique de la discussion se pose comme une reconsidération des valeurs de solidarité déjà existantes. L'unité sociale, issue de telles valeurs, ne permet qu'une unité partielle, en ce sens qu'elle repose plus sur la sympathie que sur les convictions bien pesées. L'éthique de la discussion vise donc un double objectif : examiner les actions sociales et renforcer l'approche inter-perspectiviste de la communication en introduisant notamment le principe d'universalité. Cela reviendrait à dire qu'il faut davantage renforcer l'ouverture vis-à-vis des autres dans les pratiques de communication publique. La communication dans toutes ses dimensions doit reposer sur un apprentissage réciproque ».Habermas disait en substance :

> Dans les processus de la formation communicationnels, l'identité de l'individu et celle de la communauté se forment co-originairement. Avec le système des pronoms personnels se trouve en effet inscrite dans l'usage du langage orienté vers l'intercompréhension, propre à l'interaction socialisatrice, une imprescriptible contrainte à l'individuation, mais en même temps, à travers le médium de la langue quotidienne, se manifeste l'intersubjectivité socialisatrice.[119]

L'apprentissage communicationnel implique, dans la même perspective, la renonciation à son égo. En effet, l'exigence

---

[118] L. KOLHBERG, *The psychology of moral development*, San Francisco, 1984, p. 280, cite par J. HABERMAS *in De l'éthique de la discussion*, p. 74.
[119] J. HABERMAS, *De l'éthique de la discussion*, op. cit., pp. 19-20.

d'ouverture de la pratique de la communication doit conduire à ce que Habermas appelle un « autrui généralisé ». Cette exigence implique que les acteurs sociaux doivent rentrer dans le processus d'interprétation et d'appropriation des besoins et des valeurs. L'interprétation et l'appropriation sont définies comme étant fondamentales chez Habermas, car de ces deux dépendent les processus de construction des identités. Les sociétés, selon Habermas, « *peuvent apprendre au cours de l'évolution historique*, en utilisant les représentations de la morale et du droit contenues dans les images du monde pour réorganiser leur système d'action, et en constituant une nouvelle forme d'intégration sociale. »[120]

Même l'apprentissage d'ordre cognitif ne s'écarte pas des valeurs morales universelles. Rappelons que pour Habermas, toute activité sociale, qu'elle soit d'ordre politique, économique ou culturelle, doit être en conformité avec les principes moraux. C'est d'ailleurs pourquoi on retrouve, à travers ses ouvrages, cette préoccupation selon laquelle la rationalité communicationnelle doit primer sur la rationalité instrumentale. En ce sens, les recherches scientifiques doivent être conduites dans le respect des valeurs morales cardinales. Il souhaite, à cet égard, que le « complexe communicationnel et la communauté des chercheurs » soient« basés sur un apprentissage culturel au niveau d'un savoir préscientifique articulé dans langage ordinaire. »[121]

En somme, on peut dire que l'apprentissage moral ne se déploierait dans son effectivité que lorsque l'harmonie entre l'individuel et l'universel est enfin créée chez les citoyens. Cette harmonie se manifeste dans le décentrement des perspectives. Cet idéal d'universalité dans la communication ne doit pas être perçu comme détaché des valeurs de solidarité, car

> chaque exigence d'universalisation devrait rester impuissante s'il ne résultait pas, de l'appartenance à une communauté idéale de communication, la conscience d'une inamovible solidarité, la certitude de la coappartenance fraternelle à un contexte de vie commun.[122]

---

[120] J. HABERMAS, *Théorie de l'agir communicationnel, tome 2. Pour une critique de la raison fonctionnaliste*, op. cit., p. 345.
[121] J. HABERMAS, *Connaissance et Intérêt*, op. cit., p.175.
[122] J. HABERMAS, *De l'éthique de la discussion,* op. cit., p.70.

Toutefois, pour que l'universalité communicationnelle soit réalisée, il faut, en plus des ressources de solidarité contenues dans le vécu social, un développement du potentiel cognitif des acteurs sociaux. La communication implique avant tout la compréhension de soi et des autres. C'est pour cela que l'apprentissage cognitif est un aspect que l'éthique de la discussion prend en charge.

2.2. Apprentissage sociocognitif du processus communicationnel

Si les valeurs de solidarité contenues dans le vécu social peuvent participer, d'une certaine façon, à la consolidation des normes de la discussion, elles ne remplacent guère l'exigence de la capacité réflexive. En effet, la participation à la discussion publique requiert, de la part des participants, un niveau de conceptualisation, donc un minimum de capacité de discernement. La communication implique la compréhension par les acteurs des règles et du contenu des actes de parole. En premier lieu, chaque acte de discours émis suppose en même temps la responsabilité de l'acteur d'honorer les prétentions à la validité. Habermas a mis en relief quatre types de prétentions à la validité : prétentions à l'intelligibilité, à la vérité, à la justesse, et à la sincérité. Cela implique une aptitude cognitive à justifier un avis avancé ou à démontrer les limites du propos d'un interlocuteur. Comme le démontre Habermas lui-même, l'universalisation de la communication est inséparable de la perspective cognitive que les participants à l'argumentation.

Les ressources cognitives servent à interroger les trois types de rapport que nous entretenons vis-à-vis du monde subjectif d'une part et vis-à-vis du monde objectif et social d'autre part. L'acquisition d'un potentiel cognitif, conditionne sans nul doute, la discussion argumentée et le consensus rationnellement motivé. Habermas s'approprie la question de l'apprentissage cognitif en reconstruisant la théorie du développement cognitif de Piaget, comme d'ailleurs, il l'a fait à propos de la théorie du développement moral de Lawrence Kolhberg. Dans l'un comme dans l'autre cas, il a été prouvé que les compétences intrinsèques des acteurs sociaux se renforcent comme acquisition d' « aptitudes à résoudre certaines séries de problèmes empirico-analytiques ou pratico-moraux. »[123]

En ce sens, l'apprentissage se pose comme étant une succession d'étapes et stades. Mais, il ne s'agit pas, pour nous, de défendre la thèse de Piaget dans son intégralité. Il est juste question de rappeler, dans quelle mesure le développement cognitif par apprentissage consécutif détermine la constitution des actions rationnelles et l' acquisition des compétences argumentatives. Habermas parle, en sens, de la démarche constructiviste d'apprentissage[124] comme celle à travers laquelle : « un sujet qui passe d'un stade à l'autre devrait pouvoir expliquer pourquoi les jugements qu'il émet au stade où il se trouve sont plus pertinents que ceux qu'il émettrait au stade inférieur. »[125]

D'ores et déjà, dans son rapport interactif avec la nature, l'homme transforme le monde objectif en se transformant lui-même. Certes, la transformation qui induit à ce rapport est de plusieurs ordres. Il y a, entre autre, le développement de la capacité réflexive. Habermas est d'avis qu'à travers le travail social, il y a un « processus d'apprentissage cumulatif ». À ce titre, dans le processus de transformation, les forces productives acquièrent des aptitudes, en termes de« potentiel cognitif qui peut faire l'objet d'une utilisation sociale. »[126]

Ainsi, un tel potentiel de réflexivité serait mis en application dans la coordination des actions collectives et dans la structuration de la communication publique. L'intersubjectivité et l'ouverture vers les autres se trouvent déjà facilitées à partir de l'interpénétration qui s'opère dans le processus de travail. Habermas disait à ce propos que l'individu « n'acquiert de distances réflexive à l'égard de sa propre histoire de vie que dans l'horizon de formes de vie qu'il partage avec d'autres, (...) » [127]

---

[123] J. HABERMAS, *Morale et communication*, op. cit., p. 54.
[124] *Ibid.*, p. 59.
[125] *Ibid.*
[126] J. HABERMAS, *Après Marx*, trad. Jean-René Ladmiral et Marc B. de Launay, Paris, Fayard, 198, p. 135.
[127] J. HABERMAS, *De l'éthique de la discussion,* op. cit., p. 104.

Mieux, les « structures de conscience » partagées dans le travail social sont source d'un potentiel critique. Par cela, l'individu devient mieux apte à appréhender et à juger les actes de discours et à soumettre les institutions sociales à une critique constructive. Il faut rappeler que pour Habermas, une la rationalisation de la domination requiert une aptitude non pas seulement morale, mais aussi cognitive. Les rapports que les acteurs entretiennent à tous les niveaux doivent donc être des rapports critiques avec les valeurs, avec les institutions existantes, avec le passé.

Il y a lieu de se demander si les conditions d'acquisition des aptitudes cognitives, garantissant l'accord rationnellement motivés, sont toujours socialement garanties. Il est vrai que l'évolution de la conscience cognitive est, à certains égards, déterminée par le rapport dialectique des hommes avec la nature. Ce potentiel peut servir de base, mais il demeure toujours insuffisant. Habermas estime que le processus de formation de l'opinion et de la volonté assuré par les organisations de la société civile est d'un apport significatif pour le développement de la conscience critique des citoyens. L'autre pan de compétence critique s'acquiert donc essentiellement dans le rapport direct que les citoyens entretiennent entre eux, dans les relations privées et dans les communications conduites dans les espaces publics. En ce sens, les « canaux communicationnels de l'espace public sont raccordés aux sphères de la vie privée- aux réseaux d'interaction que sont la famille et les amis, ou encore aux contacts étroits avec les voisins (…) ».[128]

La capacité réflexive et l'aptitude au décentrement dépendent, en grande partie, de la pratique directe de la communication publique. Les discussions dans les espaces publics visent, certes, à asseoir la stabilité et la justice, mais ce qu' « elles visent en premier lieu, c'est un changement de mentalité de la population à partir duquel pourrait s'affirmer une culture

[128] J. HABERMAS, *Droit et démocratie, Entre faits et normes*, op. cit., p. 393.

politique libérale ».[129] Le processus d'apprentissage communicationnel se trouve également lié au processus d'individuation et de socialisation. C'est au tour de ces deux concepts que Habermas reconstruit la dynamique interactive caractéristique du particulier et du général comme fondement de l'universalité.

2.3. Dialectique de l'individuation et de socialisation

La dialectique de l'individuation et de la socialisation renvoie, au premier abord, à la question de la vie privée et de la vie publique ainsi qu'au processus d'interpénétration de ces deux dimensions dans les espaces sociaux. En d'autres termes, individualisation et socialisation mettent en exergue le processus de formation des identités collectives et individuelles dans la vie sociale en commun. Dans la pensée de Habermas, ces deux dimensions sont dialectiquement liées et participent à l'édification des relations intra et interpersonnelles. La finalité n'étant autre chose que l'institution des conditions de possibilité des accords à portée universelle.

L'individuation serait considérée au moins à deux niveaux. En premier lieu, on peut la présenter comme la conscience que l'homme a de sa propre identité. Mais, comme cette identité ne va pas de soi, il faut, en deuxième lieu, présenter l'individuation comme processus, comme construction. Le parler et l'agir sont des dimensions essentielles de l'individuation. L'homme est au monde, il ne se contente pas d'une *viva contemplativa*, il mène une *viva activa*[130]. À ce titre, les humains ne sont pas uniquement dans le monde comme contemplateurs, leur être est en perpétuel interaction avec l'environnement extérieur. C'est pour dire que l'individuation, en tant que prise de conscience et formation de son identité, s'opère dans l'interaction. La dimension du privé et du public, dans *Condition de l'homme moderne*, est l'exact reflet de la dialectique de la socialisation et de l'individuation.

---

[129] J. HABERMAS, *De l'usage public des Idées. Ecrits politiques*, trad. Christian Bouchindhomme, Paris, Fayard, 2005, p. 81.
[130] H. AREDNT, *Condition de l'homme moderne*, op. cit., p. 56.

On peut remarquer que chez Arendt, il y a une vie privée qui diffère de la vie publique. Chez Habermas, au contraire le privé et le public représentent deux pans inséparables de la vie de l'homme. Ces deux dimensions sont liées et sont dépendantes l'une de l'autre. Comme il a été mis en relief dans *De l'éthique de la discussion*, il y a « une dépendance réciproque de la socialisation et de l'individuation, un entrecroisement de l'autonomie personnelle et de solidarité sociale qui appartiennent au savoir d'arrière-plan de tous les sujets agissant communicationnellement »[131].

Il faut tout de même préciser que le processus d'individuation comme construction et reconnaissance de son identité se fond d'abord et surtout sur la compréhension de soi. « Ma perspective, note précisément Habermas, est déterminée par mon auto-compréhension. »[132]

En tant qu'auto-compréhension, l'individuation peut être envisagée dans le rapport que le sujet ou la société entretient avec son passé. Une société se reconnait et prend conscience de ce qu'elle est véritablement lorsqu'elle s'approprie son passé. On peut donc oser envisager la question de l'individuation même à l'échelle d'une société, lorsque celle-ci accepte de se concevoir comme une seule entité unie par son histoire. L'appropriation du passé est donc un processus d'individuation, sous un autre angle. Même envisagée sous cet angle, l'individuation est un rapport avec l'autre. Cela vient renforcer l'idée que l'individuation est aussi socialisation.

Ainsi, l'auto-compréhension ne saurait être possible dans le contexte d'une vie cloitrée. Il n'y a pas d'intercompréhension possible lorsque le sujet est replié sur lui-même. En ce sens, la compréhension est intercompréhension. Nous avons démontré plus haut que la vie du sujet social est interaction à tous les niveaux. L'interperspectivité définit toute la vie de l'homme dans le travail social comme dans la vie sociale. Individualisation et socialisation vont ensemble, comme le laisse entendre un passage de Habermas dans *De l'éthique de la discussion* :

---

131 J. HABERMAS, *De l'éthique de la discussion*, op. cit., p. 74.
132 *Ibid.*, p. 101.

> L'individuation n'est que le revers de la socialisation. Ce n'est que dans le rapport de reconnaissance réciproque qu'une personne peut constituer et reproduire son identité propre. Même le noyau le plus intime de la personne est lié de façon interne à la vaste périphérie d'un large réseau de relations communicationnelles. Ce n'est qu'à la mesure de son aliénation communicationnelle qu'une personne devient identique à elle-même. Ce sont les interactions sociales à partir desquelles se constitue le moi qui en même temps le menacent- par les dépendances auxquelles il est soumis, par les contingences auxquelles il est exposé.[133]

Telle est, en substance, l'orientation et les concepts fondamentaux de la théorie communicationnelle de Jürgen Habermas. La suite de cette première partie sera consacrée à l'analyse des articulations de la postmodernité du point de vue de Lyotard

---

133 *Ibid.*, p. 90.

CHAPITRE III : DIALECTIQUE DE LA MODERNITÉ ET DE LA POSTMODERNITÉ

Certes, la posture idéologique de Lyotard peut être considérée comme étant postmoderne de la même manière que l'approche habermassienne se réclame de la modernité. Toutefois, le contenu de ce chapitre est loin d'être réduit à une simple distinction entre les deux concepts de modernité et de postmodernité. L'objectif serait plutôt de préciser d'abord le contexte d'émergence de la théorie communicationnelle de Jean François Lyotard. La dialectique de la modernité et de la postmodernité donne une vision plus approfondie de l'antagonisme idéologique entre les deux auteurs. Ainsi, la modernité atteste la possibilité de l'universel pendant que la postmodernité démontre l'impossibilité de celui-ci pour enfin défendre le particulier comme nécessaire. De plus, la modernité implique la possibilité de la rationalité communicationnelle, alors la postmodernité implique le pragmatisme et la reconnaissance de la performativité.

1. La crise des normes

1.1. La postmodernité comme nouveau rapport à la modernité

Le rapport modernité et postmodernité, envisagé à travers ce point, ne vise pas uniquement à établir une comparaison entre le concept de modernité et celui de la postmodernité dans l'optique de montrer en quoi les deux diffèrent ou se rapprochent l'un de l'autre. À travers ce rapport dialectique, nous entendons expliciter davantage le fondement des deux logiques : l'argumentation communicationnelle d'une part et celui de l'esthétique de l'autre. En effet, même si Habermas et Lyotard présentent des perspectives respectivement différentes qui sont considérées modernes et postmodernes, on peut oser dire qu'ils mettent en relief la même réalité mais qu'ils perçoivent de différents points de vue.

La modernité est certes considérée comme l'âge de la raison, de la liberté de l'émancipation à travers l'unité de la raison. Cette raison qui « s'exprime dans l'activité communicationnelle fait la médiation avec des traditions, des pratiques sociales et des complexes d'expériences liées au corps qui, toutes ensemble, se fondent en une totalité *particulière* ».[134] Ainsi, la modernité, comme totalité constituée s'exprime essentiellement dans des structures universelles, les formes de vie particulières ne sont valables qu'en passant par les structures universelles du langage et de de l'argumentation.

Habermas s'est attelé ainsi à démontrer, à l'opposé des premières figures de l'École de Francfort, qu'on peut toujours sauver l'unité de la raison et assurer l'émancipation humaine à travers la raison communicationnelle. La raison comme structure d'unification et d'orientation de toutes les dimensions de la vie humaine se matérialise dans la communication. Cette communication rationnelle est la manifestation de la raison, et à ce titre elle représente l'instance ultime qui valide l'ordre social.

Toutefois, Habermas n'a pas manqué de mentionner que la raison ne se manifeste pas uniquement sous l'angle communicationnelle, elle se matérialise aussi sous l'angle instrumental. À cet égard, à travers la problématique de la différenciation et de rationalisation, il insiste sur l'idée que la stabilité et l'épanouissement de l'humanité sont toujours tributaires du primat de la raison communicationnelle sur la raison instrumentale. C'est de par cette dimension d'unification que la raison se fait « totalitaire ». C'est ce qu'avancent Horkheimer et Adorno à travers ce passage : « en soumettant à sa tutelle tout ce qui est unique et individuel, elle permit à la totalité non comprise de se retourner- sous la forme de domination-contre les choses, contre l'être et la conscience des hommes. »[135]. Horkheimer et Adorno présentent les lumières de la raison comme « processus autodestructeur »[136]. Mais l'objectif, à ce niveau, n'est pas de mettre en débat les penseurs de la première et de la deuxième génération, il s'agirait tout simplement de souligner que

---

134 J. HABERMAS, *Discours philosophique de la modernité*, op. cit., p. 386.
135 M. HORKHEIMER, T. W. ADORNO, *La dialectique de la raison,* op. cit., p. 56.
136 J. HABERMAS, *Discours philosophique de la modernité*, op. cit., p. 128.

la postmodernité est déjà présente dans la modernité. Lyotard disait aussi, dans ce sens que « ni la modernité ni la postmodernité, ne peuvent être identifiées et définies comme des entités historiques clairement définies. »[137]

La modernité et la postmodernité seraient donc deux visages d'une même pièce. Elles ne représentent donc aucunement deux contextes historiques différents. Elles renvoient en revanche à deux conceptions différentes, et peut être divergentes, portées sur la même réalité. On retrouve, d'ailleurs, des linéaments de la postmodernité dans la pensée de Nietzsche et de Heidegger. Ces penseurs postmodernes sont présentés dans le *Discours philosophique de la modernité* comme étant des néoconservateurs. Pour ces « néoconservateurs », le discours moderne n'est pas moins totalitaire que le mythe. Pour Nietzsche, ce qui serait source d'émancipation et de libération, ce n'est pas le discours de la raison, mais les structures mythiques, les pulsions dionysiaques et l'art à travers la musique. L'idée de libération, telle qu'elle est envisagée par les tenants de la modernité, est une contradiction dans les termes. Car, « les lumières historiques ne font qu'accentuer les scissions qui se sont fait sentir dans les conquêtes de la modernité ; la raison qui se présente sous forme d'une religion de la culture n'offre plus de force de synthèse susceptible de remplacer la puissance d'unification de la religion traditionnelle ».[138] C'est à partir de cette considération que découlerait l'idée d'un paradigme d'analyse qui s'écarte de l'approche conceptuelle et universalisante qui est propre à la raison. En considération de ce qui précède, la postmodernité serait plutôt comprise comme un développement et un approfondissement de la « philosophie du soupçon » qu'ont entamée Nietzsche, Freud, Marx, pour ne citer que ceux-là. L'approche lyotardienne trouverait, dans une certaine mesure, ses sources dans une telle conception.

---

[137] J.-F. LYOTARD, *L'inhumain. Causeries sur le temps,* Paris, Klincksieck, 2014, p. 34.
[138] J. HABERMAS, *Discours philosophique de la modernité*, op. cit., p. 106.

Il n'est pas inutile de rappeler que c'est sur la « rationalité dialectique du langage »[139] et de la communication que repose l'idée de la modernité. La postmodernité envisage un paradigme dans la valorisation de la sensibilité et de l'esthétique. La confiance en la raison fait finalement place à la suspicion, l'universalité à l'individualité, le langage à la sensibilité. Comme l'avance Gianni Vattimo, « le postmoderne se caractérise non seulement comme nouveauté par rapport au moderne, mais plus radicalement comme dissolution de la catégorie de nouveau. »[140]

Ainsi, au fondement de la divergence conceptuelle moderne et postmoderne chez Habermas et Lyotard, serait plus précisément la question de l'universalité de la raison et de la structure du langage. Pour le premier, le langage en tant que manifestation de la raison est le médium universel par lequel l'unité entre les humains pourrait être instaurée. Du point de vue de Lyotard, le langage est trop partiel pour traduire l'être de l'homme. En tant qu'il découle essentiellement de la raison, il ne traduit par conséquent qu'une partie de l'être laissant l'autre dans le « non-dit ». Lyotard disait même que le « « post »indique quelque chose comme une conversion : une nouvelle direction après la précédente ».[141]

De plus, la prétention à l'universalité du langage est identique à celle du concept. Elle vise la subsomption des particuliers sous la catégorie du général. Il est donc loisible de comprendre que, pour Lyotard la communication langagière n'est pas en mesure de créer l'universalité tant prônée. L'être de l'homme ne se réduit pas au langage. La communication langagière ne peut traduire que le contenu de la conscience. Le langage, dans sa manifestation discursive ne traduit pas la structure de l'inconscient.

La dynamique postmoderne serait centrée sur la défense de la dimension incommunicable de l'humain. Elle sera axée sur la

---

[139] J. HABERMAS, *Théorie et pratique*, op cit,, p. 345.
[140] G. VATTIMO, *La fin de la modernité. Nihilisme, et herméneutique dans la culture postmoderne*, Paris, Seuil, 1987, p. 10.
[141] J.-F. LYOTARD, *Le postmoderne expliqué aux enfants*. Paris, Editions Galilée, 1988, p. 108.

défense de l'individuel, le non-dit, qui ne trouve pas à s'exprimer dans le discours de la raison. Sa logique se posera, ainsi, dans la défense du sensible, des « intensités ». Le domaine sensible est, selon Lyotard, partie intégrante de notre être. Mieux, il nous définit au même titre, sinon plus que la communication rationnelle.

Ce qui donne accès à l'inconscient, au non-dit, ce n'est pas le langage, mais les manifestations artistiques. L'universalité du langage n'est rien d'autre que celle du concept. La pensée conceptuelle, faut-il le mentionner, s'inscrit dans la logique de la négation de ce qui est immédiatement donné au profit de l'idéal que promet la raison. En revanche, l'être esthétique porte sur l'« ici et le maintenant, exposé dans l'espace-temps, et à l'espace-temps d'un quelque chose qui touche *avant* tout concept et même toute représentation »[142].

L'approche postmoderne est donc antithétique à la « pensée de l'unité » qui caractérise la modernité. La postmodernité a « renoncé à la folie de l'unité »[143] et à la recherche des fondements. Elle consiste plutôt à « faire descendre le langage dans le sensible. »[144]. En tant qu'elle se focalise sur la sensibilité, la perspective postmoderne reconnaît la réalité comme diversité non unifiable. De ce fait, il n'y a pas dans la postmodernité de présentation de l'unité du réel.

1.2. La postmodernité : sur la question de la présentation

Il est une raison fondamentale qui sous-tend la logique postmoderne sur la question de l'unité et de l'universalité. Il n'y a pas d'universalité ou d'unité possible. En termes plus simple, la postmodernité défend la vision selon laquelle, l'universel appartiendrait à l'univers esthétique et non à celui de la raison. C'est la reconnaissance de cette impossibilité qui se traduit à travers l'idée d'« imprésentabilité ». Pendant que dans la modernité, le tout est considéré comme une dimension accessible et démontrable, la postmodernité se réduit à dire que, par rapport

[142] J.-F. LYOTARD, *Lecture d'enfance*, Paris, Galilée, 1991, p. 39.
[143] J.-F. LYOTARD, *Discours Figure*, op. cit., p. 18.
[144] *Ibid.*, p. 37.

à certaines réalités on peut seulement en avoir l'idée, ou tout au plus en faire des allusions, sans pour autant être dans la possibilité de les concevoir.

Ce qui caractérise au mieux la modernité est l'amphibologie de la raison. Pour la théorie moderne, la raison est capable de rendre accessible toute sorte de réalité. La modernité se fonde sur l'idée qu'on peut tout concevoir parce qu'il y a d'abord et toujours la possibilité de faire l'expérience de la réalité. De cette idée de l'expérience du réel découle chez les modernes, la possibilité de mettre forme à la réalité. Attribuer un tel pouvoir à la raison, c'est en même temps faire du sujet le maître du réel. Pour les postmodernes comme Lyotard, cela relève d'une illusion. Lorsque la raison fait l'expérience de ses limites, elle se trouve dans l'obligation de faire appel au pouvoir de l'imagination. La faculté d'imagination, quant à elle, ne nous présente pas le réel dans sa concrétude, mais elle suggère seulement l'idée de ce réel. Lyotard parle notamment de la « présentation négative ».[145] L'« imagination suggère la présence de ce qu'elle ne peut pas présenter. »[146]La question de la présentation renvoie à la dialectique entre idées esthétiques et idées de raison. Les deux modes de présentation cristallisent le rapport du sublime entre « présentable » et « concevable »[147]. C'est pour cela que la postmodernité passe de la question de l'expérience à celle de l'expérimentation. Selon les termes de Lyotard, le

> postmoderne serait ce qui dans le moderne allègue l'imprésentable dans la présentation elle-même ; ce qui se refuse à la consolation des bonnes formes, au consensus d'un goût qui permettrait d'éprouver en commun la nostalgie de l'impossible; ce qui s'enquiert des présentations nouvelles, non pour en jouir, mais pour mieux faire sentir qu'il y a de l'imprésentable.[148]

L'attitude postmoderne se pose ainsi comme une remise en cause de « l'adhésion au déterminisme conceptuel »[149]. Il s'agit pour Lyotard de dénoncer la « toute puissance » de la raison et en

---

[145] J.-F. LYOTARD, *Leçons sur l'analytique du sublime*, op. cit., p. 141.
[146]*Ibid.*, p.141.
[147] J.-F. LYOTARD, *Le postmoderne expliqué aux enfants*, op. cit., p. 24.
[148] *Ibid*, pp. 26-27.
[149] *Ibid.*, p. 17.

même temps de déconstruire le discours rationaliste qui attribut au concept le pouvoir de s'approprier le réel. En d'autres mots, la dialectique présentable et imprésentable est une guerre entre les sens et la raison, de la nostalgie moderne et de la jubilation postmoderne. Aussi, il y a dans la reconnaissance de l'imprésentable, l'idée de revenir sur les promesses d'émancipation faite par les modernes. Pour Lyotard la modernité ne peut réaliser la promesse de libération parce que la prétention de la présentation n'est qu'une vision de l'esprit, un simple vœu. Il ne peut être autrement parce que la raison ne garantit pas l'unité du réel. « Il n'y a pas de fait qui dans l'expérience puisse attester la vérité d'un argument spéculatif (par exemple, qu'il y a un projet vers le mieux dans l'histoire de l'humanité). Pour les Idées, dont l'objet n'est pas présentable, il n' ya pas des *analoga*, des signes, des hypothèses. »[150]. Ce qui caractérise la modernité c'est l'arrogance du concept, la prétendue puissance du discours à tout exprimer. Ce que font les modernes est conforme à la logique à ce passage écrit par Jacob Rogoziski : « Ce qu'on peut pas dire, il faut tenter de le dire. »[151]

Lyotard voulait mettre à nu la logique de domination du logos. Ainsi, il n'y a pas que le concept qui oriente la vie de l'homme. L'homme moderne, à bien comprendre Lyotard, serait dans une logique d'infatuation. Autrement dit, il a tendance à confondre sa réalité subjective à la réalité objective qui est hors de lui et qui par conséquent ne dépend pas de lui pour être ce qu'elle est. Avec un tel élan de suffisance, le discours de la modernité confond le réel objectif avec sa propre subjectivité, oubliant qu'il y a toujours « un abîme » entre l'objet réel et les données sensorielles et entre « l'intérieur et l'extérieur »[152]. Le sujet doit pouvoir franchir cet abîme afin de « refléter la chose telle qu'elle est ». C'est seulement en procédant de la sorte qu'il « recrée le monde en

---

[150] *Ibid.*, p. 101.

[151] J. ROGOZOSKI, « Lyotard : le différend, la présence », in *A partir de Jean François Lyotard*, Amey CLAUDE, Olive JEAN-PAU, Paris, Harmattan, 2000, pp. 33-49.

[152] M. HORKHEIMER et T. W. ADORNO, *La dialectique de la raison,* op. cit., p. 197.

dehors de lui, à partir des traces qu'il laisse dans ses sens. »[153]. C'est sur fond de ce postulat que s'érige la « croyance en la supériorité de la vérité sur la non-vérité. »[154]. Toutefois, l'intention n'est pas ici de remettre en cause la faculté de connaissance qui est en l'homme. Il s'agit plutôt de rectifier la prétention de l'entendement moderne dans sa tentative de tout englober ainsi que la tendance moderniste à tout verser dans le concept.

Aux origines de cette prétention moderne, se trouve l'idée que l'homme « peut connaître les choses en elles-mêmes ».[155]Ainsi, il y a un univers qui ne cadre pas avec le concept. L'unité du réel n'est jamais assurée par le concept. Pour que cette universalité puisse être établie, le concept a nécessairement besoin de son autre. « Aussi universelle que soit son activité, celui qui, naïvement érige tout en absolu, est malade, victime du pouvoir aveuglant de la fausse immédiateté »[156]. Tel est la sentence de Horkheimer et d'Adorno. Le champ de la conceptualisation a des limites pour ne pas dire qu'il est sous-tendu par une autre faculté dont l'appui est nécessaire pour qu'il ait accès au réel. Non seulement l'attitude esthétique et aussi valable dans l'orientation de la vie que le discours de la raison, mais que cette dernière est à plusieurs égards dépendante des sens.

C'est d'ailleurs pour cette raison que Lyotard suggère la peinture comme le meilleur moyen de faire parler la réalité là où le discours de la raison a échoué. La peinture, la musique et l'écriture par exemple rendent présent l'événement. La leçon de la peinture atteste que ce qui aurait dû arriver n'est pas encore venu[157]. Ce qui demeure inarticulable par le discours, la peinture le témoigne autrement. Ce que ces types d'art nous présentent ce n'est pas le réel en tant que tel, mais en tant qu'il n'est pas présentable. La peinture comme la musique et l'écriture viennent

---

[153] *Ibid.*

[154] G. VATTIMO, *la fin de la modernité, Nihilisme et herméneutique dans la culture moderne*, op. cit., p. 171.

[155] *Ibid.*

[156] M. HORKHEIMER et T. W. ADORNO, *La dialectique de la raison*, op. cit., p. 202.

[157] J. ROGOZISKI, « Lyotard : le différend, la présence », in *A partir de Jean François Lyotard*, Claude AMEY, Jean-Paul OLIVE, op. cit., pp. 33-49.

pour signaler qu'il y a quelque chose à présenter, mais qui ne peut pas l'être. En substance, on retient que les arts nous témoignent de la présence, à travers le visuel, le littéraire, le musical comme quelque chose qui reste hors d'atteinte et innommable. Cette« présence jamais dicible autrement que comme hors d'atteinte »[158], disait toujours Lyotard. Cette présence est sentie subjectivement par la pensée comme geste de rétraction.

Cela ne traduit pas l'impuissance de l'art. Il s'agit plutôt d'exprimer ce qui a précédé et qui ne peut être présenté qu'à travers l'absence. Cette absence ne peut pas être exprimée par l'esprit humain, ce qui nous signale l'absence de la présence, c'est l'âme. L'âme est réflexion de la présence. L'âme est pensée comme corps que Lyotard préfère appelée « anima ».

La faculté de la présentation est liée au sentiment du sublime. Mais le sublime signale la présence en tant qu'elle demeure non présente. Le sublime nait lorsque notre faculté échoue à donner une dimension unitaire du réel. C'est pour cela que Lyotard parle du sublime comme « ontologie négative. »[159]

À vrai dire, la présentation demeure impossible parce que du point de vue de Lyotard, il y a toujours de l'innommable dans ce qu'on prétend dire. Alors comment phraser le tout lorsque la raison elle-même est impuissante devant certaines réalités ? Comment par exemple témoigner de l'existence d'une chambre à gaz lorsqu'on est déposséder du pouvoir de justification ? Si *Auschwitz* est une réalité, qui peut attester de cette réalité lorsque les témoins sont déjà morts ? Pour Lyotard, il n'y a que les traces dans leur dimension d'écriture et d'art pour attester de l'existence des chambres à gaz, et de la réalité d'*Auschwitz*. Pour Lyotard, ces traces matérielles, en tant que présence de ce qui n'est pas présent, précèdent la langue et la représentation et restent donc indicibles.

C'est donc parce qu'il y a de l'indicible que l'unité est impossible, que l'universalité demeure impossible. L'histoire de la raison et ou de la modernité avec son ambitieux programme de

---

158 J.-F. LYOTARD, *Que peindre ?*, Paris, Hermann, 2008, p. 36.

159 J.- F. LYOARD, *Moralités postmodernes,* Paris, Galilée, Paris, 2005, p. 204.

libération est jonchée des situations indicibles qui constituent un abîme infranchissable :

> Auschwitz, un abîme ouvert quand il faut présenter un objet capable de valider la phrase de l'Idée des droits de l'homme; Budapest 1956, un abîme ouvert devant la phrase de l'Idée du droit des peuples; la kolyma, un abîme ouvert devant la phrase du concept spéculatif (illusoire) de la dictature de prolétariat; un abîme devant la phrase de l'illusion « démocratique » qui cachait l'hétérogénéité du pouvoir et de la souveraineté.[160]

L'édification de l'universel requiert la réactualisation des événements que l'histoire de la raison a rendus impossibles. Si l'idée de la conciliation doit se poser, elle ne peut s'opérer au mépris de certains événements qui engagent la responsabilité de l'homme. Si cet homme tout raisonnable qu'il soit, a pu rendre possibles des tels événements, il doit se donner l'obligation de les reconnaitre plutôt que d'en faire table rase. Lyotard a donc raison d'avouer que L'esthétique du sensible est le seul moyen de dire l'innommable que le discours de la raison n'arrive pas à exprimer, même s'il s'agit de le dire autrement. Marc Jiménez s'inscrit dans la même logique que Lyotard, lorsqu'il reconnait que le contexte « moderne » est un contexte mutilé et il estime d'ailleurs qu'il n'appartient pas à tout art de présenter l'incommunicable. Pour que l'art puisse articuler l'innommable, il faut qu'il se conforme au contexte de la réalité sociale déjà mutilée. « Aucune forme artistique ne saurait convenir pour exprimer et dénoncer cette réalité mutilante et mutilée sinon celle qui résulte de l'agencement aléatoire de fragment de matière et de matériaux collés selon les lois d'un arbitraire en fait rigoureusement contrôlé. »[161]

C'est du reste pourquoi Lyotard envisage une espèce de détranscendantalisation de la raison kantienne, en s'appuyant sur la faculté de juger réfléchissante. En mettant l'accent sur la faculté de juger, il s'agit pour Lyotard de mobiliser l'imagination et les lois de la sensibilité. Ainsi, c'est de l'idée de la Faculté de juger que Lyotard va dégager les principes générateurs de la reformulation de l'approche transcendantale kantienne. La faculté

---

[160] J.- F. LYOTARD, *L'enthousiasme. La critique kantienne de l'histoire*, Pais, Editions Galilée, 1986, pp. 108-109.
[161] M. JIMENEZ, *Qu'est-ce que l'esthétique,* Paris, Gallimard, 1997, p. 317.

de juger, comme Kant l'a lui même mentionné, jette un pont entre les lois de la sensibilité qui sont celles de la causalité et les lois morales qui sont celles de la finalité. Elle se définit par le jeu de l'imagination comme « faculté de présentation » et de l'entendement comme « faculté de conception ».[162]Ce sont les sentiments, comme l'a souligné Lyotard après Kant, qui doivent orienter la critique. La sensation est « toujours là »[163] c'est-à-dire toujours présente lorsqu'il y a un acte de pensée. La sensation est récurrente dans la pratique de la pensée. La pensée critique doit dépasser l'état réflexif, elle « doit observer une « pause », où elle suspend l'adhésion à ce qu'elle croit savoir. Elle se met à l'écoute de ce qui peut orienter son examen critique, un sentiment. »[164]

Même si l'orientation philosophique lyotardienne opère un processus de détranscendantalisation. Ce processus constitue, lui aussi, une reconstruction de la pensée kantienne sous un autre angle que celui de Habermas. En effet, la détranscendantalsation envisagée par Lyotard aboutit à la transformation du transcendantalisme kantien en théorie de la sensibilité fondée sur l'idée du jugement réfléchissant. Ainsi, d'une manière plus ou moins nuancée, Lyotard s'inscrit dans la logique kantienne de la troisième critique afin d'opérer une idée de différenciation entre médiation conceptuelle et médiation sensible dont le point de départ est la différenciation *a priori* établie par Kant lui-même entre l'entendement (pouvoir des principes) et l'imagination (pouvoir des représentations) .

En ce sens, si chez Habermas le paradigme conceptuel est au fondement de l'activité communicationnelle, chez Lyotard un élan de 'dé-systématisation' conduit à la critique sans complaisance du mythe conceptuel. En effet, il met fondamentalement au crible de la critique le totalitarisme de la Raison hégélienne, et pose la nécessité de sortir de la pureté du concept pour reconsidérer la dimension sensible. C'est dans *Leçons sur l'analytique du sublime* que Lyotard développe une analyse approfondie de La *Critique de*

---

162 J.-F. LYOTARD, *Leçons sur l'analytique du sublime*, op. cit., p. 14.
163 *Ibid.*, p. 18.
164 *Ibid.*, p. 16.

la Faculté de juger. Il s'engage à reconstruire l'idéalisme kantien dans le sens d'une communication sentimentale. L'individu doit échapper au formalisme et à la monadologie sur fond de la faculté de juger réfléchissante.

C'est à travers cette communauté esthétique que l'individu rentre en partage avec les autres. Ici, ce n'est pas la loi mais ce sont les sentiments qui déterminent l'Agir individuel. S'inspirant de la question du non-identique d'Adorno, Lyotard évite la dynamique de systématicité de la raison. Il pense la question de la différence à travers le jugement esthétique réfléchissant. Lyotard parvient ainsi à la traduction politico-linguistique de la raison transcendantale sous l'angle d'un accord entre la liberté et la nature.

L'esthétique transcendantale tient lieu d'une remise en cause de l'approche cognitive et de l'insigne du déclin du transcendantalisme et la déchéance de l'en soi. Elle permet d'écarter l'idée de la réduction de la réalité phénoménale à la dimension essentiellement conceptuelle. La pensée se doit d'être informée de « son état » grâce au sentiment. Le moteur et principe de moralité et de toute connaissance. Selon Lyotard, le jugement esthétique « ignore la règle conceptuelle; il ne la présuppose pas, il ne la vise pas comme la réflexion peut le faire de son usage cognitif. Il est tautégorique mais non heuristique par lui-même »[165].

Sur la base de ces considérations, Lyotard estime que la Faculté du juger permet en même temps de franchir l'abîme entre le sensible et le suprasensible et de fixer le statut de « l'historico-politique » à travers le dispositif naturel. Il affirme que « tous les écrits signés par Kant doivent eux-mêmes être des textes politiques ».[166] Ramener sur le champ politique, il s'agirait de spécifier la dynamique susceptible de garantir l'émancipation et la libération de l'individu sous l'angle de libération d'« intensités » pour reprendre un terme cher à l'auteur.

---

165 *Ibid.*, p. 177.

166 J.-F. LYOTARD, « Introduction à une étude du politique selon Kant », in *Rejouer le politique,* Etienne BABILAR, Luc FERRY, op. cit., pp. 91-134.

En outre, selon toujours ce postulat, les textes kantiens constituent « un archipel de familles de phrases »[167].Ces différentes phrases sont permises et exigées par le juge critique. Lyotard dégage, à ce titre, trois genres de discours hétérogènes kantiens : un discours des phrases argumentatives de la dialectique spéculative à travers *L'Idée d'une Histoire universelle dans une perspective cosmopolitique* (1784), un discours des phrases prescriptives dans *La réponse à la question qu'est ce que Les lumières*(1784) et un discours réglé par la phrase imaginative et poétique dans *Le Commencement conjectural de l'histoire des Hommes (*1786)[168]

La démarche de Lyotard propose un éclatement du tableau de l'unité du discours. Il introduit une pluralité de discours correspondant aux différents genres et familles de phases interrogatives-prescriptives (détermination des fins), phrases interrogatives-descriptives (la connaissance des données de l'expérience comme moyen-fin), phrases imaginatives, rhétoriques, judiciaires. Pour Lyotard, il n'est pas concevablc de penser une théorie de discours tout en estimant qu'il y a un type de discours référentiel. Il y a plusieurs types de discours en fonction des idiomes, des finalités, et il faudrait bien que ces dimensions soient respectées. Selon Mounkaila Abdo Serki, le postmodernisme

> peut être entendu au sens d'une poursuite de la révolution qui consiste essentiellement en une libération vis-à-vis de toute transcendance, de toute tradition, de tout critère contraignant. Cette ' 'démocratisation" radicale des sphères de l'existence humaine fit qu'on en est arrivé à la situation paradoxale où chacun se croit habilité à donner son avis sur n'importe quoi.[169]

L'approche lyotardienne aboutit, aussi, à une analyse qui est conforme à la profusion de communication et d'information qui définisse et détermine la postmodernité. Il est donc important d'examiner la situation communicationnelle de la postmodernité, telle qu'elle est vue par Lyotard.

---

[167] *Ibid.*

[168] *Ibid.*

[169] M. A. L. SERKI, *Penser l'art contemporain. Contribution à l'esthétique philosophique,* Paris, L'Harmattan, 2014, p. 28.

1.3. Saturation communicationnelle

La saturation de l'information serait l'une des caractéristiques fondamentales qui définissent l'avènement du capitalisme industriel avancé. Pour Lyotard, la communication telle qu'elle se pose comme dans la technoscience est un enjeu de puissance qui profite à l'homme. Celui-ci doit explorer cette opportunité sans chercher à la soumettre à un quelconque processus de rationalisation. En effet, l'expansion de l'outil communicationnel est déterminée par la croissance technologique.

Il est aussi utile de rappeler que dans les sociétés précapitalistes, le système communicationnel n'avait pas de finalité d'efficience. De même, ce n'était pas l'appareillage technologique qui assurait la transmission des valeurs et des informations. Le système communicationnel revêt, en ce temps, une dimension essentiellement normative. Dans cette structuration normative, la dimension anthropologique est toujours de mise. C'est-à-dire que le processus de la communication fait partie intégrante du système qui renforce les valeurs humaines. En d'autres termes, les valeurs de solidarité, de communautarisme, d'entraide, sont au soubassement des interactions entre les individus. C'est dire aussi que tout ce qui se transmet dans les échanges est l'œuvre de la volonté des sujets communicants. Le modèle communicationnel est du genre de ce que Habermas met en relief dans *L'espace public :*

> Il s'agit du monde constitué par le public de ces lecteurs qui font usage de leur raison, et qui s'était à l'époque largement développé, précisément au sein des classes bourgeoises. C'est le monde des gens de lettres, mais aussi celui de Salons, intermédiaires des « société mêlées » qui viennent y discuter[170].

Si on doit parler d'une rationalité communicationnelle, à l'image de ce que veut Habermas, il faut se référer à l'histoire. Cet espace public idéal, qu'il met en avant, n'appartient qu'au temps passé. À l'ère de la technologie, l'homme n'est plus le maître du discours, c'est-à-dire qu'il n'a plus le dernier mot par rapport à ce qui doit être dit et ce qui ne doit pas l'être. C'est le système

---

[170] J. HABERMAS, *L'espace public. Archéologie de la publicité comme dimension constitutive de la société bourgeoise*, op. cit., p. 116.

technique qui donne l'orientation nécessaire à ce qui doit être communiqué. C'est aussi dire que la communication, telle qu'elle est envisagée comme discussion publique, n'est pas réalisable conformément aux présuppositions pragmatiques de la communication telles qu'elles ont été posées dans la théorie habermassienne du discours. Ceci, d'autant plus que ces présuppositions sont l'œuvre de la volonté des participants à la communication publique et que cette volonté n'a plus aucune portée ou incidence sur le processus communicationnel, à l'ère du système. Habermas lui-même reconnait qu' à partir du moment où les lois du marché ont fait leur entrée dans l'espace public, « le raisonnement tend à se transformer en consommation et la cohérence de la communication publique se dissout en des attitudes comme toujours, stéréotypées, de réception isolée. »[171]

Certes, il est clair que même si Habermas reconnait l'avènement de la communication technicisée comme une caractéristique de la société contemporaine, il considère que c'est parce que quelque part la raison communicationnelle n'a pas été instituée dans ses différentes dimensions que l'environnement technique tend à envahir l'espace public. Donc pour lui, c'est toujours la rationalité communicationnelle qui doit prévaloir. C'est d'ailleurs pourquoi, du point de vue habermassien, la rationalité communicationnelle doit et peut avoir le dessus sur la réalité technologique.

Pour Lyotard, en revanche, le système technologique, dans sa généralité, et la structure communicationnelle qui lui est inhérente ne sont pas inféodés, du moins à un degré considérable, à la volonté humaine. Les humains ne doivent pas se targuer d'être à l'origine du progrès. La technique et sa puissance communicationnelle sont au service de la puissance et c'est une vaine tentative que de chercher à les détourner au profit d'une rationalité quelconque.

Ainsi, plutôt que de servir les visées morales, la communication, en tant qu'elle est assurée par l'outil technologique, à tendance à subvertir les espaces traditionnels de

---

[171] *Ibid.*, p. 169.

communication. La communication dans l'espace public est dorénavant celle de la « mercantilisation du savoir »[172].

Lyotard soutient ainsi l'ouverture à la technologie et à la communication technologique. Même s'il admet l'idée que la communication, à l'ère de la puissance technologique, participe à la subversion des institutions sociales, il n'en demeure pas moins vrai, de son point de vue, qu'elle contribue significativement à l'efficience et à réduire l'indétermination du temps. En témoigne les « gratices, assurances sécurité » qui sont des moyens « de neutraliser le cas comme occasionnel, de prévenir, disons-nous, l'advenir ».[173]

En effet, la communication, à l'ère de la technologie avancée s'inscrit dans la perspective de la réduction des incertitudes, des indéterminations inhérentes à la dynamique temporelle. Lyotard aurait donc raison, de promouvoir, face à l'incertitude des temps historiques, l'attitude païenne qui fait de la communication un enjeu de démonstration de force et de profit. Disons donc que l'indétermination, l'incertitude et la privation qui caractérisent ce temps-ci ne donnent aucune chance à l'homme de se replier sous une rationalité communicationnelle. Communiquer en vue de l'efficience ou dans l'optique du renforcement de la puissance, telle est la nouvelle attitude qui, selon Lyotard, est celle de l'époque de la technologie. Communiquer, c'est en même temps « accepter qu'on puisse jouer plusieurs jeux, et que chacun de ces jeux soit intéressant par lui-même ».[174]

En tout état de cause, la conservation des valeurs rationnelles, telles que celles-ci sont posées par Habermas, serait, à l'ère de la nouvelle communication, une vaine entreprise. Le normativisme moral issu de la communication argumentative, n'a aucune chance de se maintenir à la technologisation à outrance de l'environnement. Pour Lyotard, par exemple, « la communication

---

[172] J.-F. LYOTARD, *L'Inhumain. Causeries sur le temps,* op. cit., p. 15.
[173] *Ibid.*, p. 70.
[174] J.- F. LYOTARD, *Au juste,* Paris, Editions Minuit, 2006, p. 134.

ne se fait pas parce que le système des valeurs n'est pas suffisamment stable (..) ».[175]

Sous un autre angle, on peut dire que la technicisation du communicationnel a abouti, à travers l'introduction de l'outil numérique, au travestissement de l'œuvre d'art. Il est à rappeler que l'œuvre d'art, avant la technologie, constitue un moyen de communication authentique. De plus, grâce à la possibilité de distanciation et d'utopie qu'il crée entre les sujets et le monde concret, l'art permet une lecture objective et une certaine liberté d'appréciation des événements. Cette forme de médiation se présente, selon Doh Ludovic Fié, comme « entité utopique et un antidote au désenchantement généralisé du monde ».[176] C'est ce caractère utopique que la technique vient remettre en question, exposant ainsi l'homme à la dure réalité du « maintenant ». Aussi, la création artistique, en rupture complète avec les « avant-gardes » ne revêt d'autre fonction que celle de la consommation.

2. Caractéristiques fondamentales de la postmodernité

2.1. La postmodernité comme crise des paradigmes scientifiques

La postmodernité s'établit, avons-nous dit précédemment, comme nouveau rapport à la modernité. Elle s'articule comme une redéfinition de la réalité. Du point de vue théorique, elle s'inscrit aux antipodes de la recherche des fondements. La recherche des fondements, propre aux modernes, s'expliquerait comme la démarche de la pensée qui vise à accéder « à l'origine pour se l'approprier ».[177] C'est à l'encontre de cette posture cognitiviste que s'érige la perspective postmoderne. En ce sens, la postmodernité consacre la « décadence du vrai » et « la décadence de l'unité. »[178]

La recherche de la vérité, dans la pensée moderne, va de pair non seulement avec l'attachement au cognitivisme mais aussi au

---

[175] *Ibid.*, p. 40.

[176] D. L. FIÉ, *L'École de Francfort et la critique de la modernité. Le paradoxe de l'œuvre d'art.* Paris, L'Harmattan, 2015, p. 9.

[177] G. VATTIMO, *La fin de la modernité. Nihilisme et herméneutique dans la culture postmoderne,* op. cit., p. 179.

[178] J.-F. LYOTARD, *Rudiments païens*, op. cit., p. 12.

langage. Pour Marcuse, la question de la vérité ne serait jamais qu'une affaire qui repose sur la relativité, elle déborde le cadre théorique et échappe même au sujet du discours. Ainsi, pour Marcuse, le concept de vérité est lié non pas seulement au langage, mais à l'état d'esprit du sujet et aux conditions socioéconomiques dans lesquelles le sujet en question évolue. Juste pour ne pas dire que la question de la vérité relève de l'idéologie. Il avance clairement dans *L'homme unidimensionnel* que « la vérité est un état de l'Etre en même temps qu'un état de pensée, puisque la pensée manifeste l'Etre et l'exprime, accéder à la vérité reste un projet virtuel tant que l'homme ne vit pas dans la vérité et avec la vérité. »[179]

Cet intérêt exprimé vis à vis du langage et à la cognition se fait au détriment de la réalité concrète. Seule la vérité est considérée comme un idéal dans la démarche cognitiviste, et c'est cette vérité, en tant qu'idéal, qui consacre la validité des actes du discours. Dans un tel esprit, la « définition des réalités est, disait tantôt Lyotard, reportée indéfiniment par la récurrence des analyses et l'invention des axiomatiques » (références). Aussi, la recherche du vrai « nécessite une explication argumentative ».[180]

Et dès lors qu'elle porte sur une divergence dans la perception du réel, on peut dire même que la scission moderne et postmoderne est relative à la conception de l'espace temps. Cette rupture est un coup porté sur le concept par la représentation. Lyotard parle ainsi de la crise de fondement dans l'atteinte portée à la dimension de l'espace-temps :

> Ce à quoi une atteinte est portée serait l'espace et le temps comme formes de la donation de ce qui arrive. La vraie « crise des fondements » n'était sans doute pas celle des fondements de la raison mais de toute entreprise scientifique portant sur les objets réels, c'est-à-dire donnée dans l'espace et le temps sensibles.[181]

La démarche postmoderne consiste aussi à rompre avec l'idéalisation des normes et de la vérité. La logique postmoderne

---

[179] H. MARCUSE, *L'homme unidimensionnel. Essai sur l'idéologie de la société industrielle avancée*, trad. Monique Wittig, Paris, Minuit, 1968. p. 167.
[180] J. HABERMAS, *De l'éthique de la discussion,* op. cit., p. 106.
[181] J.-F. LYOTARD, *L'inhumain. Causeries sur le temps*, op. cit., p. 111.

consacre la rupture de la normativité. Pour la vision postmoderne, il n'est pas nécessaire de chercher à instituer les normes étant donné que rien n'est définitivement établi. La réalité est conçue par les postmodernes comme étant caractérisée par une instabilité permanente. Et l'instabilité de la réalité est le signe que la vérité est toujours à l'horizon. C'est du reste ce qui explique le recul observé par les postmoderne vis à de la « religion du vrai ». Lyotard explique, à travers ce passage, la quintessence de la vision épistémique postmoderne :

> La science contemporaine découvre à notre regard un espace de discours et de pratique dont la forme n'est nullement définie en termes de *conformité* avec un objet ni même avec un principe formel d'unité, voire de compatibilité des énoncés entre eux, mais dont la forme, quelconque *en vérité*, est suspendue à un principe d'efficience.[182]

Ainsi, la méfiance vis-à-vis du logos se fait au profit de la libération des intensités instinctuelles et du pouvoir de créativité qui leur ait lié. La science postmoderne, disait Lyotard est celle de la « recherche des instabilités ».[183] C'est donc, sous un certain angle, la conversion du raisonnement logique en technicité qui caractérise la postmodernité chez Lyotard : « Le souci de fonder le vrai et de légitimer le juste se lasse à mesure que le critère techniciste d'estimation des œuvres par la performance optimale répand son évidence sur toutes les sortes d'activités. »[184]

Le souci de la performance, de l'utilitaire est incompatible avec le processus de « réfutations » qui caractérise la recherche du vrai. De plus, dans la quête du vrai, s'opère l'oubli de l'être donné, de l'individuel au profit de ce qui n'est pas encore et qui peut ne pas être. C'est d'ailleurs cette quête incessante d'un idéal commun qui fait de la recherche de la vérité une logique subsumante. En effet, dans la perspective du raisonnement dialectique de la modernité, le réel, en tant qu'il s'offre dans l'immédiateté, n'a point de portée en soi. Le donné n'est valable qu'après des épreuves successives de réfutation. C'est seulement dans la résistance aux épreuves d'expérimentation que le donné peut enfin

---

[182] J.-F. LYOTARD, *Rudiments païens*, op. cit., p. 91.
[183] J.-F. LYOTARD, *La condition postmoderne,* op. cit., p. 88.
[184] J.-F. LYOTARD, *Des dispositifs pulsionnels,* op. cit., p.18.

acquérir un statut scientifique. Dans cette procédure incessante de confrontation on n'a pas la possibilité comme le dit Adorno de « séjourner auprès de l'individuel ».[185]

C'est du reste pourquoi, à la place du discours du savoir, Lyotard préfère mettre en place une approche qui restaure la valeur du réel immédiat d'une part et permet d'introduire la dimension de l'individuel incommunicable, d'autre part. La vérité, en tant que telle, «est une métropole autoritaire qui veut rapatrier en elle toutes les tensions centrifuges qui lui obéissent ».[186]

La postmodernité consacre donc la décadence du « discours vrai »[187] et ouvre une nouvelle ère qui est propice non seulement à la libération des instincts pulsionnels mais aussi à l'imagination et à la créativité. Cette imagination qui a été placée « au bas de l'échelle des modes de connaissances »[188], se trouve mise en honneur dans l'approche postmoderne de Lyotard. « L'analyse, disait Lyotard, n'est pas sujette à la connaissance mais à« technique », à art. »[189]On retient en fait que l'abandon de la terreur blanche de la vérité est dû au fait que l'attachement au vrai s'oppose à la créativité et à la technicité, mais aussi parce qu'elle ne permet pas la libération des singularités.

Sur un tout autre plan, il faut dire que le raisonnement théorique confère au sujet une certitude illusoire. En effet, la teneur de certitude incarnée dans le discours logique, gonfle « l'ego » du sujet, il donne au sujet l'impression d'être maître du temps. C'est d'ailleurs pour cela qu'on trouve dans le discours moderne, une confiance au temps historique qui se traduit dans la promesse de libération. En conséquence, il ne prévoit pas l'avenir sous l'angle d'événement imprévisible. Contrairement à cette approche moderne, Lyotard estime que l'histoire contemporaine est caractérisée par l'indétermination et l'incertitude. Le discours ne saisit pas l'être et ne prévoit pas le futur. Ce temps, en tant

---

[185] T. W. ADORNO, *Minima Moralia,* op. cit., p.105.
[186] J.-F. LYOTARD, *Rudiment Païens, (Préface*), op. cit., p. 9.
[187] *Ibid.*, p. 11.
[188] P. RICOEUR, *La mémoire, l'histoire, l'oubli,* Paris, Seuil, 2000, p. 5.
[189] J.-F. LYOTARD, *L'inhumain. Causeries sur le temps,* op. cit., p. 39.

qu'il est événement imprévisible, fait échec à la logique du discours.

À ce titre, selon Lyotard, ce qui prépare à l'arrivée de « l'événement », ce n'est pas le raisonnement logique. Ainsi, l'incertitude de l'indétermination désarme le sujet humain. L'expression, « il arrive que ... », est la formule même de la non-maitrise de soi sur soi. L'événement rend le soi incapable de prendre possession et control de ce qu'il est »[190]. Le recours à la psychanalyse se justifie, d'une part, par le fait que le discours logique est insuffisant à donner une orientation à l'humain dans le contexte actuel concrétisé par l'inconstance du « maintenant ».

2.2. La postmodernité comme subversion des institutions sociopolitiques

En tant que « réécriture » de la modernité, il est à prévoir que la postmodernité soit une révision du cadre institutionnel conçu à l'aube des temps modernes. De ce fait, il serait judicieux de mettre en relief l'éventuelle transformation qui affecterait ce cadre. Parlant d'"institution, allusion est ainsi faite, dans ce contexte, au cadre organisationnel régissant les sociétés par un ensemble de règlements et de lois. En clair, ces institutions sont constituées par les structures socioéducatives comme famille, écoles, structures administratives et politiques dont l'ensemble participe à l'orientation sociale. Parler ainsi de subversion dans ce contexte, c'est tout au moins évoquer une éventuelle déstructuration de ce cadre dans son ensemble. L'interrogation posée nous amène à découvrir de prime abord que l'avènement technologique s'accompagne d'« un changement de fonction des États : à partir de ce syndrome se forme une image de la société qui oblige à réviser sérieusement les approches présentées en alternative »[191].

Le développement de la technologie comme caractéristique de la postmodernité bouleverse, à plus d'un titre, le système normatif et institutionnel. Ainsi, le système comme libération des

---

[190] *Ibid.*, p. 64.
[191] J.-F. LYOTARD, *La condition postmoderne*, op. cit., p. 30.

intensités ne dépend pas nécessairement de la volonté humaine. La logique du fonctionnement du système constitue une remise en cause des valeurs. Le processus de développement vient, selon Lyotard, à contrarier le dessein humain d'émancipation ».[192]

La logique postmoderne se définit comme une déstructuration des entités politiques et sociales. Comme conséquences connexes au développement de la technoscience, on peut évoquer la décomposition et la recomposition des grands ensembles en des petites unités. La réalité empirique nous renseigne sur ce point à travers des réclamations identitaires dans les sociétés contemporaines. Certes, les questions identitaires ont toujours existées, mais la nouveauté de l'ère postmoderne est que le repli identitaire aurait pour cause fondamentale la rupture d'égalité qui s'installe au profit des uns et au détriment des autres. Quoi qu'on puisse nier l'existence d'antagonisme des classes, il n'en demeure pas moins vrai que les fissures entraînées dans les sociétés postmodernes aient leur raison dans l'inégale possession de la technologie dans les composantes sociales. La faillite des grands récits, dont Lyotard fait grand cas dans *La condition postmoderne*, est en partie liée à la cassure des grands ensembles sociaux. En effet, quelle serait la validité d'une histoire universelle lorsque l'humanité se trouve divisée en des petites entités chacune différente de l'autre ? Lorsque les entités sociales sont différenciées dans leur être profond, il n'y aurait plus un langage commun, mais une pluralité sociale avec une pluralité d'institutions.

On ne peut donc, sans se contredire, contester la faillite des unités universelles. L'avènement technologique reporte sans cesse l'universalité promise par les Lumières. C'est d'ailleurs ce constat qui fait dire à certains penseurs que l'universalité, en tant que telle ne renvoie à rien de concret, seules seraient réelles les identités individuelles irréductibles. Boniface Kaboré est entre autres figures qui pensent qu' « une conception unique et

---

[192] J.-F. LYOTARD, *Misère de la philosophie,* op. cit., p. 124.

universelle du juste et du bien absolus est tout simplement impossible, mieux, elle est impensable. »[193]

On peut, de par ce passage de Kaboré, avancer l'idée de la soi-disant « dispersion » des grandes institutions morale et politique modernes ne serait pas essentiellement liée à l'avènement de la technologie et la division qu'il installe dans les sociétés. Les fractures sociales pourraient trouver leur source dans l'impossible universalité des normes. On revient, ainsi, au centre de la conception lyotardienne qui postule qu'il n'y a pas de normes suffisamment valides qui puissent rassembler les communautés qui, par delà leur disparité en termes de pouvoirs économiques, sont « individuées » par les langues, les idiomes, et mieux, sont tournées « vers la recherche narcissique de leur identité »[194].C'est dire également qu'aucun discours ne peut parvenir à unifier les gens ou les communautés qui diffèrent déjà dans leur être intrinsèque. C'est peut-être pourquoi les sociétés contemporaines sont caractérisées par un « mouvement de décadence de l'unité nationale »[195]. Lyotard décrit ainsi, la dispersion des institutions comme la faillite ou la « décadence de l'unité ». Le passage ci-dessous nous en donne une idée explicite :

> Dans ce fait de décadence de l'unité, un problème se trouve posé, qui l'a déjà été par les politiques (par les communards en particulier) mais qu'il est maintenant dans les affects les plus secrets et à la fois les plus évidents des peuples : ou bien le maintien du Centre, de quelques phraséologie politique(union des républiques, d'Etats, Fédérations, républiques, empire...) ou socioéconomique (libéralisme, socialisme) qu'on affuble de la fonction magistrale ; ou bien l'éclatement en minorités, à charge pour elles d'établir et de rétablir sans cesse entre elles un, des *modus vivendi*. [196]

En réalité, l'idée même des grands ensembles, au fond, est plus idéologique que réelle. Faire partie d'un ensemble serait significatif, si et seulement si, en tant qu'individualité, on a la possibilité de se faire valoir et d'éviter d'être subsumé par une

---

[193] B. KABORE, *L'idéal démocratique. Entre l'universel et le particulier, Essai de philosophie politique,* Paris, L'Harmattan, 2001, p. 180.
[194] A. TOURAINE, *Critique de la modernité*, op. cit., p. 219.
[195] J.-F. LYOTARD, *Rudiments païens*, op. cit., p. 103.
[196] *Ibid.,* p. 104.

catégorie englobant. Cela pose, en d'autres termes, la responsabilité de l'individuel dans les ensembles. Est-ce à dire que les institutions, en tant qu'ensemble de normes, ne parviennent jamais à fonder une unité qui reflète la volonté commune de leurs membres ? À l'ère de la postmodernité, toute procédure d'institutionnalisation risquerait d'être plus la source du différend que du consensus. Alain Touraine est de ceux qui partagent cette conception de la décadence de l'unité : « La société, dit-il, n'a plus d'unité et donc aucun personnage, aucune catégorie sociale, aucun discours n'a plus le monopole du sens ».[197]

En tout état de cause, l'institutionnalisation comme accord entre des parties, dans les sociétés contemporaines, ne serait guère qu'une espèce de compromis qui s'oriente d'une façon ou d'une autre sur la conquête ou la sauvegarde des intérêts technologiques. C'est dire que la recomposition des institutions qu'entraîne l'ère postmoderne est une remise en cause des accords dans les sens d'entente rationnellement motivée.

Le processus d'institutionnalisation est soit lié au partage de la puissance technique soit lié à la réalité locale. Par exemple la mise en place des institutions politiques requiert la prise en considération des autres aspects infra-politiques étant donné que la dimension politique, en elle seule, ne peut plus maintenir un ensemble. C'est pourquoi les macro-institutions, au cas où elles tiennent, se fondent, à plusieurs égards, sur le partage du pouvoir technique. Cela reviendrait à dire aussi que les entités faiblement nanties n'auront pas le même poids que les autres.

L'idée de mise en place des institutions et celle du sens vont ensemble. Les deux n'auront de validité que lorsqu'elles sont adossées à l'avènement technologique. Qu'est-ce à dire sinon que le sens et les normes n'ont de validité que lorsqu'ils s'orientent vers l'appropriation de 'l'outil technologique. En somme, la postmodernité a monnayé la normativité contre l'efficacité et les intensités technologiques. L'efficience technologique, en travestissant les institutions traditionnelles, affecte du coup les structures éducationnelles par l'intermédiaire desquelles l'homme

---

[197] A. TOURAINE, *Critique de la modernité*, op. cit., p. 217.

appréhende la réalité concrète. La subversion de ce cadre institutionnel expose dorénavant l'individu à la réalité toute crue. Par cela, il perd la capacité de recul et de distanciation qui lui permet de juger le réel. L'homme fait désormais face à un vide et est exposé à la cruauté de la vie. Les « institutions qu'étaient l'école et la famille où se jouait le sort de la tradition face à l'angoisse, le système contemporain les a détruit (il suffit de pervertir la finalité)[198].

2.3. La postmodernité comme rapport aux catégories du temps

On ne saurait problématisé l'univers postmoderne, sous l'angle de la production technologique, sans consacrer un aspect au rapport de l'identité (collective et individuelle) face au temps. La formation des identités est soumise à la fluctuation du temps. À cet titre, il est fondamental de rappeler au passage la gestion de la temporalité dans les sociétés préindustrielles. Les penseurs de la modernité, dont Habermas, ont mis en exergue la gestion du temps en relation avec la formation du sens et des identités. Le rapport de l'homme au temps est donc un point sur lequel ont statué les penseurs modernes. La construction des identités était considérée comme une démarche visant à contenir les effets du temps.

En effet, Habermas a exposé l'idée de la gestion du temps selon les structures anciennes et l'équilibre humain que sous-tendait un tel rapport dans le monde vécu. Il met en exergue le système d'individuation et de socialisation comme paradigme qui permet aux sociétés contemporaines de maintenir des identités collectives au moyen de l'agir communicationnel. Dans ce contexte de monde vécu traditionnel, les temps avaient une dimension, un sens collectif. Les temps étaient rythmés selon les préoccupations quotidiennes de la communauté. Les activités, les temps, les fêtes s'inscrivent dans une calendarité.[199] La pratique de l'individuation qui structure la société permet d'instituer les structures sociales

[198] J.-F. LYOTARD, *Lecture d'enfance*, op. cit., p. 83.
[199] L. DUHEM, E. VERDUE, *Faillite du capitalisme et réenchantement du monde*, Paris, L'Harmattan, 2006, p. 92.

qui fondent l'unité sociale et orientent l'être de l'homme dans le sens d'une vie unifiée et stable. Cette dépendance réciproque de l'individu et du groupe est le socle de la normativité sociale. Le temps social est, en ce sens, géré par les structures sociales issues des volontés individuelles et collectives.

L'avènement de la technologie, en tant que pan de la postmodernité, consacre la « fin des temps collectifs »[200]. Ces temps, qui étaient gérés en conformité avec les normes sociales, sont désormais à la solde de la production économique. Le temps collectif est affecté par la technoscience comme le précisent Ludovic Duhem et Eric Verdue :

> Les temps collectifs ont disparu au profit des temps individuels diachroniques, c'est-à-dire séparés de leur contexte communautaire. Le temps singulier individuel et collectif est massifié et redistribué sous forme *spectaculaire*. Les temps collectifs des célébrations sportives par exemple ne sont plus que des temps de *massification industrielle* et non d'expression d'un « *nous* »où la singularité traverse les membres de la collectivité.[201]

Cette vision du temps postmoderne recoupe celle de Lyotard. Plus que Ludovic Duhem et Eric Verdue, Lyotard pense qu'il n'y a plus lieu de s'aligner dans la perspective moderne pour défendre un retour à la conception traditionnelle de temporalité. La nouvelle version de temps est celle du temps du capitalisme industriel qui ne se laisse pas appréhender par l'ancien l'appareillage conceptuel. Le temps capitaliste n'est pas celui de la constitution du sens historique, en revanche il défait même le sens constitué. En ce sens, la question de la normativité qui s'inscrit dans la maîtrise du temps, n'a plus de validité en soi, car les acteurs sont eux-mêmes emportés par la dynamique du temps.

Aussi, par delà l'unité collective qui se trouve défaite, le temps de la technoscience est caractérisé par l'imprévisibilité et l'incertitude, ce temps est tellement fluide que « beaucoup d'événements arrivent sans qu'on puisse les dévisager. »[202] Et en tant que temps d'incertitude, le temps industriel est à l'origine de

---

200 *Ibid.*, p. 91.

201 *Ibid.*, p. 94.

202 J.-F. LYOTARD, *Pérégrinations,* Paris, Galilée, 1990, p. 41.

la « mélancolie » de la modernité. « Il n'y a pas d'origine, et qu'elle manque non en tant que ceci ou cela, mais en tant qu'origine. » [203]La pensée moderne est celle de la nostalgie, elle se focalise sur l'idée d'un retour au sens, un rétablissement d'une temporalité qui reflèterait une continuité chronologique du temps. Le temps nouveau échappe à toute chronologisation. C'est en ce sens que pour Lyotard la « mélancolie » est ce qui caractérise la modernité.

Claude Romano abondait dans le même sens. Pour lui également, plutôt que de chercher à restaurer l'origine autant s'inscrire dans la perspective de ce qui arrive, de l'advenir, du possible : « Le sens, affirme Claude Romano, est ce que vise tout projet compréhensif pour autant qu'il s'opère, à chaque fois, que conformément à une totalité de possibilités herméneutiques préalables. »[204]

C'est parce qu'il est dorénavant pure discontinuité que le temps moderne, du moins postmoderne, nous installe dans un vide communautaire. L'homme, à l'ère de la technoscience serait plus « dans le monde » qu' « 'au monde » étant donné que l'unité à laquelle il prétend appartenir est défaite. Commentant l'idée de Hannah Arendt, Franck Fischbach n'a pas manqué de souligner que la réalité moderne serait celle de la « privation du caractère de monde ».[205]

L'aporie de la constitution du temps chez Lyotard est d'abord liée à la fragilité du langage. Cette situation est aggravée par le contexte du capitalisme industriel. Le discours, du point de vue lyotardien, ne peut pas opérer la synthèse du temps. Il met aussi en évidence l'incapacité du sujet pensant à « garantir une certaine coprésence des différents temps (passé, présent et avenir). En lieu et place de l'intersubjectivité discursive, Lyotard envisage le récit narratif comme médium capable de résister à l'abstraction du capitalisme industriel tout en permettant d'assurer l'unité dans la diversité. En effet, le récit a la vertu de créer la totalité dans la

---

[203] J.-F LYOTARD, *Économie libidinale*, Paris, Les Editions de Minuit, 1974, p. 251.

[204] C. ROMANO, *L'évènement et le temps*, Paris, PUF, 1999, p. 147.

[205] F. FISCHBACH, *La privation de monde. Temps, espace et capital,* J.Vrin, 2011, p. 8.

diversité sans subsumer l'un dans l'autre. À travers le récit « le déchainement du maintenant est domestiqué par la récurrence du avant/ après. L'opération diachronique ou de successivité n'est pas remise en cause, même quand il est modulé. Il « avale » l'évènement, et les différends que celui-ci entraîne avec lui. »[206]

Alors, l'impuissance du discours face au temps est indéniable, la faculté d'imagination permet à l'homme d'avoir une emprise sur celui-ci. L'imagination permet, ne serait-ce que de façon allusive, l'intrication du passé dans le présent, et par là elle permet à l'humain d'atténuer ses angoisses. L'imagination est visée unifiante, elle parcourt les séquences temporelles pour les ramener à l'unité de l'instant présent. Par le biais de cette faculté, l'homme passe de la nostalgie à l'instinct de la créativité, en ouvrant l'accès à l'univers du possible. Aussi, l'imagination permet d'échapper à la monotonie et à l'angoisse qui fait de l'homme l'« être pour la mort. Pour reprendre les termes de Lyotard, « l'imagination fait violence au possible, elle engendre ce temps monotone, mutilé de ses possibles, où passé et avenir sont la récidive de l'éternel présent. »[207]

Telles sont les grandes orientations théoriques de la postmodernité chez Lyotard. Mais, ces aspects sont loin d'épuiser le fond de l'approche de Lyotard. Des enjeux théoriques et communicationnels majeurs sont impliqués dans sa dynamique. Le prochain point de notre recherche portera sur cette question.

---

[206] J.-F. LYOTARD, *Le différend*, op. cit., pp. 218-219.
[207] J. ROGOZINSKI, « Le don du sublime », in *Du sublime* J.-F. COURTINE, M. DEGUEY *et al.*, Paris, Editions Belin, 1988, pp. 229-272.

CHAPITRE IV :
ENJEUX EPISTÉMIQUES ET COMMUNICATIONNELS DE LA POSTMODERNITÉ

Les enjeux de la postmodernité, dont il est question dans ce chapitre, se situent aux antipodes des concepts et orientation de la modernité. Habermas expose la modernité à travers les concepts de l'argumentation langagière, de consensus et d'émancipation. La postmodernité révèle l'inconsistance de ces concepts. En ce sens, ces enjeux renvoient, globalement aux limites de l'argumentation, à l'impossibilité du consensus et à l'impertinence de l'idée d'émancipation. Bref, les sections de ce chapitre participent à la « déconstruction » de ce qu'on peut considérer comme architecture de la modernité.

1. Enjeux épistémiques

1.1. Genre argumentatif et indécidabilité

Dans cette partie consacrée à l'indécidabilité, il est fondamentalement question du rapport entre langage et la réalité. L'enjeu de ce rapport recoupe également celui du sujet logique de la saisie du réel. Nous avons mis en relief, à travers l'approche habermassienne, comment l'agir communicationnel se pose sous l'angle de la rationalisation de la réalité objective et sociale. Cette rationalisation du réel conditionne, selon toujours Habermas, la réalisation des conditions de liberté et d'autonomie dans l'espace social. Mais la question qui mérite encore d'être posée est la suivante : comment le processus communicationnel, en tant que manifestation de la raison, parvient-il à s'assurer la saisie du réel ? Cette question est pertinente dès lors qu'elle ramène au débat, l'idée de la validité des règles instituées communicationnellement.

Ce qui mérite aussi d'être rappeler ici, c'est que le discours est enchaînement, et il ne se définit que comme enchaînement. Qu'est-ce à dire sinon qu'un discours porté sur la réalité n'est jamais exhaustif. Le fait qu'il doit s'enchainer est symptomatique de son impuissance vis-à-vis du réel.

Aussi, le processus de justification vise à poser le principe de base de la connaissance des actes de langage. Justifier ce qu'on avance équivaut à exposer la source de la thèse qu'on émet. Dans le processus de l'argumentation, rien ne va de soit, tout propos doit honorer ses prétentions à la validité, c'est-à-dire les raisons premières qui lui permettent d'être ce qu'il est. Il y a, à ce niveau, une propension à oublier la finitude qui caractérise l'humain, la faillibilité de l'homme et de ses capacités cognitives. En effet, il n'est pas besoin de rappeler que l'humain est faillible. Et en tant que faillible, ses potentiels ne peuvent être que faillibles. Karl Popper a été réaliste en ce sens. Il disait en ces termes :

> plus nous apprenons sur le monde, et ce savoir s'approfondit, plus la connaissance de ce que nous ne savons pas, la connaissance de notre ignorance prend forme et gagne en spécificité comme en précision. Là réside en effet la source majeure de notre ignorance.[208]

S'il y a des vérités qui ne peuvent découler que de l'argumentation et de la justification, il en est également des discours qui n'ont nullement besoin de la justification pour vérité. Et il n'en demeure pas moins vrai que des telles thèses soient considérées comme étant digne de foi. Donc, tout n'est pas réductible à la raison. Il y a une infinité de choses qui s'offrent spontanément à nous dans leur pureté et qui ne méritent aucune procédure de réfutation. Faut-il pour autant douter des telles vérités ?

Certains discours, à teneur métaphysique, ont pourtant un contenu vrai que la raison humaine ne peut pas démontrer. Encore qu'en ce cas, la validité ne repose pas sur la preuve. « La vérité, écrit Popper, peut cependant être révélée aux élus par la grâce »[209].

À certains égards, il vaut mieux fonder sa conviction sur la confiance que ce qui est, est tel qu'il se présente. Et en ce sens, on se base sur l'expérience quotidienne. Le fait d'observer une régularité dans l'expérience de la vie humaine fonde un rapport de

---

[208] K. R. POPPER, *Conjectures et Réfutation. La croissance du savoir scientifique*, Paris, Payot, 1985, p. 55.
[209] *Ibid.*, p. 30.

confiance entre l'homme et son environnement. Il n'y a rien de mieux pour l'homme que de se fier à ce dont il peut faire l'expérience dans le quotidien. C'est cette démarche contextualisante que Mark Hunyadi met en relief dans son ouvrage, *L'Homme en contexte*. Elle consiste à mettre un accent tout particulier sur l'attitude *fiduciaire*[210].

On doit préciser surtout que les questions ayant trait aux valeurs ne sont pas liées, selon Lyotard, à la pratique de justification. La justification est inhérente à la théorie de la connaissance. En tant que vertu, la morale ou la justice échappent à l'argumentation. En revanche, la vertu découlerait d'un état de spontanéité et de douleur. C'est-à-dire que c'est dans l'épreuve de la réalité concrète, dans les péripéties que le temps nous fait vivre, que naissent la moralité. Chez Habermas, les principes moraux sont certes existants dans le monde vécu. Mais, ils n'acquièrent validité que lorsqu'ils sont soumis au processus de rationalisation. Alors que du point de vue de Lyotard, la validité n'est rien d'autre que celle qu'établit le langage ordinaire en fonction des jeux de langage propre à chaque culture.

Sur ce point, Emmanuel Levinas s'inscrit dans la même perspective que Lyotard. Pour ce dernier également, la morale et la justice ne s'argumentent pas. « La morale, selon Levinas, commence lorsque la liberté, au lieu de se justifier par elle-même, se sent arbitraire et violente »[211].

La modernité veut faire table rase des faits réels par une pratique de justification. Lyotard ne demeure pas en reste sur le point de vue de Horkheimer et Adorno. Ces derniers s'accordent à dénoncer la vanité du discours, la folie d'uniformisation et la rationalité propre à la raison. « Les explications et réfutations strictement rationnelles, économiques, et politiques- aussi justes

---

210 M. HUNYADI, *L'homme en contexte. Essai de philosophie morale*, Paris, Editions du Cerf, 2012.
211 E. LEVINAS, *Totalité et Infini. Essai sur l'extériorité,* Martinus, Nijhoft, 1971, p. 83.

soient-elles-n' y parviennent pas, car la rationalité associée la domination est elle-même à la racine du mal. »[212]

Le langage échoue à saisir le réel parce qu'il ne résiste pas au temps. Le temps du discours est celui du maintenant. Aussitôt émis, aussitôt il s'écoule avec le temps. En conséquence, la force du discours est fluctuante, et toute décision qui en serait issue serait face à l'événement. L'événement constitue l'échec du discours parce que ce dernier n'est jamais assez consistant pour résister à l'imprévision du premier. Le discours est donc perpétuelle reconstruction. « En tant qu'occurrence, chaque phrase est un « maintenant. »[213]

Cela revient à dire que si le temps porte démenti au discours logique, l'institution des normes qui lui est inhérente n'a pas de validité. En outre, l'apprentissage communicationnel, sur lequel prétend se fonder la modernité perd son sens. L'imprévisibilité du système défait non seulement le discours, mais aussi la prétention du savoir cognitif et même pédagogique que la modernité prétend inculquer dans l'âme des masses afin d'éveiller en eux « le principe de rationalité ».[214]

Sur un tout autre plan, l'indécidabilité porte sur la question de l'impossibilité de l'imposition de l'universalité conceptuelle que charrie la modernité. L'universalité conceptuelle se veut une totalisation des particularités et en ce sens, elle se pose comme une uniformisation ou, mieux, un style de domination. D'ores et déjà, il faut rappeler que chaque communauté à son langage propre, ses idiomes irréductibles. La modernité fait du langage le médium par excellence entre les communautés humaines. En posant l'idée de l'universalité du langage on doit aussi poser l'idée des idiomes culturels qui différencient ces diverses communautés. La question se poserait donc en ces termes : comment décider d'un langage universel alors que comme l'annonce un sous-titre d'Alain Finkielkraut, « L'humanité se décline au pluriel » ?[215]

---

[212] M. HOKHEIMER et T. W. ADORNO, *La dialectique de la raison*, op. cit., pp. 179-180.
[213] J.-F. LYOTARD, *L'inhumain. Causeries sur le temps*, op. cit., p. 64.
[214] J.-F. LYOTARD, *Rudiments païens*, op. cit., p. 107.
[215] A. FINKIELKRAUT, *La défaite de la pensée,* Paris, Gallimard, 1987, p. 22.

Le problème est qu'en décidant d'un universel, on court le risque d'absoudre toutes les minorités communautaires sous un même concept. Lyotard rappelle, à ce titre, que « les minorités sont des territoires de langage. Chacun de nous appartient à plusieurs minorités et ce qui est important, c'est qu'aucune ne l'emporte. »[216]Il serait difficile qu'à travers une diversité langagière qu'on puisse édifier une structure universelle sans créer un différend. Dans la perspective d'un tel universel, on doit éviter de subsumer les identités minoritaires sous des grands ensembles, il faut plutôt travailler à affirmer leur autonomie. Cela serait conforme aux vœux de l'éthique de la discussion, mais qui serait particulièrement soumis à rude épreuve dans le monde de la technoscience.

Habermas semble lui-même obtempérer dans sa démarche. Il admet que le temps est un obstacle épistémologique. Dans ses propres termes il disait que « le temps est une limitation ontologique ».[217] Les garanties de validité inhérentes à la pratique de l'argumentation ne sont rassurantes que pour le présent, elles demeurent problématiques pour l'avenir :

> Dans la mesure où toutes les discussions réelles, se déroulant dans le temps, sont provinciales par rapport à l'avenir, nous sommes incapables de savoir si les énoncés qui sont *aujourd'hui* rationnellement acceptables, serait-ce dans les conditions approximativement idéales, résisteront également, à l'avenir, à toute tentative de réfutation.[218]

Mieux, pourrait-on revenir sur le pouvoir épistémologique moderne pour cette fois-ci dire qu'il ne doit pas être confondu à un pouvoir de décision, celui-ci étant lié à la puissance technologique. C'est dire que ce sont les détenteurs de la puissance technologique qui décident, en dernier ressort, de ce qui est vérité et même de l'orientation que doit prendre les recherches scientifiques. La décision ultime n'appartient pas au savant. « Qui décide de ce qu'est le savoir ? Et qui sait ce qu'il convient de décider ? »[219]

---

[216] J.-F. LYOTARD, *Au juste*, op. cit., p. 197.
[217] J. HABERMAS, *Vérité et justification*, op. cit., p. 192.
[218] *Ibid.*, p. 192.
[219] J.-F. LYOTARD, *La condition postmoderne*, p. 20.

La vérité n'est pas un pouvoir de décision. Lyotard en donne une preuve concrète à travers la technisation, les recherches universitaires et la « mercantilisation du savoir».[220] Ainsi, la question d'indécidabilité se pose-t-elle sous l'angle d'une remise en cause du sujet connaissant. En tant que détenteur du Logos, ce dernier ne détient pas le pouvoir de décider du devenir de ce savoir. Ceci est sans doute vrai dès lors qu'en dernière instance c'est la technique même qui donne une légitimation au savoir théorique. « Le langage du pouvoir dominant est le langage de la vérité »[221], comme le dit Herbert Marcuse.

1.2. Apories de la critique face au principe d'indiscernabilité

La question d'indiscernabilité que nous débattons ici se pose dans le cadre du rapport de la théorie du discours logique et de la théorie des pulsions. Elle vise à relever l'insuffisance, ou mieux l'incapacité du discours philosophique à se prononcer sur la réalité de l'inconscient. Pour Lyotard, il s'agit de révéler que le discours philosophique, qui prétend instaurer l'unité et le consensus universel, échoue à prendre en charge les dimensions humaines.

Du point de vue de Lyotard, une approche qui prétend instaurer l'unité entre les humains doit de prime abord intégrer dans sa démarche tout ce qui participerait à construire son être, c'est-à-dire déterminer tout le fondement de son engagement. En ce sens, pour Lyotard, l'approche communicationnelle, réduite au simple discours argumenté, ne prend pas en compte la réalité du psychisme humain. Ainsi, il estime que les pulsions inconscientes nous définissent autant sinon plus le fait du langage discursif. À cet égard, il prend ses distances vis-à-vis de l'éthique de la discussion qui n'accède pas à la couche inconsciente. La « théorie des indiscernables ne « prend corps » que selon un affect indécidable ».[222]

---

[220]*Ibid*, p. 7.
[221] H. MARCUSE, *L'homme unidimensionnel. Essai sur l'idéologie de la société industrielle avancée*, op. cit., p. 138.
[222] J.-F. LYOTARD, *Rudiments païens*, op. cit., p. 28.

Le discours argumenté est condamné à une incertitude provisoire. Il est toujours suspendu à une certitude provisoire au sujet de ce qu'il dit. Le discours de la raison parle au nom d'un réel alors qu'il n'a jamais ce réel dans son intégralité. Ce réel (c'est-à-dire l'homme) sur lequel se prononce le discours ne doit pas essentiellement être réduit à la conscience parlante. En effet, l'humain est autant richesse inconsciente que consciente, et il faut pouvoir pénétrer cette couche inconsciente pour être véritablement dans l'être de l'homme. Le rêve, la folie comme manifestation inconsciente définie l'homme aussi bien que le langage. L'exploration de l'inconscient est donc autant valable que celle du discours.

Le vrai et le juste, au cas où il faut les tenir pour valables, ne doivent pas être uniquement l'apanage du discours logos. C'est dans la dialectique du langage et des pulsions qu'il faut chercher à définir l'être.

En cela, Lyotard élève l'approche psychanalytique au détriment de la dialectique du langage. Le raisonnement argumentatif est celui de la réfutation et de la négation. Le progrès de la communication argumentative se fait par réfutation, par chocs et dépassement, il consacre donc une thèse à l'aune d'une autre. Le discours logique est conçu comme étant le développement du négatif. En revanche, la théorie des pulsions en même temps qu'elle permet d'aller dans le tréfonds de l'être, se caractérise également par un caractère affirmatif. Nous « désirons l'athéisme de la bande libidinale et s'il ne peut être critique, c'est-à-dire religieux, il doit donc être païen, c'est-à-dire affirmatif »[223], souligne Lyotard. Il ajoute également que le « conflit entre pulsions de vie et pulsions de mort n'est pas une guerre entre deux instances, il n'engendre pas de contradictions ; les effets du principe nommé pulsion de mort sont toujours *dissimilés* dans les autres, dans ceux d'*Eros*. »[224]

---

[223] J.-F. LYOTARD, *Économie libidinale*, Paris, Les Editions de Minuit, 1974, p. 15.
[224] J.-F. LYOTRD, *Rudiments païens,* op. cit., p. 25.

Cela est d'autant plus évident lorsqu'on sait que le raisonnement dialectique, canevas de la discussion argumentée, ne prend pas ancrage dans la vie concrète du vécu social. Il se résume à une confrontation essentiellement conceptuelle qui « appartient entièrement au plan du seul discours théorique. »[225]Le discours argumentatif est donc sélectif et cette sélectivité perd de vue la réalité considérée comme élémentaire dont celle de l'inconscient.

C'est dans cet esprit que Lyotard réactualise la pratique de « la perlaboration » entreprise par Freud. La perlaboration est l'approche psychanalytique qui met l'accent sur l'écoute des sentiments du patient. Ainsi, contrairement à l'approche argumentative qui se replie dans une dialectique de l'esprit, la perlaboration consiste à « accorder la même attention à tous les éléments des phrases proférées par les patients, aussi minimes et futiles qu'elles puissent paraître »[226]

Face à « l'impuissance du discours savant », Lyotard confère la découverte de l'inconscient aux artistes. L'art est, sans nul doute, apte à réussir là où le discours logique a échoué. Cela revient aussi à dire que la construction de l'universel que prétend assurer l'argumentation logique n'est qu'un leurre. Cet universel ne serait que le reflet de la partialité lorsqu'il ne prend pas en compte l'inexprimable contenu dans l'inconscient. L'inconscient, même s'il demeure ignoré du discours logique, constitue, en tout cas, le réceptacle de la volonté de l'être. Paul Laurent Assoum ne fait que confirmer cette thèse lorsqu'il disait que « l'inconscient connote le caractère le plus originaire de la volonté, poussée indéterminée, qui ne s'individualise dans aucun objet déterminé, »[227]

En substance, on peut dire que le souci de Lyotard est de reformuler le discours philosophique. En premier lieu, l'idée est de démontrer que le discours philosophique ne peut exprimer l'être.

---

[225] J.-F. LYOTARD, *Dérive à partir de Marx et de Freud*, Paris, Galilée, 1994, p. 43.
[226] J.-F. LYOTARD, *L'inhumain. Causeries sur le temps*, op. cit., p. 38.
[227] P.-L. ASSOUN, *Freud, la philosophie et les philosophes*, Pais, PUF, 1970, p. 126.

En plus du fait que le penser philosophique veut faire autorité, il se fait affirmation absolue de la réalité. Le logos oublie qu'il ne constitue pas l'unique, encore moins l'essentiel de l'être. Le logos auquel renvoie la philosophie est d'abord soutenu par la réalité corporelle. En tant que corps il est déterminé par des besoins et des désirs. Il y a donc d'autres dimensions qui traduisent l'être. Emmanuel Levinas, abondant dans le même sens, disait que la « vie est corps, non pas seulement corps propre où pointe sa suffisance, mais carrefour des forces physiques, corps-effet. »[228]

La philosophie doit avouer qu'elle fait l'expérience de ses limites lorsqu'elle n'arrive par à phraser « l'affect ». Cet abîme qui fait échec à la pensée philosophique ne peut trouver son expression qu'à travers le style de « l'écriture réflexive. »[229]Dans cet esprit de réforme, Lyotard estime que la pensée n'est pas l'apanage des philosophes. Les psychanalystes et même les linguistes et les artistes pourraient revendiquer la même légitimité. Ce sur quoi statue le discours de Lyotard est presque la fin de la pensée philosophique, du moins son nivellement par rapport aux autres styles. Les philosophes doivent se mettre à l'école des arts de la linguistique, puisque l'heure n'est plus à « bâtir une métropole de la pensée ».[230] Enfin, le penser philosophique n'est pas mieux que le style littéraire, artistique pour ne citer que ceux-là.

Il n'y a pas que le nivellement de la pensée philosophique aux autres types de pensée. Lyotard pense que le langage ordinaire du monde vécu est aussi un style de pensée qui a sa propre validité. Le langage ordinaire incarne un type de pensée qui a toute son originalité et sa validité. Aucun processus d'universalisation ne réussirait à le subsumer sans créer un différend.

---

[228] E. LEVINAS, *Totalité et infini. Essai sur l'extériorité,* op. cit., p. 177.
[229] J.-F. LYOTARD, *Moralités postmodernes*, op. cit., p. 30.
[230] *Ibid.*, p. 35.

1.3. Valorisation du langage ordinaire et de l'être pré-catégorial

La valorisation du langage ordinaire et de l'être pré-catégorial est un point saillant de la pensée de Lyotard. Certes, la même approche se trouve développée dans la conception de Husserl, Merleau-Ponty et Wittgenstein. La pensée du langage chez Lyotard, s'inscrit dans une perspective qui serait proche des schémas envisagés par ces auteurs. D'ores et déjà, en lien avec la question du langage ordinaire, la conception wittgensteinienne des « jeux de langage » a influencé, de façon considérable, la démarche lyotardienne. Il s'agit spécifiquement de la conception développée par le second Wittgenstein, notamment dans *Cahier bleu et cahier brun*[231], et celle de *Recherches philosophiques*[232], où il met en honneur le langage ordinaire. Ainsi, la revalorisation du langage s'opère chez Wittgenstein comme chez Lyotard, sous l'angle de redynamisation du langage historique. Contrairement à la logique de l'éthique de la discussion, ou du structuralisme saussurien, le langage ne se résume pas à la dimension linguistique, il reste lié au contexte social dans lequel il est immergé.

L'idée que sous-tendent ces deux perspectives est que toute théorie du langage et de la communication doit redescendre au niveau de la manifestation « primaire » du langage. Wittgenstein considère que « *la langue ordinaire est parfaite* ».[233] De ce fait, toute analyse de la réalité sociale doit s'opérer par le médium de cette langue. En d'autres termes, ce propos wittgensteinien visait à démontrer que le discours ordinaire n'a pas besoin d'être soumis à une procédure d'abstraction pour acquérir une validité. Aussi, les « jeux de langage », constitutifs de la vie sociale ordinaire, constituent en eux-mêmes « un langage complet, un moyen pour les hommes de communiquer entre eux »[234].

---

[231] L. WITTGENSTEIN, *Le cahier bleu et le cahier brun. Etudes préliminaires aux « investigations philosophiques »* trad. Guy Durand, Paris, Gallimard, 1965.

[232] L. WITTGENSTEIN *Recherches philosophiques,* trad. Françoise Dastur, Maurice Elie, Jean-Luc Gautero, Dominique Janicaud, Elizabeth Rigal, Paris, Gallimard, 2004.

[233] L. WITTGENSTEIN, *Le cahier bleu et cahier brun*, op. cit., p. IV.

[234] *Ibid.,* p. 148.

Lyotard entend ainsi se distancier de la perspective de l'éthique du discours qui fait de la reconstruction du monde vécu un fondement indispensable de la validité communicationnelle. En conséquence, l'unité communicationnelle que prétend instituer la théorie du discours (à l'exemple de la théorie de la discussion) n'aurait pas besoin d'être détachée du vécu social tel qu'il s'offre dans son immédiateté. De plus, une universalité de communication, au cas où elle devient nécessaire, doit se conformer aux exigences du langage naturel. C'est dire que l'universalité du langage dont fait cas Habermas, devient dans la perspective présente, une universalité historicisée parce qu'elle repose sur la diversité des dialectes, des idiomes qui caractérisent le langage ordinaire. Lyotard serait, en ce sens, proche de Merleau-Ponty pour qui le premier acte philosophique serait de revenir au monde vécu », afin de restituer aux organismes « leur manière propre de traiter le monde, à la subjectivité son inhérence historique ».[235]

Le langage est intrinsèque aux réalités socioculturelles des différentes communautés. Chaque communauté dispose des idiomes, des dialectes qui ne sont pas nécessairement ceux de l'autre communauté. Ainsi, toute tentative visant à unifier ou à soumettre les pratiques langagières différentes sous une seule universalité serait source de différend. Le discours sur le langage ordinaire vise à prendre en considération ce monde ordinaire. « Il faut agir comme le peuple, il n'y a rien de mieux à faire que ce qui se fait. »[236]

Soumettre le monde vécu à un processus de rationalisation serait, de point de vue de Lyotard, dépouiller le langage ordinaire du contexte qui lui assure son sens. Le langage ordinaire est ce par quoi nous faisons l'expérience profonde du social, et partageons des intuitions morales. La logique de communication que propose Lyotard consiste à souscrire au langage ordinaire dans toutes les variétés de ses manifestations. Les acteurs

---

[235] M. MERLEAU-PONTY, *Phénoménologie de la perception,* Paris, Gallimard, 194, p. 84.

[236] J.-F. LYOTARD, *Rudiments païens*, op. cit., p. 41.

sociaux, dans toutes leurs catégories, se retrouvent à travers le langage ordinaire, comme l'explique Lyotard lui-même, à travers ce passage :

> Dans le langage ordinaire du discours, dans une discussion entre deux amis, par exemple, les interlocuteurs font feu de tout bois, changeant d'un jeu, d'un énoncé à un autre : l'interrogation, la prière, l'assertion, le récit sont lancé pêle-mêle.[237]

Mieux, à l'image de la démarche husserlienne, il est aisé de lire chez Lyotard, la recherche de l'originalité, dans le sens du sujet comme dans le sens de l'objet. Ainsi, l'idée du sujet pour Lyotard, comme chez Husserl, repose sur la dimension corporelle. C'est-à-dire que le sujet humain se définit d'abord, en tant que corps. Il est d'abord physiologiquement constitué, avant de prétendre être une pensée connaissante. Ce sujet rentre en contacte avec la réalité environnante d'abord par les sens. Et ce contact ne peut, en aucun cas, être détaché de cette détermination première. Le réel, dans cette perspective, est maintenu par le sujet tel qu'il est. C'est-à-dire, qu'il est analysé dans sa donation primaire. Autrement dit, on n'a pas besoin des soumettre la réalité à une démarche formelle pour que celle-ci se donne au sujet. La question de l'être pré-catégorial et de « l'analyse pré-catégoriale »[238] s'explique dans ce sens.

Merleau-Ponty s'engage, notamment dans *La phénoménologie,* à reconstruire la pensée husserlienne de la *Lebenswelt.* La considération de la *Lenbenswelt* rentre dans le même sens que la valorisation du vécu social, mais elle part à un niveau plus approfondie, en portant sur l'être non encore prédiqué, c'est-à-dire non articulé dans le langage. Le monde pré-catégorial est celui de l'être avant l'avènement du langage. Pour Lyotard, le langage en tant que discours n'est pas en mesure de refléter l'être du réel. Et pour appréhender cet être autant se passer du langage pour intégrer « l'analyse intentionnelle de la *Lebenswelt*, mode au

---

237 J.-F.LYOTARD, *La condition postmoderne*, op. cit., p. 34.

238 A. VEGA, *Le premier Lyotard. Philosophie citrique et politique,* Paris, L'Harmattan, 2010, p. 39.

sein duquel le sujet constituant « reçoit les choses » comme synthèses passives antérieures à tout savoir exact. »[239]

Mieux, la perspective de la réalité pré-catégoriale chez Lyotard serait comme une reconstruction de l'idée développée par Husserl dans *Expérience et jugement*[240]. Husserl démontre que le jugement n'est pas une catégorie propre à la pensée réfléchissante. L'idée du jugement acquiert validité même à partir du contact spontané entre le sujet et l'objet. Dans cette donation première, pense Husserl, il y a déjà jugement. L'expérience antéprédicative est le soubassement de la théorie du jugement. Elle permet de déterminer comment le réel se « donne à la subjectivité constituante ».[241]Et ce jugement semble être le jugement le plus authentique, en ce sens qu'il ne se détache pas du réel en tant que tel. Le jugement, sur fond de la perception immédiate, a l'avantage d'appréhender le réel dans son individualité et dans son authenticité, c'est-à-dire sans l'englober dans une généralité quelconque. Le juger antéprédicatif est indissociable de la perception des évidences objectives qui s'offrent à nous dans la plus grande facilité. « Avant que s'institue le mouvement propre de la connaissance, nous avons des objets visés, visés simplement dans la certitude de la croyance.»[242]Les jugements fondés sur l'expérience antéprédicative sont des jugements qui portent sur la réalité dans son caractère individuelle. L'idée husserlienne vise à opérer une analyse qui prend en compte l'arrière-plan sur lequel le réel se détache. Cette démarche, en même temps qu'elle nous permet d'« accueillir les phénomènes tels qu'ils se donnent »[243], constitue aussi un dépassement de l'impasse du solipsisme méthodologique héritée de la philosophie du sujet cartésien.

---

[239] J.-F. LYOTARD, *La phénoménologie*, Paris, PUF, 1954, p. 39.

[240] E. HUSSERL, *Expérience et jugement. Recherche en vue d'une généalogie de la logique,* Paris, PUF, 1970.

[241] J. VIOULAC, *Science et révolution. Recherches sur Marx, Husserl et la phénoménologie.* Paris, PUF, 2015, p. 131.

[242] E. HUSSERL, *Expérience et jugement. Recherche en vue d'une généalogie de la logique,* op. cit., p. 33.

[243] J. VIOULAC, *Science et révolution. Recherches sur Marx, Husserl et la phénoménologie,* op. cit., p. 102.

L'ouverture au monde pré-catégorial constitue également un renversement de l'analyse réflexive constitutive de la théorie de la discussion de Habermas. Cette vision s'inscrit, à certains égards, dans la même perspective que celle de Nietzsche. Ce dernier estime également que c'est dans la vie ordinaire et dans l'accommodation aux hommes tels qu'ils viennent[244] qu'on peut comprendre leur être. La communication langagière ne permet pas la saisie des expériences qui sont tout sauf bavardes.[245] Le langage articulé ne nous offre jamais qu'une dimension partielle du réel. Pour Lyotard également, c'est dans le contact sensible, dans la donation première qu'il faut poser le jalon d'une véritable communication. La thèse de Lyotard recoupe ainsi celle de Levinas pour lequel le « contact est déjà thématisation et référence à un horizon. »[246]

Le réel pré-catégorial n'est rien d'autre que la « présence » que le discours cherche à obscurcir et que l'esthétique cherche à exposer. La présence comme matière est donc cette réalité pré-catégoriale ignorée par le discours cognitif. Pour Lyotard, c'est essentiellement dans cette présence qu'il faut faire reposer toute approche communicationnelle. Elle seule nous permet de dire l'indicible du langage. La présence comme le disait notamment Lyotard, « présuppose tous les *a priori* du langage et qu'elle sous-entend tous les idiomes du passé culturel et individuel ».[247]

Dans le même sens, Lyotard a également examiné la question relative à la libération de la sensibilité. Comme dans le sens nietzschéen, il insiste sur la valorisation du mécanisme des sens comme essentiel à l'affirmation de l'individualité. En posant un tel principe, il entend en découdre avec la logique de la domination propre à la raison.

---

244 F. NIETZSCHE, *Crépuscule des idoles ou Comment philosopher à coups de marteau*, Trad. Jean Claude Bemery, Paris, Gallimard, 1974, p. 108.
245 *Ibid.*, p. 109.
246 E. LEVINAS, *Totalité et Infini. Essai sur l'extériorité*, op. cit., p. 44.
247 J.-F. LYOTARD, *Que peindre ?*, op. cit., p. 26.

2. Enjeux communicationnels

2.1. Réactivation de l'instinct sensible comme paganisme

Un retour à la pensée nietzschéenne permet de bien appréhender la libération de l'instinct sensible que Lyotard a élucidé sous l'angle de paganisme. En effet, Nietzsche a exposé, notamment dans *La généalogie de la morale*, comment le royaume de la sensibilité a été étouffé par l'idéal ascétique du christianisme. Selon lui, le contexte de la pensée occidentale a considérablement participé à « l'étouffement de tous les sentiments vitaux »[248]de l'humain. Ainsi, la civilisation occidentale a meurtri l'élan de vitalité du penchant naturel au point qu'il tend à être présenté comme une espèce de « mauvaise conscience ».

La logique du paganisme de Lyotard serait, en ce sens, une espèce de reconstruction de « la volonté de puissance ».[249] D'ailleurs, la culture du paganisme, en elle-même, repose sur la pratique de l'affirmation de soi, sur l'élan de vitalité et de puissance qui doit prévaloir en chacun des êtres, et s'inscrit catégoriquement contre le sentiment d'obligation de l'ascétisme de la civilisation chrétienne. Aussi, les peuples païens se sont-ils caractérisés par une espèce de culture d'athéisme qui constitue une ouverture au monde du possible et à l'affirmation de l'identité individuelle contrairement à la perspective de domination universalisante.

Le paganisme dont parle Lyotard doit être entendu dans le sens d'élan de combativité, d'élan de vie et de force à l'opposé de la mollesse, de la morale et de l'obéissance béate que cherche à imposer la dynamique chrétienne. Le paganisme est ce que Nietzsche préfère appeler « sentiment de puissance »[250]. Dans la perception nietzschéenne, ce sentiment de puissance se fortifie dans les manifestations artistiques comme la musique. C'est dans un contexte d'excitation du corps que le sentiment de puissance trouve à s'affirmer. En d'autres termes, il n'y d'affirmation de soi, de libération possible qu'à travers la valorisation du corps, de la

---

[248] F. NIETZSCHE, *La généalogie de la morale*, Paris, Gallimard, 1964, p. 207.
[249] *Ibid.*, p. 205.
[250] F.NIETZSCHE, *Crépuscule des idoles*, op. cit., p. 103.

puissance charnelle et cela passe nécessairement par l'intensification des arts. Comme Nietzsche le dit bien, l'« essentiel de l'ivresse, c'est le sentiment d'intensification de la force ».[251]Herbert Marcuse s'inscrit dans le même sens que Nietzsche lorsqu'il disait que la « civilisation est encore déterminée par son héritage archaïque.»[252]

L'idée du paganisme, telle qu'elle est articulée par Lyotard, met un accent tout particulier sur la libération des intensités pulsionnelles, de « l'imagination érotiques mortifères attribuées aux divinités. »[253] Mais le paganisme, en tant qu'approche méthodologique, transcende la simple idée de divinité pour se poser comme dynamique d'« infiltration à la surface du corps social d'aires laissées libres aux imaginations et aux initiatives concrètes qu'on appelle déréglées, inutiles, dangereuses, singulières ,…»[254]

Dans la pensée de Lyotard, il serait nécessaire de rappeler les caractéristiques du discours moderne. La raison moderne se définit comme structure unifiante du discours. Le paganisme se définit comme une réfutation de cette logique unitaire.

Aussi, le paganisme se veut une démarche qui introduit la dimension performative du langage. Le langage performatif remonte à Austin et exprime l'idée de faire par le simple fait de dire. Le paganisme, au même titre que le performatif, est de l'ordre de l'action. On retiendra alors que par-delà la renonciation au prétendu universel incarné dans la prospective unitaire, Lyotard veut, à travers l'idée du paganisme, faire échec à la « règle d'autorité »caractéristique du métalangage. Le paganisme est une logique symptomatique « d'une mutation des instances »[255], mutation à partir de laquelle il n'y aura plus de super-instance chargée de valider un discours. Ainsi, chaque discours prouverait sa validité au prorata de sa finalité pratique. C'est une autre façon de déconstruire la suprématie du langage de la vérité.

---

[251] *Ibid.*, p. 92.
[252] H. MARCUSE, *Éros et civilisation,* trad. J.-G. Nény et B. Fränkel, Paris, Minuit, 1963, p. 59.
[253] J.-F. LYOTARD, *Rudiments païens,* op. cit., p. 117.
[254] *Ibid.*, p. 120.
[255] *Ibid.*, p. 172.

Le paganisme se définit comme « pari sur l'intensité et la multiplication des perspectives ».[256]L'attitude païenne est de l'ordre de l'affirmativité. Sont donc considérés comme païens, « ceux qui se substituent au point de vue critique, la force affirmative ».[257]L'approche paganiste serait proche du «choix du petit »[258]que Théodore Adorno expose dans *Minima Moralia.* Adorno présente cette recherche du petit comme une quête de la singularité oubliée et négligée qui serait pourtant porteuse de sens. Le paganisme s'oppose également à la logique hégélienne et marxiste dans leur versant d'unification des particuliers.

Dans l'une comme dans l'autre thèse, le privilège est accordé en général au pluriel au détriment du singulier. Et, si on peut parler d'un échec par rapport à la thèse marxienne c'est en partie parce qu'elle ne s'inscrit pas dans la valorisation du singulier d'une part et des pulsions inconscientes, d'autre part. Dans le paganisme, ces deux pans sont mis en honneur.

En tant qu'il conserve la libération des intensités pulsionnelles, le paganisme est une logique qui pousse l'homme à se donner corps et âme à l'exploration et à la recherche de l'outil technique. À contrario, la rationalité communicationnelle est hantée par la normativité morale, et conçoit le développement technologique comme une menace à la stabilité sociale. Ainsi, dans le paganisme, on se fonde sur la conviction que la maitrise de l'outil technique est ce qu'il y a de plus avantageux pour l'humanité. Et c'est en ce sens que la pensée du paganisme s'oppose au nihilisme.

La pensée nihiliste, faut-il le rappeler, consiste à considérer que le « réel est ailleurs » (références). Aussi, peut-on voir dans le paganisme une logique conforme à la rationalité technologie. « La puissance, disait notamment Lyotard, est la plus grande qui décide d'elle-même (Jikogenter) est sujet ce qui se constitue soi-même »[259]. Le paganisme peut, en dernière lieu, être résumé

---

[256] *Ibid.*, p. 9.
[257] *Ibid.*, p. 15.
[258] T. W. ADORNO, *Minima moralia*, Paris, Payot, 1980, p. 335 (Postface de Miguel Abensour).
[259] J.-F. LYOTARD, *Moralité postmodernes,* op. cit., p. 91.

comme une logique de responsabilisation. Une logique sous-tendue par l'idée motrice que le destin se force non pas par une rationalité communicatrice engluée dans la normativité morale, mais dans la libération du potentiel imaginatif et créatif. Envisagé sous cet angle, l'attitude païenne serait une acceptation de combat qui se pose comme inéluctable. En ce sens, le programme de Lyotard serait proche de l'idée développée par Christophe Pacific dans *Consensus/dissensus*[260] lorsqu'il disait qu'une mutation sociale se pose, et que cette mutation doit être assumée pour tous les acteurs sociaux. « Cette mutation doit être comprise, assimiler par les acteurs du système pour que chacun devienne moteur. »[261]

L'idée du sensible et son efficace dans l'auto-affirmation occupe une place importante dans la pensée de Lyotard. Cet aspect marque le souci de Lyotard d'exprimer l'individuel là où les modernes, Habermas notamment, voit l'universel. La libération de l'individuel chez L'auteur lui, s'opère aussi dans le discours. Le style argumentatif de l'éthique de la discussion est épuisé, selon Lyotard. Il n'y a pas que l'éthique qui caractérise le discours de la société contemporaine, il y a surtout le *pathos*. Le point suivant met en relief l'idée de la décadence de ce discours.

2.2. Décadence de l'unité du discours : enjeu sur la question d'enchainement

La question de la décadence du discours consacre la destitution de l'unicité du style argumentatif et du discours monologique. Par unicité du style argumentatif, référence est ici faite à l'approche unitaire de la discussion instituée par des auteurs comme Habermas. Du point de vue de l'éthique habermassienne en effet, une argumentation doit reposer sur des principes connus *a priori*, afin de conduire vers un consensus. Ainsi, c'est dire que contrairement à la structure formelle théorisée dans *De l'éthique de la discussion*, l'argumentation opère sur des dimensions autres que le langage. Elle porte sur les acteurs en discussion, sur leur relation. Et lorsque ces deux autres

[260]C. PACIFIC, *Consensus/dissensus. Principe du conflit nécessaire,* Paris, L'Harmattan, 2011.
[261] *Ibid.*, p. 103.

dimensions sont prises en considération, on ne peut plus percevoir l'argumentation uniquement sous l'angle du « genre épidictique, centré sur le discours conventionnel. »[262]

Le discours argumentatif ne doit pas être uniquement *éthos*, il aussi *pathos*. La dimension éthique réduit la discussion à la réalisation du consensus, à l'accord rationnellement motivé, pour parler comme Habermas. Michel Meyer disait également, en ce sens, que l'*éthos* en tant que valeur morale freine la possibilité d'approfondir le sujet en question. « L'*éthos*, selon Meyer, exprime l'autorité et l'expertise, qui font admettre les réponses et permettent de mettre un terme aux questions posées. »[263] L'éthique de la discussion, dès lors qu'elle met le langage au-dessus des acteurs et des situations de la communication, exprime un principe réducteur dans la communication intersubjective.

Ce *pathos* mis au ban de touche dans l'éthique du discours de la modernité, représente bien un aspect déterminant du processus communicationnel. Le *pathos* est intrinsèquement lié à la matière en discussion, aux questions réelles que les acteurs posent. Et dès lors que ces questions constituent la principale préoccupation des auditeurs, ne pas les prendre en considération, c'est rendre infirme le processus argumentatif. En se référant toujours à Michel Meyer, on s'assure du caractère déterminant du pathos en tant que passions de l'auditoire dans le processus de la discussion. « Les passions » de l'auditoire sont bien évidemment déterminantes dans la négociation de la distance entre les sujets sur une question donnée. »[264] Le problème que soulève Meyer, qui est aussi celui de Lyotard est le suivant : une communication ne doit pas s'appesantir sur une dimension formelle, ou principe langagier pour statuer sur une réalité concrète. Ce qui est en question c'est le réel, en tant qu'il existe concrètement. En conséquence, la communication doit primordialement se focaliser sur ce réel plutôt que sur le langage. En partant de cette idée, autant de diversité de réel, c'est-à-dire de questions en débat,

---

[262] M. MEYER, *Qu'est-ce que l'argumentation ?,* Paris, Vrin, 2008, p. 20.
[263] *Ibid.*, p. 26.
[264] *Ibid.*, p. 27.

autant de manière d'argumenter. Cet argument met en honneur la sophistique comme genre de discours au même titre que tout autre genre de discours. À bien comprendre Michel Meyer, les modernes, en se focalisant essentiellement sur une éthique du discours, réduisent considérablement l'approche argumentative.

Ainsi, l'émergence de la sophistique dans la société contemporaine consacre ce que Samar Hacie appelle « dysfonctionnements de l'argumentation ».[265] En effet, les approches argumentatives se diversifient et se positionnent différemment selon les disciplines et selon leur objet et la réalité empirique de la société contemporaine échappe à la déontologie argumentative de la modernité habermassienne. Ce qui caractérise l'actualité argumentative, c'est plutôt « une hybridation »[266] des genres de discours. Samar Hacie ne tarde pas à tirer la conclusion selon laquelle la société contemporaine « est victime d'une déconstruction du monologue et d'une dissociation de la communication ».[267] L'ère moderne n'est donc pas essentiellement celle de l'éthique langagière. La parole discursive ne vise pas uniquement l'entente rationnelle ou la pacification des relations humaines comme le voulait Kant et Habermas. Le discours, comme Lyotard aime à le dire après Wittgenstein, vise à faire des coups, il vise la performativité, et de ce point de vue il n'y a pas qu'une seule approche pour y parvenir.

Lyotard a donc plus que raison en postulant l'idée de la fragmentation du discours. Il n'y a pas que le consensus qui tienne, la pluralité d'opinions et de valeurs caractéristiques conduit à une pluralité de style de discours. En ce sens, il n y a pas de rationalité qui tienne, ce qui importe c'est de prendre de l'avantage à travers la question en jeu. Tous les langages se valent. Qu'il s'agisse du descriptif, du prescriptif, de la narration, aucun discours ne doit être jaugé ou validé à l'aune d'un autre discours.

---

265 S. HAGE, B. MARIE KOLTES, *L'esthétique d'une argumentation dysfonctionnelle,* Paris, L'Harmattan, 2011, p. 11.

266 *Ibid.*, p. 20.

267 *Ibid.*

Aussi, chaque genre de discours est en concurrence avec un autre genre de discours, chaque régime de phrase à ses propres idiomes. Les « phrases appartenant à des régimes ou des genres différents, par exemple celui de la connaissance et celui de l'Idée, se rencontrent au point de donner lieu à des différends »[268].

En effet, chaque phrases mérite d'être validée en fonction du cas, c'est-à-dire relativement à une instance qui lui ait propre. Pour Lyotard, toutes les phrases ont leur formalité propre et aucune finalité ne vaut mieux qu'une autre. Des lors, « l'hétérogénéité rend impossible un consensus, faute d'un idoine commun ».[269]

> Dans quelle genre de discours, dans quelle famille de phrases le tribunal suprême pourrait-il rendre son jugement sur les prétentions à la validité de toutes les phrases, étant donné que ces prétentions diffèrent selon les familles et les genres aux quels elles se rattachent ?[270]

On peut même étendre cette préoccupation de Lyotard sur le terrain de pluralité des communautés qui caractérisent la société contemporaine et s'interroger sur la prétention de l'éthique de la discussion à assurer l'unité sur la base de la discussion rationnelle. Le propre de l'éthique habermassienne, faut-il le rappelle, c'est de créer des conditions d'une unité, ou mieux d'une universalité par la discussion malgré les différences culturelles.

Lorsqu'on s'inscrit dans la perspective lyotardienne, on n'a pas du mal à se laisser convaincre par l'ambitieux objectif que s'est assigné l'éthique de la discussion. En premier lieu, pour Lyotard, le choix même de la discussion comme genre de discours propre à assurer l'universel est déjà, en soi, une discrimination. Comment savoir exactement que la discussion est le médium qui permet le plus à accéder à la sensibilité de tel ou tel communauté ? Pourquoi pas le récit à la place de la discussion ?

En effet, si on part de l'idée que chaque communauté a ses propres idiomes, il ya lieu donc de chercher à accéder à une communauté par le médium de son système culturel. En d'autres

---

[268] J.-F. LYOTARD, *Le différend*, op. cit, p. 50.
[269] *Ibid.*, p. 90.
[270] *Ibid.*, p. 54.

termes, serait-il pertinent de penser assurer l'unité de la communauté Cashinahua en se passant du récit, en s'inscrivant dans la logique de l'argumentation ? En effet, l'idée de la décadence de l'unité du discours, telle qu'elle a été mise en évidence par Lyotard, trouve sa justification à travers l'aporie à laquelle fait face la théorie de la discussion habermassienne. « La culture traditionnelle, disait en substance Lyotard, reste ainsi profondément marquée par la localisation à la surface de la terre de sorte qu'elle ne se laisse pas aisément transplanter ni communiqués ».[271]

À bien comprendre Lyotard, chaque communauté culturelle à sa propre individualité qui ne se laisse aucunement subsumer sous une catégorie universelle. Chez Boniface Kaboré, on trouve une espèce de discours qui appuie la thèse lyotardienne de l'universel impossible. L'idée d'universalité, écrit Kaboré, tout autant que la vision du monde dont elle est solidaire « est et demeure en elle-même une idée relative, c'est-à-dire propre à la civilisation particulière de l'occident ».[272]

2.3. L'« événement » comme démenti d'un sens historique

C'est le propre de la pensée moderne de poser l'histoire ou la raison comme support essentiel de libération de la société humaine. En postulant l'idée d'une libération de la société par l'usage de la raison, le penseur moderne qu'est Habermas fait reposer tout l'espoir de la réalisation de l'épanouissement sur l'éventuelle maitrise du temps historique, par le potentiel de la raison. La restauration de l'unité de la raison et l'espoir de libération se fondent sur l'idée que l'histoire humaine a un sens et que l'expérience accumulée progressivement permet la maitrise du temps futur.

Ce projet à la grande probabilité de se réaliser si seulement le temps historique est linéaire, du moins prévisible. La temporalité historique peut-elle être une suite logique de temps susceptible de permettre une prévision ? Le temps n'est-il qu'une

---

[271] J.-F. LYOTARD, *L'inhumain.* Causeries sur le temps, op. cit., p. 68.

[272] B. KABORE, *L'idéal démocratique entre l'universel et le particulier. Essai de philosophie politique,* op. cit., p. 145.

suite de maintenant, n'offrant aucune possibilité d'apprentissage du sens ?

En répondant à l'affirmative à la première question on s'alignera du coté des modernes. C'est dans la perspective moderne que le sens de l'histoire est une continuité et que par conséquent la construction de l'avenir peut reposer sur évaluation, sur un apprentissage. C'est du reste pour cela que « la périodisation de l'histoire relève d'une obsession caractéristique de la modernité »[273].

Dans la perspective de Lyotard, le temps ne s'offre pas à nous dans une logique continuelle ou linéaire qui permet de la prévoir. Le temps en tant que tel n'obéit pas à une direction définie qui confère à l'humain la possibilité d'établir une programmation quel qu'en soit. Comme Héraclite, Lyotard pense le temps comme rupture, comme l'advenir imprévisible. Le temps est évènement, une suite discontinue de Maintenant.

De ce fait il n' ya pas de loi, de règles préétablies qui puissent permettre la maitrise totale de ce temps. Plus spécifiquement, ce que Lyotard veut démontrer, c'est que le discours en tant que manifestation du logos ne peut pas être à la hauteur de la singularité du temps en tant qu'événement. L'événement ou le « il ya » porte un dément à la thèse selon laquelle des « sociétés peuvent apprendre au cours de l'évaluation historique ».[274]

En effet, pour Lyotard, il n'ya pas qu'un temps comme unité, il ya plutôt des temps. Chaque temps est un présent avec son identité singulière et ce n'est pas le discours dans sa dimension unitaire qui peut le définir, mais d'autres entités plus singulières. C'est pour mieux définir la singularité du temps que Lyotard consacre la phrase comme unité de sens en lieu et place du langage.

Les événements forment un ensemble de contraire et échappent à toute totalisation sous le vocable d'un temps grand format. Et en tant qu'il est discontinue, le temps n'échappe pas

---

[273] J.-F. LYOTARD, *L'inhumain. Causeries sur le temps*, op. cit., p. 34.
[274] J. HABERMAS, *Théorie de l'agir communicationnel, tome 1*, op. cit., p. 345.

seulement à la logique du discours, il échappe à toute loi. À la place de la vision unitaire du temps dans la modernité, nous avons ici la prédominance d'« une multiplicité d'ordres séparés ».[275] Le temps en tant qu'évènement où

> le *il y a* échappe évidement à la capacité de signifier. Il appartient à la capacité de *montrer* et de *désigner*. Il présuppose que « quelque chose » de singulier est donné ici et maintenant au locuteur (et à l'allocuteur, qui doit pouvoir s'assurer qu'il y a bien *ceci*, un x).[276]

En effet, le temps sur lequel on a une emprise c'est seulement le temps de maintenant. Le temps n'était pas alignement homogène, mais individualités événementiels. Cette caractéristique parcellaire déjoue toute tentative d'unification. Pour avoir une emprise sur cette singularité, il faut privilégier la capacité d'écoute. Comme le disait Lyotard, « il faut être passible au « il arrive » plutôt qu'à ce qui arrive », et cela demande à la fois beaucoup de finesse dans la perception des petites phrases ».[277]

À travers ce propos, Lyotard voudrait expliquer que l'homme moderne n'a donc pas échappé à l'angoisse du temps. La raison moderne n'a pas pu dissiper les inquiétudes humaines. La puissance technologique engendrée par l'entendement calculateur, plutôt que de calmer les inquiétudes du moment, a davantage amplifié la tourmente. C'est la preuve, selon Lyotard, que l'homme ne peut vaincre la puissance naturelle, en s'inscrivant dans une dynamique d'opposition. En s'inscrivant dans la logique de la finitude humaine, Lyotard recommande plus la ruse que la force. Le réel extérieur, a reconnu Lyotard, a une existence à part entière. Son être ne dépend pas de notre subjectivité. Le temps, comme réalité indépendante, suit son cours sans pour autant qu'on puisse l'arrêter. Ainsi, la meilleure façon d'avoir une emprise sur cette réalité est d'entrer en collaboration avec elle. Lyotard propose un modèle de collaboration avec le fait naturel en s'inspirant du style de Duchamp.

---

[275] J.-F. LYOTARD, *Pourquoi Philosopher ?*, Paris, PUF, 2012, p. 44.
[276] J.-F. LYOTARD, *Lecture d'enfance,* op. cit., pp. 111-112.
[277] *Ibid.*, p. 41.

Il est mieux d'approcher le naturel dans une logique de collaboration. Dans son ouvrage *Les transformateurs Duchamp*, Lyotard expose un modèle de partenariat entre l'homme et les puissances extérieures lequel partenariat n'est pas identique au modèle de la modernité. En d'autres termes, il s'oppose à l'idée d'appropriation et de domination propre à la modernité. À la place de la logique conceptuelle de la domination de la nature, il opte pour la machination et la ruse. Cette ruse se distingue, à certains égards, de la ruse de raison hégélienne et de la machination politique machiavélienne. Si celles-ci s'appliquent fondamentalement dans les rapports sociaux des humains, celle-là se rapporte essentiellement à la relation de l'homme avec les éléments de la nature. Et la finalité de cette machination lyotardienne n'est pas la domination mais la protection et la construction de soi.

Ainsi, à travers l'idée de transformateur, Lyotard explore le sens figural d'un engin électrique dans un rapport dialectique avec les forces physiques de la nature, afin de démontrer comment à travers des machinations le moins fort peut être « plus fort que le plus fort ». [278]L'engin électrique exprime la faiblesse mais aussi la ruse et la nature incarne la puissance. Le système de machination en jeu sert à profiter des énergies physiques, à prendre l'avantage de la toute puissance de la nature. Tel est, du point de vue de Lyotard, la stratégie qui doit prévaloir dans le rapport de l'homme avec le temps. La transformation dont il est question, dans ce contexte, est la transformation de la faiblesse en force. Le dispositif stratégique de la machination désorganise « toute machine totalisatrice et unificatrice, que ce soit en matière de technique (au sens contemporain du mot) et, de langage ou de politique, que la *méchané* vise à désorganiser et, si possible, à déjouer. »[279]

Ce qui est faible en l'homme serait, en partie, son affect, sa finitude. En tant qu'il a un dehors, l'homme ne peut être que

[278] J.-F. LYOTARD, *Les transformateurs Duchamp. Écrits sur l'art contemporain et les artistes*, Paris Galilée, 1977, p. 76.
[279] *Ibid.*, p. 84.

limité. Le cours du temps expose toute cette finitude dans sa nudité, sans que la raison, dans ses prétentions discursives et ses vaillantes découvertes technologiques, puisse compenser cette finitude.

Par ailleurs, le message de Lyotard est le suivant : la raison moderne doit suspendre son discours prétentieux pour reconnaitre ses limites. Reconnaître ses limites, semble dire Lyotard, est une force. Du moins, on peut exploiter avantageusement cette faiblesse. Et ce n'est pas dans le discours du vrai et du faux, dans le processus de justification et dans l'institution des critères que cela est possible. Cela ce réalise plutôt dans la réalité technique, dans la mécanique pour reprendre, une fois encore le terme de l'auteur. Suivant cette tradition de machination, Lyotard n'hésite pas à faire l'apologie de la rhétorique des sophistes présocratiques face aux philosophes, des artistes face aux raisonneurs, des machines célibataires face aux machines industrielles.

DEUXIÈME PARTIE : COMMUNICATION ET STATUT DE L'UNIVERSEL ET DU PARTICULIER CHEZ HABERMAS ET LYOTARD

CHAPITRE I : INTERSUBJECTIVITÉ ET COMMUNICATION LANGAGIÈRE CHEZ HABERMAS

Avec la rationalisation et la différenciation sociale, la pensée habermassiennne a consacré la fin de la conception de toutes les versions de la philosophie du sujet et ramène la réflexion philosophique sur la vie sociale concrète. La société humaine est caractérisée par une rationalité communicationnelle et une rationalité instrumentale. Pour Habermas, les conditions de l'intercompréhension entre les humains reposent sur la rationalité communicationnelle. Dans ce qui suit, il serait question des conditions formelles de l'aboutissement d'une telle rationalité.

1. De la reconstruction du monde vécu

1.1. Structure communicationnelle du monde vécu : portées et limites

Le monde vécu est présenté dans la section précédente comme réalité socioculturelle d'arrière-plan. À ce niveau, il s'agit précisément de faire le point sur la portée de la structure communicationnelle qui le caractérise. Le monde vécu ou « monde de la vie », selon la terminologie husserlienne, est le cadre socioculturel *a priori* non thématisé. Ce vécu médiatisé par l'entremise d'une langue ordinaire traduit en même temps « une vision du monde » et affirme « une manière pour une collectivité particulière d'affirmer son unité et son unicité... »[280]. Il exprime un contexte d'arrière-plan non encore soumis aux interrogations formelles. Chez Habermas, toute structure communicationnelle repose sur une logique culturelle qui lui inspire les idées et valeurs fondamentales à tout échange. Il est constitué d'expérience *a priori* non thématisée : le monde vécu offre un cadre de partage d'expériences intuitives.

Les ressources du monde vécu ou de la *Lebenswelt*, pour parler comme Husserl, éclairent le sens des pratiques communicationnelles. La validité des expressions symboliques qui

[280] M. SAVADOGO, *Philosophie et existence,* Paris, L'Harmattan, 2001, p. 169.

alimentent le monde vécu, repose sur un arrière-plan intersujectivement partagé entre les membres de la communauté. Ces présupposés du monde vécu ne sont certes pas falsifiables et fonctionnent comme une détermination non modifiable[281] des relations fondées sur les expériences vécues.

Certes, le discours ordinaire se rapporte aux enjeux de reconnaissance entre les participants à la communication. Aussi, les questions de vérité ou de validité en général sont à l'ordre du jour dans ces pratiques de communication ordinaire. Mais, la validité des énonciations est naïvement présupposée et le monde vécu repose sur des prétentions factuelles dont la légitimité n'a pas encore été interrogée.[282]Dans le contexte du monde vécu, l'intersubjectivité communicationnelle est ainsi envisagée dans le sens de la sauvegarde des valeurs traditionnelles : la médiation avec les symboles établit une compréhension qui se fonde à travers l'identité des significations.

Cette immersion de l'activité communicationnelle dans les contextes du monde vécu joue un rôle important dans la prévention des risques de dissensions. En effet, sans les intuitions morales qui assurent le consensus d'arrière-plan massif, des expériences inattendues pourraient rendre la question de l'intégration sociale aléatoire.

Le langage ordinaire du vécu quotidien, étant presque ritualisé, porte en lui une dose de violence symbolique qui rompt l'égalité entre partenaires de la communication. Par exemple, la langue ordinaire se caractérise par une partialité. Selon Savadogo, « l'idéologie de la langue ordinaire ignore le principe de l'égalité des hommes par-delà la diversité des collectivités »[283]. En plus de cette incorporation symbolique, la communication quotidienne est caractérisée plus par l'adhésion spontanée que par des discussions argumentées. Aussi, l'éthicité, dont est porteur le langage

---

[281] J. HABERMAS, *Théorie de l'agir communicationnel, tome 1. Rationalité de l'agir et rationalisation de la société,* op. cit., p. 29.

[282] J. HABERMAS, *Sociologie et théorie du langage,* Trad. Rainer Rochlitz, Paris, Arman Colin, 1995, p. 44.

[283] M. SAVADOGO, *Philosophie et existence*, op. cit., p. 172.

ordinaire, n'est pas suffisamment fondée au point de résister à la logique subversive de la pratique rhétorique.

Les certitudes stabilisatrices qui définissent ce monde vécu « s'arrêtent devant le seuil d'une thématisation possible[284]. C'est dire que le monde vécu perd sa fonction de savoir d'arrière-plan aussitôt qu'il est thématisé. L'intégration sociale qu'il assurait s'articulait essentiellement sur la base invraisemblable du processus d'entente. Du coup, toute prise de position par un oui ou un non en réponse à des prétentions à la validité critiquable pourrait être un risque de dissensions non moins négligeables.

Néanmoins, contrairement à la conception husserlienne du *Lenbenswel,* caractéristique d'un moi agissant de façon monologique, le monde vécu habermassien est celui qui inscrit la perspective de la deuxième personne « tu », dans l'interaction langagière. C'est à partir d'une personne participant aux interactions de tous les jours que se conçoit l'interaction dans le monde vécu. Ainsi, la stratégie conceptuelle de ce monde vécu a rompu avec la conception première qui envisageait la société sous l'angle des collectifs d'individus isolés. Elle appréhende la société humaine comme entités unies à travers des processus socialisation, des liens de solidarité.

Mieux, le monde vécu est celui du sens commun, les significations se construisent et se tissent dans le quotidien, sans qu'elles puissent subirent les moindres contraintes des procédures formelles. C'est le passage de la communication ordinaire à l'argumentation, dans le cadre de l'institutionnalisation de la discussion, que l'opinion acquière une dimension critique. Il se pose ainsi la nécessité de questionner, d'appréhender le monde du donné afin de justifier, de donner une certaine validité à nos idées. Il ne s'agit certes pas là d'une remise en cause totale de ce qui nous a été transmis comme valeurs et idées. Il s'agirait plutôt de créer un environnement de confrontation des convictions à un degré raisonnable.

La discussion argumentée, ainsi conçue, constitue la forme réflexive de la dynamique communicationnelle existante *a priori.*

---

[284] J. HABERMAS, *Droit et démocratie. Entre faits et normes,* op. cit., p. 51.

La discussion argumentée revêt, dans ce contexte de communication, un caractère de révision des certitudes d'arrière-plan contenues dans les formes de vie socioculturelles.

Le *Lebenswelt* reste structuré comme un langage chez Habermas et constitue, à ce égard, un pôle cognitif. Ainsi, comme le langage, le monde vécu, est signification, il est donné à comprendre. Il se pose ainsi la question de compréhension et de la validité de ce que nous énonçons. Le lien entre signification et validité trouve son sens comme recherche de certitude des valeurs transmises. Cette démarche qui constitue l'étape de dissociation entre l'interprétation courante et l'interprétation réflexive, représente en même temps le renforcement de la validité du monde comme signification.

La thématisation des expériences familières du donné consiste donc à créer les conditions d'une connaissance véritable à travers la sélectivité, la mobilisation du savoir rationnel, pour orienter les actions, pour s'orienter cognitivement. Si les structures langagières du mode vécu constituent sans nul doute le socle des valeurs cardinales comme la solidarité et la coordination des actions jusqu'à un certain niveau, il n'en demeure pas moins qu'elles soient insuffisantes à engendrer une orientation rationnelle de l'action. Cette logique de Habermas s'oppose à celle de Karl Otto Appel. Celui-ci pense que pour pouvoir fonder le principe formel et procédural de l'éthique de la discussion il faut

> une fondation ultime pragmatico-transcendantale qui recoure non seulement aux ressources du monde vécu, précisément remises en question par *l'Aufklärung*, mais aussi aux présupposés de l'argumentation auxquels fait appel la remise en question rationnelle *et qui, pour cette raison, ne sont pas rationnellement contestables.*[285]

Habermas va articuler une démarche qui consistera à réactiver le potentiel de rationalité contenu dans le vécu et le langage. La logique habermassienne consiste, ainsi, à questionner les structures de rationalité incarnées par « les images du monde », et ouvrir des approches de vérification des structures de

---

[285] K. O. APPEL, « Penser avec Habermas, contre Habermas », p. 26. cité in Luc FERRY, *La philosophie de la communication tomme 1, De l'antinomie de la vérité à la fondation ultime de la raison.* Paris Editions du Cerf, 1994, 223, p. 72.

validité. La thématisation du monde vécu est significative pour le processus de justification du savoir incarné dans le langage ordinaire du vécu.

1.2. Rationalisation du monde vécu : enjeu de la pragmatique formelle

La formalisation du processus communicationnel intervient dès que les prétentions à la validité sont prises en considération dans les différents échanges discursifs. L'idée de thématiser le monde vécu au fin de justifier les prétentions à la validité des actes de discours, constitue un tournant pour l'activité communicationnelle. Il n'est nullement question, à travers ce propos, de remettre en questions toute la validité de la dynamique communicationnelle ayant cours dans le vécu quotidien. L'introduction de l'aspect formel tient lieu de l'institutionnalisation de la communication. L'enjeu ici, est de présenter un niveau formalisé de discours qui servira de référence à tous les actes de discours inscrit dans la logique de l'entente mutuelle.

Il s'agit à ce niveau, de mettre en relief les conditions formelles qui déterminent l'organisation du discours. Ces conditions diffèrent nécessairement de ceux qui président à la formation de la langue ordinaire. La langue ordinaire a une portée partielle, c'est-à-dire que sa structure est propre à une communauté particulière. Afin d'élever la langue ordinaire à un niveau d'universalité, il faut la reconstruire en introduisant les « lois universelles de la pensée » qui conditionne la validité universelle. La formalisation du langage ordinaire permet de garantir un degré de transparence et d'exactitude dans la pratique communicationnelle.

Cette dimension formelle renferme des exigences relatives à l'adhésion de l'individu aux principes d'universalisation. Elle permet d'asseoir une égalité entre les individus en communication, permet à l'individu d'« être compris au-delà de sa collectivité d'origine, d'entrevoir l'idée d'une communauté rassemblant tous les hommes sans distinction ».[286]L'intériorisation de cette dimension formelle, permet en même temps, aux individus, de renforcer leur esprit critique, et d'améliorer leur capacité de raisonnement.

Le vécu quotidien consacre la personnalisation du discours et une sorte de sacralisation du consentement. En d'autres termes, aucune réflexion ne précède l'acceptation d'un acte de discours étant donné que l'incorporation de la dimension symbolique anéantie la possibilité d'une appropriation critique. Les actes de discours étant incorporés dans un système mythique et religieux, la communication ne permet pas une prise de position par oui ou par non. L'institutionnalisation de la discussion vise donc à extraire de la communication langagière toutes les considérations mythico-religieuses qui font obstacle au système de validation des actes de parole. Ainsi, la formalisation de la communication qui se traduit par une institutionnalisation de la discussion se veut en même temps une logique d'épuration.

De ce fait, au-delà de l'interaction ordinaire du monde vécu, la formalisation des règles communicationnelles requière la souscription à des présuppositions. Les sujets sociaux, qui s'engagent dans une communication en vue de l'entente, doivent se soumettre à un minimum de principes. Ils doivent, entre autres, soumettre leur accord à la reconnaissance intersubjective, supposer d'avance la rationalité des leurs interlocuteurs, adopter une attitude performative, poursuivre des « fins illocutoires sans réserve ».[287]« ...l'entente de la pratique communicationnelle quotidienne peut s'appuyer simultanément sur le savoir propositionnel intersubjectivement partagé, une convergence normative et sur une confiance réciproque »[288]

Avec le passage de la communication à l'argumentation, la définition des situations ne découle plus d'un processus d'identification à l'image du système symbolique du monde vécu traditionnel. L'argumentation constitue, eu égard aux différentes

[286] M. SAVADOGO, *Philosophie et existence,* op. cit., p. 176.
[287] J. HABERMAS, *Droit et démocratie. Entre faits et normes,* op. cit., p. 18.
[288] J. HABERMAS, *Morale et communication,* op. cit., p. 151.

dispositions procédurales et qui la caractérisent, l'instance de référence de la communication rationnelle. Habermas élabore une pragmatique du point de vue de la pragmatique formelle. Non seulement La signification est construite sur fond d'intersubjectivité, mais aussi la prétention à l'individualité repose sur toute la reconnaissance publique.

En effet, pour Habermas, et ce n'est qu'un rappel, les conditions formelles de la rationalité et de l'intercompréhension langagière doivent résider dans l'organisation de la discussion et de l'argumentation. Ainsi, la théorie de l'argumentation vise la reconstruction des présuppositions « des conditions pragmatiques formelles d'un comportement explicitement rationnel »[289]. La conception de la pragmatique formelle, élaborée à cet effet, permet aux sujets de se doter des compétences dont entre autres celle d'expliquer la réflexivité particulière des langues naturelles. En ce sens, la pragmatique formelle prend aussi en charge la question de la compréhension du sens celle de la validité des énoncés. Pour s'engager dans la dynamique argumentative, ceci constitue, pour les participants aux discussions, un avantage significatif. Grâce à la compétence communicationnelle ainsi acquise, les acteurs en communication auront la faculté d'interpréter« n'importe qu'elle expression pour autant qu'elle a d'une façon générale un sens ».[290]

À un autre niveau d'argumentation, l'implication de la pragmatique formelle, suppose la prise en charge de trois types de relations en jeu dans le discours : la relation locuteur et allocuteur, la relation locuteur et son intention, et la relation entre ce qui est dit et le monde. Ainsi, la conception de la pragmatique formelle permet la reconversion de la perspective égocentrée en vision différenciée et décentrée ouverte sur un autrui généralisé. La théorie pragmatique met en œuvre trois de mondes auquel se réfère le langage. Les actes de parole établissent par ce fait trois types de relation autour du sujet. Un premier rapport avec les

---

[289] J. HABERMAS, *Théorie de l'agir communicationnel, tome 1. Rationalité de l'agir et rationalisation de la société*, op. cit., p. 18.
[290] J. HABERMAS, *sociologie et théorie du langage*, op. cit., p. 10.

événements quotidiens, lorsqu'il se réfère au monde objectif, un type de rapport avec le monde social et un autre rapport subjectif qu'il entretient avec ses propres expériences vécues. La force illocutoire des actes de parole est repartie en fonction des trois prétentions à la validité correspondant chacune à un de ces trois mondes précités.

En adoptant les attitudes performatives dans les relations interpersonnelles, les participants comprennent ce que veut dire l'autre. Ces trois niveaux sont au fondement de l'élucidation des conditions de l'argumentation et de l'explicitation des validités prescriptives d'obligations et des normes d'action. Les forces illocutoires ne peuvent être validées et acceptables qu'en fonction du potentiel de raisons mobilisé par les acteurs. Le succès illocutoire d'un acte de parole « se mesure aux prises de position par oui ou par non, émises en réaction à des prétentions à la validité critiquables ».[291]

C'est la validité des énoncés avancés qui conditionne leur acceptabilité et non leur signification. À travers ces trois concepts formels, la pragmatique formelle vise l'abandon de l'intentionnalité aléatoires des agents en discussion au profit de la structure transcendantale de l'agir communicationnel qui prend en charge la volonté de tous.

Aussi, les participants à la discussion arrivent à coordonner leurs activités grâce à une définition commune lorsqu'ils s'acceptent comme interprétants une situation commune sur fond de leur visions respectives. C'est seulement sur cette base que les participants, quoique des horizons différents, seront en mesure de se mettre d'accord sur un ordre social possible. L'établissement des conditions formelles de l'intercompréhension constitue le soubassement sur lequel va prendre corps la reconstruction des principes moraux.

1.3. Discussion et reconstruction des principes moraux

La théorie de l'agir communicationnelle se différencie des théories précédentes comme le marxisme par le dépassement du

[291] J. HABERMAS, *Vérité et justification,* op. cit., p. 37.

paradigme de la production. Elle se fonde sur un principe de normativité essentiellement orienté vers l'entente entre les individus. Ainsi, la perspective normative se veut celle de la libération du potentiel normatif de l'entente communicationnelle.[292] Habermas a identifié les contenus de connaissance à caractère morale-pratique dans les sociétés bourgeoises. C'est sur la base de ces perspectives morales empiriquement opérantes qu'il a pu bâtir une éthique communicationnelle.

La structure du monde vécu est constitutive des valeurs morales favorables à la construction de l'unité sociale et culturelle. Les cultures de solidarité et de socialisation sont parmi les modalités de structuration du tissu social. C'est dire que le processus de rationalisation communicationnelle qui intervient trouve déjà un socle de valeurs morales traditionnellement cultivées. C'est le processus de rationalisation habermassien dans sa dynamique reconstructive qui envisage la reconstruction de ses valeurs existantes. La reconstruction du principe moral, dont il est question, vise à régler, par le biais de la discussion et de l'argumentation, la morale sur le juste afin que celle-ci puisse relever de la raison publique. Ce faisant, les principes moraux se départiront de leur caractère spontané et acquerront la dimension d'universalité.

Il faut toutefois rappeler que notre propos n'implique nullement l'idée que le processus de l'éthique de la discussion prétend se substituer aux intuitions morales quotidiennes. On part de la logique que l'existence sociale d'une norme suppose un minimum de reconnaissance de part de tous les concernés. Et la mise en débat des valeurs supposées communes est la démarche idoine pour fonder celles-ci. La pensée kantienne réduit le devoir moral à l'intuition interne à la conscience. Dans la dynamique de Habermas, le maître-concept de la morale kantienne qu'est l'impératif catégorique est transposé dans le principe de la

292 A. HONETH, *La société du mépris. Vers une nouvelle théorie critique,* trad. Olivier Voirol, Pierre Rusch et Alexandre Duperix, Paris, La Découverte, 2008, p. 158.

discussion et de l'universalité. En postulant la nécessité d'une discussion argumentée et publique des valeurs morales, l'éthique de la discussion s'inscrit non seulement contre l'universalisme abstrait de la pensée kantienne mais aussi et surtout l'utilitarisme de l'éthique du bien aristotélicienne et thomiste et la vision spinoziste fondée sur la quête de la béatitude.

Les éthiques classiques se rapportent à des questions de « vie bonne ».Habermas fait reposer l'éthique sur la validité des discours du point de vue moral, du point de vue prudentiel : les questions morales n'étant pas réductibles à la bonne vie. Habermas préfère penser la morale comme contrefactuelle, c'est-à-dire détacher le principe moral des « causalités empiriques » et instaurer des normes déontologiques qui requièrent le respect de tous. Avec l'éthique de la discussion, le fondement de la moralité réside dans l'attitude et les points de vue des agents sociaux lorsqu'ils délibèrent.

Et en ce sens, l'éthique de la discussion se rapporte différemment aux questions morales, éthiques et pragmatiques, donc sur les principes du juste et du bien. Les questions morales ne s'appliquent pas dans les tâches pragmatiques et opèrent une rupture avec les évidences de la vie éthique. Les intuitions morales ne sont pas, en ce sens, toujours « tributaires d'une théorie éthique ».[293] Même si pour Ricœur l'obligation morale n'est pas sans attaches avec la visée de « vie bonne »[294]. Aussi, la fondation des principes moraux à travers les discussions permet de prendre en compte l'idée de l'intérêt égal de tous à travers la formation de la volonté commune.

Habermas a d'abord démontré que les procédures de discussion sont d'une importance capitale dans la compréhension de soi des individus et dans le choix de types de conduite que l'on souhaite adopter. La fondation morale implique la capacité d'autodétermination et la compréhension morale de soi, c'est-à-dire l'appréhension du sens des acteurs eux-mêmes. Par ce fait, la discussion argumentée nous permet d'avoir une hauteur de vue

---

[293] J. HABERMAS, *De l'éthique de la discussion*, op. cit., p. 112.
[294] P. RICOEUR, *Soi-même comme un autre*, Paris, Seuil, 1990, p. 239.

dans la prise de position par rapport à nos valeurs, de prendre une distance réflexive par rapport à notre contexte. Les présuppositions de l'éthique de la discussion sont les déterminants du principe moral. Le principe moral découle de la forme communicationnelle de la discussion rationnelle. Habermas met un accent particulier sur le caractère déterminant de l'argumentation dans l'établissement du principe moral lorsqu'il avance que « le sens du principe moral s'explique à partir du contenu des inévitables présuppositions d'une praxis argumentative qui ne peut être menée à bien qu'en commun avec d'autres »[295].

Les considérations morales sont, de part en part, mises en œuvre dans la discussion : les présuppositions d'égalité et de justice, de reconnaissance de la rationalité d'autrui. Les discussions s'engagent alors sur des postulats moraux. La finalité de la discussion et de l'argumentation est la vérification des tels postulats. Les principes moraux, à part qu'ils encadrent de part en part la discussion, ne constituent pas la finalité. Car l'objectif ultime de toutes les discussions est la découverte de la véracité de l'énoncé avancé, de la sincérité du locuteur, de l'authenticité de ce qui est avancé et de l'intelligibilité. Les expériences morales demeurent donc dépendantes des interprétations et des procédures de discussion. La discussion mobilise des intuitions morales. L'individu acquiert une valeur morale dans ses relations communicationnelles avec les autres.

Les participants à l'argumentation morale ne sont soumis à aucune contrainte, excepté celle de la force rationnellement motivante du meilleur argument. Ainsi, Habermas estime que les normes morales peuvent s'appuyer sur les prétentions à teneur essentiellement cognitive parce que « le principe d'universalisation offre une règle d'argumentation qui permet de trancher rationnellement les questions pratico-morales».[296]

L'établissement du point de vue moral est comme corollaire de la conception de l'éthique de la discussion. Grâce aux

---

[295] J. HABERMAS, *De l'éthique de la discussion*, op. cit., p. 95.
[296] J. HABERMAS, *Droit et démocratie, entre faits et normes*, op. cit., p. 174.

présuppositions de l'argumentation, les contenus moraux acquièrent une dimension d'universalité. L'argumentation transcende la communication ordinaire en ce sens qu'elle se fait plus exigeante en dépassant les formes de vie concrètes pour parvenir à l'intercompréhension décontextualisée et généralisée. La discussion est au fondement de la compréhension de soi. Il a été notifié que dans leur évolution historique et morale, les individus édifient leur personnalité en réajustant leur perspective, en prenant en compte l'« autrui généralisé ». S'engager dans la discussion, c'est aussi s'engager dans les « présuppositions d'argumentation »[297] :

> Ainsi, le contenu normatif des présuppositions de l'argumentation est-il simplement emprunté aux présuppositions de l'agir orienté vers l'intercompréhension, sur lesquels reposent, pour ainsi dire, les discussions. (...).Toutes les morales tournent autour des thèmes de l'égalité de traitement, de solidarité et du bien commun ; mais ce sont là des représentations fondamentales qui renvoient aux conditions de symétrie et aux attentes réciproques de l'agir communicationnel, c'est-à-dire qui se laissent découvrir à partir des imputations réciproques et des présupposés communs d'une pratique quotidienne orientée vers l'intercompréhension.[298]

L'éthique de la discussion formule le principe moral en le détachant de l'éthique de la conviction, en privilégiant le raisonnable au détriment du rationnel. Au grand dam de Rawls, Habermas considère que l'espace public est un cadre indispensable de validation des normes. Certes, chez Rawls, « le juste en général reste référé au contenu des principes et non pas à la procédure de leur validité ».[299]

Les principes moraux sont de mise dans la démarche argumentative en ce sens que la discussion entre sujets libres crée les conditions de possibilité d'une interprétation sincère des besoins particuliers et des besoins communs susceptibles de consensus. Il est tout de même pertinent de se demander si la construction des principes moraux dans la discussion argumentée

---

[297] J. HABERMAS, *De l'étique de la discussion*, op. cit., p. 18.

[298] J. HABERMAS, *De l'éthique de la discussion*, op. cit., pp. 21-22.

[299] J.-M. FERRY, *La philosophie de la communication, Tome 2. Justice politique et démocratie procédurale*, Paris, Editions du Cerf, 1994, p. 125.

prend en charge les conceptions morales de toutes les classes sociales. Cette morale institutionnalisée dans les discussions, « cohérence argumentative » est-elle restée sensible aux critères de moralité de touts les individus? Quelle serait, entre autre, la part de responsabilité des individus qui n'ont pas de potentiel discursif et argumentatif significatif à faire valoir dans la discussion ? Ces interrogations trouvent toute leur portée dans la pensée de plusieurs auteurs dont Axel Honneth, Jean Louis Genard et Jean François Lyotard.

Pour Genard, la perspective du « je » et du « tu » est insuffisante pour « saisir l'activité morale dans son ensemble ».[300] C'est du reste pourquoi Genard partage la conviction lyotardienne sur la nécessité de prendre en compte la dimension affective dans l'établissement des normes. La « rationalisation de la sphère morale, disait Genard, ne saurait être pensée en apport avec l'élimination de sa composante affective ».[301]

Sur un tout autre plan, la bonne volonté exprimée communicativement ne garantit pas définitivement la mise en œuvre des engagements pris. Autrement dit, l'engagement théorique n'est pas une garantie à l'accomplissement de l'action. On peut donc dire qu'il se pose chez Habermas un problème de coordination du consensus rationnel à la volonté rationnelle. Dans quelle condition une discussion consensuelle fera naître une volonté rationnelle qui aboutira elle aussi à une action rationnelle. Habermas donne suite à cette préoccupation à travers deux concepts fondamentaux. L'universalisation et l'idéalisation dans le processus argumentatif sont ainsi considérées comme moteur de l'intercompréhension et du consensus.

Les principes formels ainsi introduits dans la communication du monde vécu constituent un tournant décisif du principe communicationnel chez Habermas. Il reste que ce travail d'arrière-plan doit être renforcé par la dialectique du principe d'universalisation et d'idéalisation. Ce souci sera pris en charge par la seconde section de ce chapitre.

---

[300] J.-L. GENARD, *Sociologie de l'éthique*, Paris, L'Harmattan, 1992, p. 172.
[301] *Ibid*, p. 159.

2. Universalisation et idéalisation dans la pratique d'argumentation

2.1. Le principe d'universalisation et de consensus

L'universalité et le consensus traduisent en même temps l'idée de la réconciliation mais aussi celle de la quête de sens. La structure langagière a, chez Habermas, une dimension d'universalité. L'appropriation et l'usage de cette structure traduisent déjà chez chaque individu la volonté pour le consensus : « Par le langage, l'individualité s'érige en réalité universelle. »[302] Le principe universel, avons-nous dit, est une idée de sicle des Lumières qui consacre la validité unanime de certains idéaux inhérents à la nature humaine. L'idée d'universalisation des principes que nous trouvons chez les auteurs modernes comme Habermas, participe ainsi de la volonté de lier les principes de la discussion aux valeurs qui sont *a priori* considérées communes chez tous les humains. Toutefois, pour se départir du caractère abstrait de l'universalisme kantien, l'auteur de *De l'éthique de la discussion*, l'harmonise dans les pratiques concrètes de la discussion argumentée. Mais, le souci reste toujours le même, c'est celui de construire une compréhension commune grâce à un consensus rationnellement motivé.

Le langage selon Habermas est un médium universel dans lequel se reflète l'unité de la raison. En d'autres termes, c'est à travers la structure langagière que l'universalité de la pensée est assurée. Le principe d'universalité se rapporte à la structure du langage à travers l'identité de la signification. En effet, l'idéalité de l'universalité conceptuelle à travers la structure linguistique nous explicite l'identité de la signification dans toutes ses manifestions linguistiques. Ainsi, les mêmes expressions « conservent une signification identique à travers la diversité des situations et des actes de parole dans lesquels elles sont employées ».[303]

---

[302] M. SAVADOGO, *Philosophie et existence,* op. cit., p. 163.
[303] J. HABERMAS, *Droit et démocratie. Entre faits et normes,* op. cit., p. 25.

Par ailleurs, l'idée de la communauté de communication illimitée, auparavant mise en exergue par Charles Sanders Peirce renvoie à cette unité construite par le médium du langage. La communauté illimitée de communication décrit le caractère intemporel de tout processus d'interprétation en situation de discussion. Chaque processus d'interprétation, de part sa dimension d'ouverture vers l'avenir, revêt une dimension d'universalité et transcende l'espace social et le temps historique[304]. Cela prouve une fois de plus que la dimension d'universalité est incorporée de part en part dans le langage. Les prédispositions au consensus sont donc inhérentes à la structure langagière elle-même, avant que naissent chez les acteurs la volonté de construire une idée commune sur toute chose.

La théorie de la discussion joint le principe d'universalité au principe de la discussion. Le principe de la discussion permet la réalisation de l'autonomie individuelle et de parvenir à un accord rationnel. Aussi, le principe « D » garantit les conditions auxquelles peuvent légitimement être reconnues les prétentions à la validité comme procédure de mise à l'épreuve des positions des acteurs. Néanmoins, le principe de la discussion n'acquiert tout son sens que dans sa dialectique avec le principe d'universalisation. Le terrain de la discussion est donc celui de la confrontation entre l'universalisation et l'individuation. L'un et l'autre principe s'interpénètrent réciproquement afin de garantir non seulement l'égalité mais aussi la libre volonté de tout un chacun. L'universalisation vise la satisfaction des intérêts de tous. Le principe U exige que chaque partie se mette dans la perspective de l'autre. Ce principe est au fondement de l'impartialité dans le processus argumentatif. Selon le principe d'universalisation :

> Ego doit remplir la condition d'universalisation de sa réflexion, liée dans un premier temps à des interactions simples, internes au groupe : il doit négliger les circonstances concrètes d'une interaction particulière, et tester abstraitement si une praxis *universelle*, dans des circonstances comparables, pourrait être acceptée sans contrainte par chacun des concernés potentiels selon sa situation d'intérêts respective.[305]

---

[304] *Ibid.*, p. 29.
[305] J.HABERMAS, *De l'éthique de la discussion,* op. cit, p. 59.

Le principe d'universalisme en tant que dérivé de l'impératif catégorique kantien, est mis en œuvre pour que l'observation de chaque norme soit faite dans l'intention de satisfaire les intérêts de tout un chacun. Il sert à garantir l'impartialité entre les participants tout au long de la discussion.

La dialectique du principe « U » et du principe « D » cherche à faire prévaloir la justice dans les délibérations. Le principe argumentatif et celui de l'universalisation assurent une ouverture communicationnelle à travers la décentration des égos. Le respect de ces deux dimensions essentielles est indispensable si on veut parvenir à un accord raisonné. C'est seulement à ce titre que le consensus, en tant que résultat des confrontations, reflèterait la volonté commune de tous. C'est surtout à travers ces deux principes que l'on peut aboutir à une citoyenneté raisonnable. Alain Policar se fait moins optimiste que Habermas. Il estime qu'« une délibération, même correctement conduite, ne parvient que très rarement à produire un accord sur des bonnes raisons normatives ».[306]

Parmi les réflexions développées sur la démocratie délibérative, nombreuses sont celles qui appuient la théorie argumentative habermassienne, mais certaines semblent plutôt sceptiques quant au principe d'universalisme. Certains positionnements seraient plutôt inscrits dans la ligne de l'historicisme. La conception historiciste, faut-il le rappeler, s'oppose à l'idée de validité des normes en tout temps et en tout lieu. Ainsi, Policar partage la vision habermassienne sur la nécessité de prendre en charge le principe d'universalisation dans la pratique argumentative : « La place accordée à l'éthique délibérative, disait-il, est justifiée par notre engagement universaliste. La délibération suppose la réciprocité et c'est elle qui fonde l'universalisme »[307]. Toutefois, Policar se désolidarise de Habermas en défendant l'idée d'un l'universalisme lié au contexte de vie.

---

[306] A. POLCAR, *Le libéralisme politique et son avenir,* Paris, CNRS EDITIONS, 2012, p. 305.
[307] *Ibid.*, p. 309.

Il faut dire que la question d'universalité qu'elle soit perçue relativement aux procédures de la discussion ou des valeurs qui en résulteraient doit être relativisée. En effet, ce qui ferait l'objet d'un consensus à un point donné de la planète ne le serait pas à un autre. Il pourrait, à la limite, être source d'une incompréhension sans précédent. Cela serait sans nul doute explicable dans le sens où ce qui est valable comme valeur ici, pourrait être antivaleur par là. Ainsi, toute volonté d'universalisation « est inséparable du désir d'affirmation des singularismes ».[308]

De plus, si théoriquement les présuppositions communicationnelles garantissent les conditions d'égalité entre les participants à la discussion, qu'en est-il des inégalités sociales ? Comment restaurer l'ordre si déjà il existe dans la société des différends liés aux conflits des valeurs ? La solution réside dans la création des conditions de renforcement des vertus publiques.

À cette préoccupation, vient s'ajouter l'idée de la répartition inégale de capacité de prise de parole. Quelles sont les possibilités pour un discours de revêtir une dimension d'universalité lorsque certains participants à la discussion accepteraient une entente non pas parce qu'ils sont rationnellement motivés à le faire, mais parce qu'ils manquent de compétences discursives à pouvoir faire valoir leur point de vue ?

Pour Habermas, les présupposés pragmatiques de l'argumentation sont suffisants pour garantir la participation aux processus de discussion. La structure langagière renfermant le potentiel d'universalité permet l'instauration de l'entente pourvu que les prétentions à la validité des actes de paroles avancées par les participants soient honorées par ces derniers.

2.2. Prétention à la validité communicationnelle et entente mutuelle

L'intercompréhension repose sur les actes de parole qui honorent leurs prétentions à la validité. La reconnaissance intersubjective des prétentions est une adhésion à la rationalité de

---

[308] B. KABORE, *L'idéal démocratique. Entre l'universel et le singulier, Essai de philosophie politique*, op. cit., p. 119.

l'entente. L'inconditionnalité des prétentions à la validité se révèle dans le passage à la discussion. La raison communicationnelle exprime une obligation : tout acteur doit exprimer des prétentions à la validité inconditionnée pour que son acte communicationnel puisse valoir comme agir communicationnel.

L'idée de prétentions à la validité suppose une dimension idéale du langage qui offre aux acteurs en communication la possibilité de se reconnaitre. Ainsi, le sujet qui cherche à justifier une prétention est soumis à une contrainte transcendantale car les prétentions à la validité de la communication débordent le cadre provincial, localement usuel pour accéder à l'universalité. C'est donc à la lumière des prétentions à la validité intersubjectivement reconnues que les acteurs trouvent la possibilité d'interpréter des faits et parviennent à une compréhension commune des situations. Chaque acte de parole élève des prétentions à la validité critiquables qui requirent à leur tour la reconnaissance intersubjective des participants.

Les questions des prétentions à la validité se posent par rapport à la problématisation des actes de discours et de ce fait renvoie à une sorte de communication réflexive. Elles prennent en charge le souci du consensus rationnel. Les théories de la discussion ne doivent pas être découplées de la théorie de la justice. C'est la prétention à la validité qui permet l'institution d'un « Autrui généralisé ». Cet autrui est édifié à travers le croisement réciproque des perspectives des participants à la discussion. Ainsi, en honorant les prétentions, les sujets en débat mettent en place, d'un commun accord, une autorité morale émanant de la volonté de tous. Cet autrui généralisé qui résulte des convictions profondes et de l'assentiment éclairé, diffère d'une autorité appuyée par moyen de sanctions.

Honorer les prétentions à la validité revient aussi à créer les conditions d'impartialité en se sens qu'elle fait « exploser la subjectivité » et permet l'accès à l'universalité. C'est dans ce sens que le concept, lié à l'idée d'honorer les prétentions à la validité, conduit au concept d'intercompréhension. C'est grâce aux prétentions à la validité que les conflits d'action dans la vie quotidienne trouvent leur solution dans la discussion pratique.

Dans les conditions d'entente comme celle de la coordination communicationnelle de l'action, il faut que les acteurs puissent prendre des positions fondées en raison par rapport à des prétentions à la validité. La question des prétentions à la validité peut être perçue comme un prolongement de l'épochè husserlienne. Toutefois, l'épochè est suspension temporaire du jugement avant la saisie de l'être du réel ; honorer une prétention à la validité d'un acte de discours engage une logique dialogique pour donner un fondement rationnel aux actes de parole. La prétention à la validité doit en ce sens être envisagée comme « moteur de recherche qui nourrit le débat en fragilisant les logiques et en les obligeant à examiner de plus près leur fondement ».[309]

Les présuppositions communicationnelles universelles de l'argumentation[310] constituent les déterminants de la situation idéale de parole. Ces présuppositions, que nous avons certes déjà énumérées plus haut, peuvent se résumer à la reconstruction des conditions des relations symétriques. Ceux qui prennent part aux processus de discussions se doivent de présupposer que la structure communicationnelle exclut toute contrainte hormis celle du meilleur argument. C'est en ce sens surtout que le processus argumentatif de la discussion serait conçu comme une poursuite par *des moyens réflexifs de l'activité orientée vers l'intercompréhension*[311].

Sous un autre angle, l'argumentation est elle-même réglée à la manière d'un travail coopératif entre proposant et opposant. Les proposants n'ont pas le pouvoir d'imposer leurs avis aussi raisonnables qu'ils leur paraissent. Les opposants, non plus, n'ont pas pour mission d'annihiler les raisons avancées par les proposants. Ceci étant, le processus discursif de l'argumentation

---

309 C. PACIFIC, *Consensus/dissensus. Principe du conflit nécessaire,* op. cit., p. 168.

310 J. HABERMAS, *Théorie de l'agir communicationnel. Rationalité de l'agir et rationalisation de la société*, op. cit., p. 14.

311 *Ibid.*, p. 41.

est déjà normé sous forme de thématisation de prétentions, contrôle des raisons. Les prétentions peuvent être défendues comme elles peuvent ne pas l'être, seules comptent les raisons avancées pour soutenir ou contrer une thèse avancée. À ce titre, on se rend à l'évidence que la conception des prétentions à la validité est une source d'intercompréhension. Certes, la complexité supposée du processus d'argumentation peut conduire à croire que la supposition et la justification des prétentions à la validité ne peut aucunement conduire à l'intercompréhension entre les participants. Les présuppositions communicationnelles mises en relief, ci-dessus, préviennent contre toute perturbation communicationnelle. D'ores et déjà, les concepts fondamentaux de la théorie de l'argumentation sont l'assentiment d'un auditoire universel, l'acquittement discursif d'une prétention à la validité, l'accord rationnellement motivé.[312]

Tout usage du langage, dans la logique de l'éthique de la discussion, implique la prétention à la validité qui est honorée à travers l'argumentation. C'est de la prétention à la validité que dépendront la justesse normative, la véracité et même l'intelligibilité d'un discours. C'est pourquoi, les « sujets disposés à l'intercompréhension s'orientent en fonction de prétentions à la validité ».[313]

C'est sur fond des prétentions à la validité qu'on peut postuler une situation de communication idéale de parole à travers laquelle la compréhension mutuelle devient réalisable. La question de prétention à la validité joue un double rôle : non seulement elle garantit une compréhension effective entre partenaires, mais aussi elle permet d'établir un *distinguo* entre consensus rationnel et consensus fallacieux.[314]

La problématique argumentative de l'éthique de la discussion pourrait être résumée en une question à double niveau: comment les prétentions à la validité peuvent-elles être soutenues par des bonnes raisons et comment les raisons de leur côté,

---

[312] *Ibid.*, p. 43.

[313] J. HABERMAS, *De l'éthique de la discussion,* op. cit., p. 24.

[314] J. HABERMAS, *Logique des sciences sociales et autres essais*, op. cit., p. 324.

peuvent-elles être critiquées ? Mais, cette question, à moins qu'elle ne soit essentiellement prise au pied de la lettre, renferme des implications sur la compréhension commune entre acteurs de la discussion. Elle dénote la nécessité de fonder cette entente mutuelle sur des bonnes raisons, c'est-à-dire dans le strict respect des normes universellement valables.

Tout processus d'intercompréhension langagière, pour autant qu'il se veut rationnel dans le sens de la prise en compte de la perspective de tous les concernés, doit inévitablement assumer des idéalisations communicationnelles. C'est une condition indispensable tant qu'on veut parvenir à une entente rationnelle en ce sens que sans ces présuppositions idéalisantes, « personne ne peut agir communicationnellement »[315].

> L'« idéal » érigé de manière figé en un « régime » se situant dans un au-delà se fluidifie dans les opérations qui se déroulent ici-bas ; il change d'état et passe d'une transcendance stricte à la mise en œuvre d'une « transcendance de intérieur ».[316]

Qu'il s'agisse de la prétention à la validité ou de l'idéalisation, on envisage, d'une manière ou d'une autre, un langage idéal à travers lequel tous les participants se reconnaîtraient. Mais à y regarder de plus près, on se rend compte que cette formalisation de la communication tend vers un idéalisme abstrait. En vérité, l'idéalisation communicationnelle peut se poser comme un obstacle à la prise en compte de la dimension historique des expériences des participants.

Aussi, le respect des présuppositions pragmatiques de la communication ne garantit pas de façon absolue le consensus. À certains égards, quelques situations imprévisibles peuvent compromettre l'atteinte de l'entente mutuelle. Habermas l'a, lui-même, reconnu lorsqu'il affirme que « pour de nombreuses questions pratiques, même l'usage public de la raison ne conduit pas à l'accord rationnellement motivé auquel on aspire »[317]. La question la plus épineuse qui se pose, en ce sens, est relative au

---

[315] J. HABERMAS, *De l'éthique de la discussion,* op. cit., p. 69.

[316] J. HABERMAS, *Idéalisation et communication. Agir communicationnel et usage de la raison*, trad. Christian Bouchindhomme, Paris, Fayard, 2006, p. 32.

[317] J. HABERMAS, *Droit et démocratie. Entre faits et normes,* op. cit, p. 75.

statut de chaque participant dans le processus de la discussion. En d'autres termes, le principe de la prétention à la validité ne permet pas à lui seul de garantir un consensus rationnel tant qu'une garantie n'est pas encore posée qui corrobore l'autonomie de chaque sujet individuel participant à la discussion. Comme le dit clairement Habermas lui-même, « sans la liberté illimitée de la prise de position à l'égard de prétention à la validité normative, l'accord obtenu factuellement ne pourrait être véritablement universel »[318]. C'est pour cette raison qu'il s'avère déterminant de s'interroger sur la responsabilité morale du sujet en tant qu'acteur de la discussion.

2.3. De la responsabilité morale du sujet dans la discussion

Il importe, dans cette pratique intersubjective de la discussion, de s'interroger sur le statut ou plus précisément sur les conditions d'autonomie du sujet. À noter qu'ici il ne s'agit pas pour autant, dans cette partie, de revenir à la philosophie du sujet qui est un paradigme déjà dépassé dans la pensée de Habermas. La préoccupation porte certes sur la proportion de responsabilité du participant à la discussion en tant que sujet individuel, mais pas dans le sens de la réflexivité. Autrement dit, il s'agit de savoir comment le participant à la discussion, tout en acceptant les réalités et propos de son autre, reste lui-même. Comment éviter que l'autre empiète sur son autonomie ? Certes, il ne s'agit pas également de penser que la réciprocité en cours dans la discussion empêche à l'individualité de s'épanouir. Comme l'envisagent les présuppositions fondamentales de la communication rationnelle, chaque acteur de la discussion est astreint au respect d'un certain nombre des principes. Les principes comme celui de l'impartialité, de la supposition de rationalité, de l'acceptation et d'ouverture vers les autres, requièrent de la part de l'individu un effort de décentration. En ce sens, le processus de discussion argumentée réglemente la question d'égo. On ne reste pas le même en amont comme au cours de la discussion. « Les projets de vie individuelles,

[318] J. HABERMAS, *De l'éthique de la discussion,* op. cit., p. 70.

naturellement, ne se forme pas indépendamment des contextes intersubjectivement partagés »[319].

Il ne s'agit pas non plus de la responsabilité strictement entretenue dans le cadre des rapports aux autres sujets sociaux. Certes, on ne saurait nier qu'il existe une responsabilité conférée au sujet qui est socialement construite. Habermas a mis en relief ce type de responsabilité en empruntant la conceptualisation de Colhberg. C'est dans le cadre strict de la discussion que s'inscrit ce point. Ainsi, parler de responsabilité morale du sujet à ce niveau, c'est surtout débattre des conditions de possibilité de liberté de celui-ci dans la pratique de la discussion.

Accorder à un acteur de discussion un statut de personne responsable, revient à admettre qu'il est autonome et sincère envers lui-même et envers les autres. La relation du sujet avec lui-même et avec son prochain est largement prise en considération dans les présupposés pragmatiques de la discussion. L'entrée en débat suppose déjà que l'acteur présuppose son autre comme étant imbu d'une rationalité, c'est-à-dire que celui-ci saurait honorer ses actes de parole et admettre, dans les mêmes conditions ceux de son interlocuteur. L'état d'esprit qui anime chaque participant est celui du respect de soi et de l'autre. D'ores et déjà, malgré la différence qui puisse exister entre les individus, la participation à la discussion crée un processus de responsabilisation du sujet à travers le respect de soi et de l'autre. Avant tout, un bon rapport avec l'autre est, en partie, conditionné par un bon rapport avec soi. Luc Nancy disait que la « personnalité de la personne consiste dans la possibilité de se rapporter à soi avant de se rapporter à quoi que ce soit».[320]

S'inscrivant dans la perspective de « l'éthique de la discussion » Stéphane Haber avance que le respect de l'autonomie d'autrui s'affirme pragmatiquement lorsqu'on en fait « un sujet capable d'approuver et de désapprouver en son nom propre des propositions pratiques qui le concernent. *Plus généralement* quand

---

[319] J. HABERMAS, *L'avenir de la nature humaine,* Trad. Christian Bouchindhomme, Paris, Gallimard, 2002, p. 11.

[320] L. NANCY, « La juridiction du monarque hégélien », in *Rejouer le politique,* Etienne BABILAR, Luc FERRY et al., pp. 51-90.

j'en fais le partenaire au moins virtuel d'une discussion à laquelle il prendrait part ».[321]

Dans *L'éthique de la discussion*, Habermas souligne bien la portée de l'autonomie des différents acteurs en débat ainsi que les obligations qu'ils ont les uns envers les autres conformément aux principes de base de l'éthique. Rappelons que c'est à travers le processus d'individualisation que Habermas exprime explicitement que le procédé d'universalisation ne met nullement en cause l'autonomie du sujet individuel. Celui-ci a déjà été formé tout au long de son éducation à faire valoir sa liberté en respectant celle des autres.

Dans le processus de la discussion, un acteur se fait pleinement responsable en assumant toutes les dimensions d'irrationalité qu'il porte en lui et s'engage à les corriger. Ainsi, à travers l'acceptation d'échange engagé selon les fondements de l'éthique de la discussion, eu égards aux explications qu'il recevra au sujet de son irrationalité[322], il cessera d'agir uniquement dans la logique de la finalité égoïste. On peut en ce sens dire que c'est la pratique intersubjective de la discussion et de l'argumentation qui permet aux sujets individuels de se rendre compte du caractère irrationnel de leurs actions, voire de leurs énoncés et leur permet de s'amender en se rapportant de façon réflexive à leur subjectivité.[323]

Mieux, si la rationalité envisagée comme disposition à l'intercompréhension n'est possible qu'à travers les pratiques d'argumentation, il est tout à fait logique de soutenir, à l'instar de Habermas, que la discussion comme échange des raisons est la seule procédure permettant à l'individu de se sentir pleinement responsable de lui-même, des actes et des ses énoncés. De plus, l'individu n'a accès à lui-même qu'à travers l'autre. Dans le contexte habermassien, pour que l'autre puisse tenir lieu de médiateur entre moi et ma propre personne, un préalable est

---

[321] S. HABER, *Critique de l'antinaturalisme. Etudes sur Foucault, Butler et Habermas*, Paris, PUF, 2006, p. 238.

[322] J. HABERMAS, *Théorie de l'agir communicationnel. Rationalité de l'agir et rationalisation de la société*, op. cit., p. 37.

[323] *Ibid.*, p. 37.

requis. Ce préalable n'est rien d'autre que les présuppositions fondamentales de l'éthique de la discussion.

Grâce aux échanges intersubjectifs basés sur les présuppositions communicationnelles, l'individu peut se repentir des aspects condamnables de sa vie privée et se reconnaitre. Ainsi, estime Habermas, l'individu, pour parvenir à la conscience de son individualité,[324] se doit de prendre de la distance par rapport à lui-même. La question que dois-faire ?, que rappelle Habermas dans *L'avenir de la nature humaine*, renvoie à cette même idée de responsabilité que le sujet a envers lui-même.

Par ailleurs, Habermas reconnait lui-même que la responsabilité, d'un sujet social dans la pratique de la discussion et même en toute circonstance de sa vie, s'exprime d'abord et surtout dans le rapport à soi de l'acteur en question. Ceci est d'autant plus logique lorsqu'on sait que le sujet a au moins un accès privilégié à son for intérieur et aux expériences qu'il a vécu personnellement. C'est d'ailleurs l'assomption de son propre être qui est préalable à toute responsabilité vis-à-vis de l'autre. Et le contexte de la discussion est le meilleur cadre qui puisse permettre au sujet de s'assumer. Dans les contextes de l'agir communicationnel,

> seul peut être considéré comme responsable au sens de l'imputation de rationalité celui qui, en tant que partie prenante d'une communauté de communication, est capable d'orienter son action selon les prétentions à la validité intersubjectivement reconnues.[325]

Aussi, le sujet individuel est responsabilisé dans la discussion en ce sens qu'il est rendu grâce aux présuppositions communicationnelles, capable de répondre de ce qu'il dit, comme une personne digne de discussion. Habermas n'a donc pas manqué de mettre en relief l'institution de l'identité subjective[326] dans la pratique intersubjective.

En effet, chez Jean-Louis Genard, c'est la subjectivation plutôt que l'individuation qui responsabilise le sujet. Le processus

---

[324] J. HABERMAS, *L'avenir de la nature humaine,* op. cit., p. 16.
[325] J. HABERMAS, *Théorie de l'agir communicationnel. Rationalité de l'agir et rationalisation de la société*, op. cit., p. 31.
[326] J. L. GENARD, *La sociologie de l'éthique*, op. cit., p. 116.

d'individuation que met en avant Habermas s'appuie sur une dimension essentiellement cognitive alors que la responsabilisation morale requiert aussi la prise en compte de la dimension affective. La rationalité de l'activité morale, disait Genard, se manifeste au cœur de l'affectivité[327]. Ainsi, il s'appuie sur une logique toute simple : « Un acte social comme la salutation, disait-il, dirigé vers la réinstitution de l'*individuation*, ne possède à l'évidence pas l'intensité morale et affective d'un reproche ou d'une félicitation qui sont, quant à eux, orientés vers la *subjectivation* ».[328] Cette remarque de Genard, même si elle ne constitue pas une remise en cause de la thèse habermassienne, elle est, au moins, d'un apport théorique non négligeable. Elle vient renforcer la thèse selon laquelle l'approche de la rationalité en valeur est pratiquement différente de la rationalité téléologique. En ce sens, le modèle cognitif, qui est envahissant dans la démarche de Habermas, doit être révisé afin de ménager une place pour une approche basée sur les affects.

Soulignons que la perspective de Genard n'est pas loin de celle de Lyotard à travers le reproche que ce dernier fait à Habermas relativement à cette théorie normative. Cela démontre encore que même si la transposition de l'impératif catégorique kantien à la double perspective de discussion et d'universalisation a été un tournant décisif dans l'approche philosophique, il n'en demeure pas moins que l'apport apporté par des penseurs comme Lyotard soit aussi d'une validité incontestable. Cela est d'autant plus vrai que la perspective de « je » et de « tu » que Habermas a mis en avant dans la pratique de l'argumentation se révèle « insuffisante pour saisir l'activité morale dans son ensemble[329]

Dans le même ordre d'idées, Levinas estime que dans le rapport avec l'autre, on perd sa particularité. Absorbés « dans l'objet commun, disait Levinas, nous y abîmons notre particularité et notre unicité. »[330]. Mais, cette perte loin d'affaiblir l'autonomie

---

[327] *Ibid.*, p. 116.
[328] *Ibid.*, p. 115.
[329] *Ibid.*, p. 172.
[330] E. LEVINAS, *Paroles et silences et autres conférences inédites*, Paris, Editions Grasset et Fasquelle IMEC Editeur, 2009, p. 82.

du sujet, elle la fortifie. Dans le processus d'interaction ce que le sujet perd c'est, comme le dit Rousseau, la dimension naturelle qui est en nous. L'homme a ce penchant à développer son être sans restriction, lorsqu'il est isolé des autres. Cela est donc tout à fait naturel.

Ce qui porte grief à ce type de responsabilisation, ce qu'elle demeure purement théorique. Et à ce titre, on doit se demander si une autonomie théoriquement affirmée pourrait permettre la réalisation d'un consensus rationnel ou une intercompréhension. Stéphane Haber avertit en ce sens que le système social même ne permet aucune expression de l'autonomie du sujet. « Notre vie morale concrète, affirme-t-il, est souvent paternaliste et nos intuitions morales moyennes ne condamnent pas, en général, cette orientation »[331].

Pour donner un ancrage social à la procédure de la discussion, Habermas élabore un système politico-juridique qui servira de pilier au respect des règles et des procédures.

[331] S. HABER, *Critique de l'antinaturalisme*, op. cit., p. 235.

CHAPITRE II : ANALYSE DU PROCESSUS D'INSTITUTIONNALISATION DE LA DISCUSSION PRATIQUE

Le processus d'institutionnalisation renvoie à la dynamique engagée comme constitution de la citoyenneté à travers l'établissement des normes communicationnelles. Elle vise à créer les conditions nécessaires pour que les acteurs sociaux sachent quel est le comportement qu'ils sont en droit d'exiger les uns des autres et quand, et à quelle occasion, « ils sont en droit de le demander »[332]. Dans ce contexte de discussion, Habermas rallie les institutions démocratiques aux procédures de débat citoyen. La réflexion habermassienne prendra ainsi en charge l'ordre politico-juridique.

1. De l'institutionnalisation

1.1. Le principe de discussion et cadre politico-juridique

Parmi les préoccupations majeures que soulève la conduite des affaires étatiques, figure celle de la fondation du cadre institutionnel et juridique. Certes, la mission officielle des structures politiques et juridiques est de veiller au bon respect des textes et procédures par le corps politique et par les citoyens. Elle implique également un traitement égal assuré à toutes les personnes sans distinction d'aucune sorte. Pour que cette mission soit effective, des préalables sont requis tant au niveau de la mise en place des institutions qu'au niveau de la conduite des tâches. Pour Habermas, l'alternative réside dans le rapprochement des gouvernants aux gouvernés à travers des cadres de concertations et de décisions constitués.

Ainsi, Habermas s'est engagé à explorer les conditions dans lesquelles le corps politico-juridique s'accorde mieux aux situations des citoyens. Seul le rapprochement des institutions à la volonté des citoyens garantit la stabilisation de l'État de droit en question.

---

332 J. HABERMAS, *Droit et démocratie. Entre faits et normes*, op. cit., p. 196.

Le recours au principe de la discussion pour clarifier le contenu politico-juridique vise la reconstruction, à partir de l'idée du droit rationnel, des institutions structurantes pour une démocratie délibérative. C'est seulement à ce titre que nous pouvons concevoir la société sous l'angle d'une association de volontaires libres et autonomes. Cette logique engagée par la théorie de l'éthique de la discussion s'inscrit contre la dynamique de certaines analyses économiques qui ont tenté d'ébranler le droit rationnel. Ces théories ont bâti leur raisonnement sur l'idée que ce sont plutôt les rapports économiques qui déterminent la cohésion sociale et l'image de la société civile. L'éthique de la discussion alliée à la théorie de droit que présente Habermas, notamment dans *Droit et démocratie*, s'inscrit dans ce cadre.

L'obéissance aux exigences juridiques repose non pas sur le caractère coercitif des pouvoirs mais sur leur validité normative. Entendons par validité leur conformité aux droits inaliénables des individus d'abord en tant qu'êtres humains, mais aussi en tant que citoyens à part entière. La validité juridique est constitutive de deux composantes de validité : la liberté et la contrainte. Ces deux validités permettent aux acteurs de se sentir et de se comporter non seulement comme auteurs mais aussi comme destinataires. Le droit positif, élaboré à travers des lois et mis en vigueur, requiert, pour avoir une force d'obligation, une prétention à la légitimité.

La question de la validité des règles juridiques est au centre des préoccupations de la théorie de la discussion. La validité serait caractérisée sous deux aspects complémentaires. La légalité de la règle d'une part et la légitimité de comportements des acteurs de l'autre. « ...la reconnaissance réciproque des droits de chacun doit reposer sur les lois qui sont légitimes pour autant qu'elle assurent à chacun des libertés égales, (...) ».[333]

Pour que le processus législatif puisse permettre l'intégration sociale, il faut que les législateurs aillent au-delà de leurs droits privés et égoïstes pour se comporter en tant que citoyens responsables

[333] *Ibid.*, p. 46.

Les décisions juridiques doivent, avant tout, prendre ancrage sur les droits fondamentaux tel que définis à travers le droit naturel. L'idée du droit naturel induit la liberté et l'égalité. Ce droit naturel est garanti par un contrat entre les individus. C'est seulement en prenant en compte cette variable que l'institution juridique sera en mesure d'assurer l'égalité dans le traitement des vies citoyennes. « À mesure qu'une société devient capable de mener une action politique et d'agir sur elle-même, disait Habermas, une constitution démocratique *autorise* les citoyens à institutionnaliser progressivement des droits civiques égaux pour tous ».[334] Toute entorse aux droits fondamentaux pourrait créer des situations de frustration pouvant aller jusqu'à l'incivisme. Ainsi, la loi ne peut fonctionner comme instrument de coexistence et de coordination pacifique que lorsqu'elle prend en compte les considérations classiques liées à la condition humaine. Fonder la légitimité de la situation initiale découle ainsi de la prise en compte des présupposés contenus dans les déclarations des droits humains.

Dans le même ordre d'idées, il faut que la loi consacre un statut particulier à l'action libre de la puissance collective. L'action collective libre est, selon le point de vue des auteurs comme Tocqueville, l'instrument privilégié de la conciliation de la liberté individuelle et du bonheur public. Pour que les citoyens puissent agir collectivement, il faut qu'au préalable que les textes leur prévoient toutes les dispositions nécessaires. Car, si d'ores et déjà un sentiment d'unité n'a pas été cultivé au sein d'une nation, l'action collective libre ne pourrait jamais se matérialiser. C'est du reste pourquoi le droit, en tant que source de normativité, doit jouer un rôle d'intégration sociale en renfort à la morale sociale existante.

C'est lorsque tout cet équipement juridique et politique est construit sur fond de la volonté consciente des citoyens que la stabilisation des structures de l'État de droit est possible. Toutefois, l'élément inconditionnel reste l'instauration des structures de communication afin de créer les conditions de

[334] J. HABERMAS, *Vérité et justification*, op. cit., p. 162.

possibilité de l'interaction des acteurs de la société civile. Les organisations de la société civile sont le relais facilitant l'articulation et la traduction politique des préoccupations citoyennes au niveau des dirigeants. D'où la nécessité de la mise en place des structures de communications et des institutions de formation citoyenne. Jean-Marc Ferry, à l'instar de Habermas, reconnait la responsabilité que l'instance juridique doit assurer dans ce sens :

> la justice politique dépendra en effet, fondamentalement des possibilités offertes à tout un chacun, en tant que citoyen, de faire entendre et défendre ses points de vue publiquement, avec des conséquences pratiques, non seulement sur l'opinion publique, mais aussi sur les normes de l'action politique.[335]

La communication publique argumentée, par le fait qu'elle consacre l'implication des citoyens dans la prise des décisions, a le double avantage d'assurer la procédure d'auto-législation et de légitimation. La société civile et le parlement sont des espaces de génération du pouvoir social dont l'objectif est de permettre la co-légitimation des pouvoir institués.

Les arènes publiques constituent, pour les citoyens, un tremplin pour, d'une part, « réfléchir sur les conditions d'institutionnalisation des procédures de délibération politique et juridique»[336] et, d'autre part, pour faire des critiques constructives des institutions, et formuler des revendications identitaires. Seule la formation de la volonté permet « l'autodétermination politique » et ainsi « la communauté de volonté démocratique se substitue à la cohésion ethnique »[337]

À travers la formation de l'opinion, les citoyens s'engagent à rompre avec les logiques claniques, pour réglementer leur vie selon les principes universels qui prennent en considération les valeurs fondamentales : l'égalité, l'intérêt de tous. Et c'est sur la base de l'assentiment de tous sans discrimination. Aussi, la validité des lois de la république repose sur le respect des valeurs

---

335 J. M.FERRY, *Philosophie de la communication 2. Justice politique et démocratie procédurale*, op. cit., p. 31.

336 A. DUPERIX, *Comprendre Habermas*, Paris, Armand Colin, 2009, p. 48.

337 J. HABERMAS, *L'intégration républicaine. Essais de la théorie politique*, op. cit., p. 70.

morales des citoyens. En conséquence, la « loi est valide au sens moral lorsque tous, adoptant le point de vue de tout un chacun, sont susceptibles de l'accepter. (...), la raison pratique s'affirme par le biais de cet aspect de l'universalité des intérêts pris en considération dans la loi. ».[338] Un cadre politique et juridique est certes un impératif pour une démocratie délibérative. Mais il est important de reconsidérer l'implication de l'autonomie publique et privée surtout lorsqu'on transpose la discussion à un niveau beaucoup plus large mais aussi avec l'introduction du système de droit.

1.2. Coordination de l'autonomie publique et privée dans l'espace publique

Le concept d'autonomie serait au centre de l'analyse kantienne de la raison pratique. Elle subira une lecture intersubjectiviste dans la perspective habermassienne et rawlsienne. Autonomie privée et publique sont des déterminants du système de l'État de droit. C'est sur fond de ces valeurs qu'unc bonne orientation politique serait possible. La perspective kantienne de l'autonomie est caractérisée par un apriorisme métaphysique.

Chaque individu a droit à une reconnaissance sociale fondamentale axée dans le sens de respect pour son intégrité en tant que personne humaine d'abord, puis en tant que membre d'un ensemble ethnique ou culturel et enfin parce qu'il est citoyen à part entière, membre de la communauté politique. Encore que le « statut juridique du citoyen se constitue par un réseau de relations égalitaires fondées sur la reconnaissance réciproque ».[339]

Mais cette reconnaissance juridique requiert l'effort coopératif d'une pratique civique. La vertu civique est prise en charge par la pratique de formation de l'opinion et de la volonté. On considère ainsi que le statut juridique qui fait obligation au citoyen d'accomplir ses devoirs repose sur un arrière-plan culturel qui a été déjà construit, et constitue le tremplin qui oriente

---

[338] *Ibid.*, p. 45.
[339] *Ibid.*, p. 76.

aisément ce citoyen vers la réalisation et la conservation des œuvres publiques.

Habermas est partisan de la démocratie radicale alors que Rawls est pour la démocratie constitutionnelle. Contrairement à Rawls, Habermas estime que la raison des citoyens autonomes[340] ne doit pas se réduire au choix rationnel. Étant certes titulaires des droits, les citoyens doivent individuellement placer leur conduite sous l'autorité des principes qu'ils se sont donnés. C'est en ce sens que la dimension de la vie publique recouvre toute sa portée. Même dans la revendication de leur autonomie privée, les citoyens se doivent de respecter les lois communes.

Le principe d'autonomie requiert de tout citoyen la prise en compte des intérêts d'autrui à la lumière de principes justes. La compréhension de son autonomie doit aller de pair avec la conscience transcendantale qui me permet de comprendre le monde de l'autre. La prise en compte de l'intérêt commun ne saurait se réaliser par la simple présupposition de la rationalité. La validité de ces principes doit être discutée dans les espaces publics accessibles à tous. Mais, faut-il au préalable définir les mécanismes institutionnels, les principes politiques et légaux du fonctionnement normal de cet espace ainsi que des procédures d'échange qui détermineraient ces normes communes. D'où l'impérieuse nécessité d'institutionnaliser un ensemble de principes et de pratiques qui garantirait la pacification de l'espace public. Les contraintes de justification des prétentions à l'universalité consacrées par l'éthique de la discussion seront aussi celles qui caractériseront ce débat.

Or c'est seulement lorsque la valeur d'égalité est de mise dans un système que l'autonomie tant publique que privée deviendrait effective. Cette égalité doit être consacrée dans tous les traitements que l'État doit assurer aux citoyens. La prise en compte de certains besoins primordiaux constitue la pierre angulaire de l'autonomie privée.

---

340 J. HABERMAS, J. RAWLS, *Débat sur la justice politique*, trad. Catherine Audard et Rainer Rochlitz, Paris, Editions du Cerf, Paris, 2005, p. 14.

Pour l'éthique de la discussion, cette compréhension doit s'appesantir sur un échange discursif, à travers lequel chacun pourrait adopter les points de vue de tous les autres. Si l'autonomie privée renvoie au droit naturel, le concept de la personne morale repose sur la coopération entre sujets politiquement autonomes. Il implique aussi la nécessité pour le citoyen de disposer d'une capacité cognitive adéquate lui permettant de distinguer ce qui lui revient et ce qui appartient à l'autre :

> si tant est que l'intrication de l'autonomie privée et publique, telle qu'elle est réalisée dans le système des droits, doive durer, le processus de juridicisation ne peut pas se limiter, d'une part, aux libertés d'actions subjectives des particuliers, et, de l'autre, aux libertés communicationnelles des citoyens. Il doit immédiatement s'étendre au pouvoir politique, déjà présupposé par le même médium juridique.[341]

« À vrai dire, il résulte aussi, inversement, pour l'exercice de l'autonomie politique par les citoyens, une incorporation à l'État, autrement dit, la législation se constitue en tant que puissance dans l'État ».[342]Les institutions étatiques se doivent d'assurer un exercice efficace de l'autonomie politique.

L'autre implication est celle relative à la création et/ou au renforcement du dispositif communicationnel dans l'espace public, et ce, sans discrimination d'aucune sorte entre les citoyens. Comme cela, l'État participerait à l'expression de la dimension publique et privée de chaque citoyen. Hannah Arendt précise bien que chaque citoyen a deux ordres d'existence : « l'idion » qui renvoie à ce qui est propre à l'individu, et « koinon » à ce qui est commun à tous. Même si ces deux dimensions sont essentielles pour traduire la vie démocratique dans un État, il n'en demeure pas moins que la vie pleinement citoyenne se construit dans l'intervention publique du sujet. Pour Arendt, c'est le domaine de la « polis » qui exprime le mieux l'idée de la liberté chez le citoyen. Selon ce point de vue, c'est dans la sphère du public que l'homme a à faire preuve de son autonomie. Ainsi, la subjectivité du privée, aussi forte qu'elle soit pour l'individu, « ne remplace jamais la

[341] *Ibid.*, p. 150.
[342] *Ibid.*, p. 153.

réalité qui résulte de la somme des aspects que présente un unique objet à une multitude de spectateurs.

L « 'autonomie privée et l'autonomie publique se requièrent mutuellement, c'est encore une manière d'exprimer cette « co-originalité »[343]. Toutefois, s'exprimer comme auteurs de droits, ne donne pas carte blanche aux citoyens pour « prendre, sur une base volontariste, n'importe quelle décision ».[344]

La question d'autonomie dans la société féodale est basée sur les structures sociales et économiques : les statuts sociaux sont figés entre les nobles et les serfs et ils déterminent la vie publique de l'individu. Il n'y a pas de distinction claire entre ce qui relève du privé et ce qui appartient au public. La participation à ce qui est considéré comme « vie publique » est discriminatoire. Le déploiement de cette sphère publique structurée par la représentation est lié à l'existence d'une aura, d'un titre, d'un insigne.

Pour une meilleure expression de l'autonomie tant publique que privée, un outillage conceptuel doit être garanti aux citoyens pour qu'ils puissent faire valoir leur opinion et par conséquent participer à l'édification et aux réformes des institutions et des lois. Habermas met, en ce sens l'accent sur la formation de la volonté et de l'opinion publique.

1.3. Formation communicationnelle de la volonté et de l'opinion publique et privée

Si Le concept d'opinion publique se retrouve dans presque toutes les formes de gouvernement qui se sont succédé avant même l'avènement de la démocratie, il est tout de même important de préciser qu'il n'a pas toujours recouvert la même réalité. De la révolution française jusqu'à la deuxième moitié du dix-neuvième siècle, l'opinion publique se résumait à un suffrage censitaire qui privilégiait spécialement les élites politiques. Dans ce contexte, elle se définit essentiellement comme opinion des gens privilégiés

---

343 J. HABERMAS, *Une époque de transition. Ecrits politiques*, Trad. Christina Bouchindhomme, Paris, Fayard, 2005, p. 170.

344 *Ibid.*, p. 171.

comme les élus du peuple. Cette situation perdurera jusqu'à l'avènement du suffrage universel et l'émergence de la presse.

La véritable formation de l'opinion se constitue, par essence, à travers l'échange intersubjectif entre les citoyens. Elle participe nécessairement de la communication argumentée sous l'angle de débats citoyen en vue de permettre la conscientisation du peuple face à ses responsabilités dans les affaires étatiques. À travers cette formation, les citoyens se doteront d'un esprit critique nécessaire pour apprécier pertinemment les lois et actions publiques. À cause de leur propriétés pragmatiques, les discussions rendent possible une formation éclairée de la volonté telle qu'elles puissent mettre en évidence les intérêts de tout un chacun « sans déchirer le tissus social qui relie préalablement chacun à tous »[345]. Cette problématique de la formation de l'opinion et de la volonté participe de la logique d'institutionnalisation de la communication citoyenne. Car en tout état de cause, les citoyens doivent de participer à la conception et au contrôle des actions publiques.

En effet, pour que l'action citoyenne puisse participer à la consolidation des institutions publiques, il faut que le peuple puisse, au préalable, avoir un degré de conscience politique lui permettant de bien agir. Sans une conscience citoyenne, et de connaissance de la loi, les comportements citoyens peuvent se révéler préjudiciables aux institutions en place. Outillés convenablement en la matière, les individus accompliront, en toute responsabilité, leur devoir envers l'autorité en place, mais aussi envers leurs concitoyens. Grâce aux normes et principes intériorisés, ils seront capables d'intervention citoyenne saine. La formation de l'opinion et de la volonté fournit une base solide d'exercice de la liberté. Après tout, pour que les citoyens puissent agir librement il faut qu'ils soient formés sur leur droits et devoirs. Aussi, cette dynamique créera les conditions de possibilité d'une conscience politique et permettra de mettre un terme à l'individualisme radical susceptible de créer un déphasage entre société civile et société politique. C'est du reste pour cela que

[345] J. HABERMAS, *De l'Ethique de la discussion*, op. cit., p. 69.

Habermas « conçoit les principes de l'État de droit comme une réponse conséquente à la question de savoir comment institutionnaliser les formes de communication exigeantes que requiert une formation démocratique de l'opinion et de la volonté ».[346]

Cette formation de l'opinion doit aboutir à la citoyenneté pleine. Pour Alain Touraine, « Être citoyen, c'est se sentir responsable du bon fonctionnement des institutions qui respectent les droits de l'homme et permettent une représentation des idées et des intérêts »[347]. Pour que cela puisse aboutir, faut-il que les « agences de socialisation » comme l'école, la famille, puissent, par-delà leur traditionnelle responsabilité de socialisation, s'appliquent à « transformer les sujets en sujets conscients de leur libertés et de leur responsabilité à l'égard d'eux-mêmes. »[348]

Ceci requiert un préalable en termes de respect de l'autre et de capacité d'écoute. Car, il ne faut surtout pas perdre de vue la probabilité, dans toute communauté, des consciences hostiles à l'intégration. Or toute communication publique implique la coexistence, la confrontation des opinions, des goûts souvent totalement antagoniques voire antithétiques. Ainsi, les jugements moraux et sociaux longtemps entretenus serviront de socle à la stabilisation de certains comportements et atténueront de toute évidence des probables déviations. Habermas considère que le débat démocratique a toujours trois dimensions : le consensus comme référence aux valeurs communes, le conflit opposant des adversaires et le compromis qui combine ce conflit et le respect d'un cadre social qui le limite. La véritable citoyenneté repose non sur le compromis, mais sur le consensus.

L'espace public est le cadre idoine de la formation de la volonté et de l'opinion. La société civile, qui est le médium entre les instituions étatiques et les communs des citoyens, a la lourde responsabilité de conduire ce travail. Mais, faut-il que l'État lui-même, crée à cette société civile les conditions pour réaliser cette

346 J. HABERMAS, *Droit et démocratie. Entre faits et normes,* op. cit., pp. 322-323.
347 A. TOURAINE, *Critique de la modernité*, op. cit., p. 381.
348 *Ibid.,* p. 401.

tâche. Car, il faut le rappeler, le travail de communication citoyenne, n'est pas essentiellement basé sur la bonne volonté de quelques citoyens consciencieux. L'autorité, elle-même, doit apporter sa pierre à l'édifice. Après tout la communication publique doit outiller les citoyens afin qu'ils aient une maîtrise des procédures institutionnelles. Cela ne sera effectif et efficace sans la pleine implication des décideurs.

La formation de l'opinion peut être même au fondement de la légitimité des institutions. Car, c'est seulement quand les citoyens ont conscience de leur participation dans la mise en place des lois et procédures qu'ils vont se soumettre aisément et surtout participer à la mise en application. Lorsqu'ils manquent de culture politique adéquate, ils demeurent des proies à toute manipulation et sont mêmes susceptibles de défier les instituions en place. Aussi, la pratique de la formation citoyenne ne doit pas être totalement détachée du socle culturel d'origine. Ceci permettra aux principes juridiques d'avoir un ancrage beaucoup plus social.

En outre, c'et seulement par le fait de la formation publique que les uns et les autres prendront la mesure de la vie publique. Une bonne citoyenneté doit être bâtie sur la maîtrise parfaite de la sphère privée et de la sphère publique. Le *distinguo* entre ces deux dimensions est indispensable pour chaque citoyen. Pour que les individus puissent agir dans le sens de la cause commune, il faut que chacun d'eux sache l'envergure et les limites de la vie privée mais aussi la dimension de ce qui est considéré comme public. Faut-il que la construction du bien commun ne fasse, tout de même, pas entorse à la préservation des intérêts privés. La discussion argumentée dans les espaces publics prend en charge cette question. La procédure de la formation de la volonté, selon Habermas, prend en compte le rapport de l'autonomie des individus et leur enchâssement préalable dans des formes de vie intersubjectivement partagées.

Mieux, la formation de la volonté et de l'opinion permet, d'une part, de lutter contre le libéralisme économique et, d'autre part, de contrôler un éventuel dérapage de l'État par rapport à ses obligations envers les citoyens. Les communications publiques axées sur la formation de la volonté et de l'opinion fonctionnent comme outil de rationalisation au moyen de la discussion des décisions que prend un gouvernement[349]. Mais Habermas avertit que la

> masse de la population, ne peut plus, aujourd'hui, jouir des droits à la participation politique qu'en s'intégrant à-et en exerçant une influence sur-une communication publique qui constitue un cycle informel, non organisable dans sa totalité, mais qui est portée par une culture politique libérale et égalitaire.[350]

Les principes moraux de base peuvent, à un niveau, permettre la stabilité d'une organisation politique. La simple sympathie naturelle, la bonne volonté citoyenne à elles seules ne sauraient garantir la cohésion sociale et le développement des institutions politiques. Un dispositif de légitimation des décisions permettra, sans nul doute, d'assurer une équité entre les citoyens et de pérenniser les décisions collégialement adoptées.

2. Légitimation et pratique argumentative chez Habermas

La question de légitimation renvoie, selon Habermas, à l'idée « qu'on peut défendre à l'aide d'arguments fondés[351] un ordre politique qui se veut juste. La légitimation est donc non seulement associée à l'ordre politique mais aussi à la question de justification. Ainsi, la justification de la légitimité passe par différents stades de communication. Elle passe de la pratique délibérative des espaces publiques simples aux décisions des tribunaux, des parlements et des institutions administratives. Habermas lie la pratique de légitimation à certaines instances dont le droit positif, à la souveraineté, et au système juridique.

2.1. Argumentation et légitimation du droit positif

L'analyse dont le système de droits fait l'objet est centré dans *Droits et démocratie*. Il s'est agit pour Habermas de statuer sur les conditions de légitimation du droit dans le système

---

349 J. HABERMAS, *Droit et démocratie. Entre faits et normes,* op. cit., p. 325.

350 J. HABERMAS, *L'intégration républicaine. Essais de la théorie politique,* op. cit., p. 83.

351 J. HABERMAS, *Après Marx*, trad. Jean-René Ladmiral et Marc B. de Launay, Paris, Fayard, 1985, p. 250.

démocratique. On peut *a priori* dire qu'en substance, la question de toute légitimation de droit repose sur deux problématiques essentielles. Celle de la résolution de l'abîme entre droit naturel et droit positif, et celle de la mise en débat public des règles et procédures. Ainsi, le type d'harmonie établie entre les deux détermine l'orientation de la vie politique d'un État. La pensée philosophique antique présente le droit naturel, comme l'ensemble des droits inhérents à la nature humaine en tout lieu et en tout temps. Dans sa forme moderne le droit naturel renvoie aux droits subjectifs inaliénables et traduit également l'étalon transcendant auquel toute positivité doit se référer.

Rappelons qu'il y a une dialectique du droit naturel et du droit positif lorsqu'il s'agit d'institutionnaliser les normes publiques. Hobbes et Montesquieu l'ont déjà mis en exergue, le premier en établissant un lien entre désir de l'homme et la régulation de ces désirs par la société, et le deuxième en s'interrogeant sur les conditions d'harmonisation du corps politique et les désirs humains.

La conception de cette nouvelle légitimité, qui est différente de celle qui est totalement encrée dans le droit naturel, est un aspect fondamental de la reconstruction du droit positif. Donner priorité au droit subjectif serait en même temps s'inscrire dans une perspective instrumentaliste. Car, repliés individuellement sur leur personne égoïste, dans la méconnaissance de la réalité empirique qui leur est commune, les citoyens ne seront pas en mesure de bâtir des instituions fortes, valable pour un État de droit. L'engagement raisonnable de tout citoyen doit reposer sur un droit légitime. En ce sens, un acte citoyen, pour être en conformité avec les principes de l'État de droit, doit émaner de l'auto-législation politique.

Le système de légitimation introduit par Habermas s'inscrit dans une logique de publication des règles et procédures de gestion. L'introduction d'une théorie de la discussion dans la fondation des droits constitue le fondement de l'acceptation, par les citoyens, des institutions politiques. La théorie de la discussion institutionnalise le contenu normatif du droit et permet son appropriation par les citoyens. Aussi, à l'opposé des auteurs comme Rawls qui prennent appui sur le droit subjectif pour apprécier la validité des normes, Habermas met plutôt en avant les institutions et le droit positif. Convaincu que la source de la légitimité demeure le test intersubjectif d'universalisation, il relie le droit positif à la pratique de la communication élargie. Il s'inscrit ainsi contre le positivisme juridique et s'évertue à relier le droit à la justice et à la morale. Pour Habermas, le principe de légalité va de pair avec celui de légitimité. D'où l'idée géniale de la justification postmétaphysique des normes du droit et de la justice.

Pour donner un ancrage beaucoup plus solide aux normes, il faut, certes, les mettre à l'appréciation des citoyens. Mais pour que cette appréciation puisse être conséquente et refléter les convictions profondes des intéressés, il faut qu'elle s'appesantisse sur un certain nombre de valeurs. C'est dans ce sens que la thèse de la théorie de la discussion fait de l'apprentissage moral le levier de la citoyenneté. En effet, pour que les acteurs sociaux puissent apprécier les normes à leur juste valeur, il leur faut au préalable un outillage moral conséquent. Habermas souscrit à la question d'autonomie morale des citoyens comme un aspect fondamental de la légitimité. L'autonomie morale, qui est le socle de la légitimité, est envisagée comme ensemble institutionnalisé des pratiques et procédures qui rendent les citoyens responsables des normes auxquelles ils vont se soumettre.

Aussi, il ne suffit pas de soumettre les normes à la discussion publique pour assurer du coup leur validité aux yeux de tous les citoyens. Encore, faut-il nécessairement que les discussions engagées soient conduites sur des bases égalitaires. Les présupposés pragmatiques garantissent, en ce sens, que chaque participant soit dans les conditions normales de faire valoir son point de vue. C'est seulement dans la stricte observance, des règles de la discussion que l'on peut parvenir au consentement libre et responsable. La légitimité est, en ce sens, fonction de ce consentement. Habermas lui-même fait mention de cette idée dans *Une époque de transition*. Il disait en substance : « La légitimation démocratique est censée reposer sur des raisons permettant d'expliquer, le cas échéant, pourquoi la constitution *mérite* la reconnaissance des citoyens ».[352]

Par ailleurs, le processus de légitimation doit aller de pair avec la vulgarisation de toutes les décisions portant sur des principes constitutionnels. Les dispositions fondamentales doivent être accessibles à tous. Un consensus d'arrière-plan est également requis sur ces principes essentiels de la constitution pour qu'on puisse parvenir à une entente.

L'accord auquel les citoyens doivent parvenir sur les principes de droit et de la justice doit nécessairement être, un accord raisonné, informé et volontaire. Aussi, le caractère plus ou moins abstrait de la théorie politique tient au souci d'inclusion qui, du point de vue de Habermas, est un facteur capital dans l'instauration de la légitimité. Le processus de la justification en vue de la légitimité doit inclure le maximum des gens. C'est ce souci qui est pris en charge à travers le principe « D ». La dialectique du principe D avec le principe U permet aux participants de se détacher, à certains égards, des considérations morales ordinaires, de transcender les diversités culturelles et même les éventuelles adversités politiques.

C'est seulement à travers les échanges raisonnés, dans les structures de communications élargies à tous, que Habermas conçoit la légitimité du droit positif. La légitimité découle non pas de la conformité des principes aux perceptions individuelles, mais au caractère équitable du mode de distribution de parole. « Le droit positif ne peut emprunter sa légitimité à un droit moral supérieur, mais seulement à une procédure de formation de l'opinion et de la volonté présumée raisonnable »[353]

La légitimité doit être le résultat du consentement dans leur effort de construction de visions communes. Certes, on le constate, la relation entre principe de discussion et principe moral, ont été différemment développées d'une part, dans *Morale et communication* et *De l'éthique de la discussion* et, d'autre part,

---

[352] J. HABERMAS, *Une époque de transition. Ecrits politiques*, op. cit., p. 196.
[353] J. HABERMAS, *Droit et démocratie. Entre faits et normes*, op. cit., p. 488.

dans *Droit et démocratie.* Dans les deux premiers ouvrages, le principe de la discussion est relié au principe moral, dans *Droit et démocratie,* le principe de discussion énonce la validité en fonction seulement du caractère rationnel des échanges. Le tout c'est de dire que ce sont les procédures démocratiques qui déterminent la légitimité du droit. La légitimité du droit se laisse donc vérifier à travers les discussions rationnelles rendues possibles par les conditions idoines de communication et d'expression garanties par l'État de droit.

Rappelons que même chez Kant la conception de la pratique de la justification « souffre des défauts de la rationalité ». C'est l'individu lui-même, dans son état d'isolement, qui s'active à offrir une justification à ses principes. C'est le théoricien, à la place du commun des citoyens qui est « responsable de la procédure d'argumentation »[354] et sélectionne selon sa vision les intuitions morales censées être accessibles aux citoyens.

La justification publique se passe dans des espaces publics ouverts à tout citoyen. Les mécanismes de justification de légitimité se présentent chez Rawls sous un angle différent. Rawls se focalise sur l'analyse des principes contraignants qui freinent notre recherche du bon pour nous imposer la conformité par rapport au juste : répartition des droits et liberté, répartition des avantages. Le problème de la légitimité chez Rawls renvoie à la question du choix rationnel. Le choix des principes de gouvernement ne repose pas sur une délibération inclusive. Les concernés ne sont pas directement impliqués dans la dynamique. Chez Rawls, ce n'est pas la communauté de justification, mais la première personne, dans sa dimension monologique, qui fonde à elle seule la légitimité. De plus, l'accord général est construit non pas pour un souci d'unité, mais pour des intérêts égoïstes.

On peut toutefois se demander si le droit positif à lui-seul peut être source de légitimité de l'État de droit. L'esprit de la thèse habermassienne s'oriente vers l'harmonisation du droit tel que dicté à travers les textes avec la souveraineté populaire. Il

---

[354] C. AUDARD, « Le principe de légitimité démocratique et le débat Rawls-Habermas », in *Habermas. L'usage public de la raison,* R. ROCHLITZ, pp. 95-132.

s'agit bien évidemment de soumettre les lois à l'appréciation du public concerné. Ceci s'opère à travers une prise en considération ou une reconstruction du droit naturel qui transcende l'acte individuel et contractuel pour impliquer toutes les dimensions humaines par le truchement de la réciprocité et présentation des raisons.

2.2. Souveraineté populaire et légitimation

L'idée de souveraineté est présente dans la pensée hobbesienne sous l'angle de représentation. À travers la représentation, Hobbes conçoit la souveraineté comme identité essentielle entre sujet et souverain[355]. Mais à se baser sur l'identification de la volonté du sujet et celle du souverain, on reste encore loin des principes de l'État démocratique. Certes, la référence à la volonté du sujet est capitale pour l'édification des normes démocratiques. Toute la pensée philosophique moderne est unanime sur cet avis. Le libéralisme politique est, en ce sens, redevable à la pensée de Hobbes dans le sens de la prise en charge des libertés subjectives.

Aussi, en posant l'homme comme titulaire des droits inaliénables, Hobbes opère une rupture radicale avec les pensées anciennes. Toutefois, la présentation de la souveraineté sous l'angle de la représentation reste inadéquate à plusieurs égards. Pour que la constitution n'entre pas en concurrence avec la souveraineté populaire, il nous faut concevoir « l'autodétermination démocratique comme un débat du type de ceux que toute population mène sur son identité éthico-politique, et qui, en l'espèce, serait mené sans contrainte par une population rompu à la liberté ».[356] C'est seulement dans ces conditions que les principes de l'État de droit ne subiront aucun dommage.

La pratique de légitimation, requiert-elle, par ailleurs, une appropriation critique et raisonnable du passé. C'est le passé dans lequel se sont constitués toutes les lois et règlements des nations. L'interprétation du contexte historique qui a donné lieu à ces

---

[355] A. POLICAR, *Le libéralisme politique et son avenir*, op. cit., p. 42.
[356] J. HABERMAS, *Une époque de transition,* op. cit., p. 177.

textes et procédures serait certainement d'un apport significatif dans l'édification de nos institutions. S'approprier ici, ne veut pas nécessairement dire s'aligner à l'aveuglette sur la conception ancienne. Il s'agirait plutôt de partir d'un repère qui facilitera beaucoup plus l'orientation vers l'avenir.

Le peuple exprime sa souveraineté lorsqu'il conçoit lui-même les lois, c'est-à-dire à partir du moment où il est auteur et destinataire de ces lois. En d'autres termes, la souveraineté véritable découle du respect, par les gouvernants, de la volonté des gouvernés. Ainsi, penser l'unité de l'autonomie morale et politique, paradigme cher à Habermas et à Rawls, est la voie idoine qui permettra d'échapper à la vision qui privilégie les droits de l'homme par rapport aux droits citoyens (qui, eux reflètent la souveraineté populaire). C'est seulement lorsque les citoyens participant aux discussions « s'habillent eux-mêmes en législateurs politiques par l'introduction des droits fondamentaux politiques »[357] que la souveraineté serait effective. Il faut que les participants à la discussion, en vue de la compréhension commune, puissent satisfaire aux exigences des présuppositions pragmatiques de la pratique argumentative.

C'est donc en tant que moralement et politiquement autonomes que l'ensemble des citoyens exprime la souveraineté d'un État dit démocratique. Cela prouve une fois de plus que la stabilisation des institutions ne serait garantie que lorsque ces institutions et lois sont le résultat de la volonté populaire. Cette volonté populaire ne doit pas se résumer à l'idée du suffrage universel exprimé à travers le vote. La volonté populaire se traduit empiriquement à tous les niveaux de prise de décision et de conception des règles et procédures.

La matérialisation de cette idée requière le rapprochement constant des gouvernants aux gouvernés. Qu'est ce à dire ? Cela veut dire que les citoyens doivent être consultés régulièrement dans la conception des lois et dans les prises de décision. Et ceci renvoie à la nécessité d'une médiation entre les organes étatiques et le « bas peuple ». C'est là qu'intervient le rôle véritable des

---

[357] *Ibid.*, p. 190.

organisations de la société civile. La société civile joue un double rôle dans ce processus. En même temps qu'elle facilite la compréhension, par les citoyens, de certaines dispositions prise à l'échelle du pouvoir politique ; elle s'évertue à rehausser le niveau de conscience politique de ceux-ci.

Il appartient donc à la société civile d'accomplir un travail de premier plan en créant un cadre favorable à la communication publique avec les citoyens. L'espace public est le cadre idoine au travers duquel cette société civile agit sur le peuple. C'est à ce niveau qu'intervient la formation de la volonté et de l'opinion populaire sur laquelle nous avons débattue. Il ne serait donc pas nécessaire de développer cette thématique ici. Mentionnons tout au plus que le peuple, via les pratiques de la communication publique, se dotera du niveau de conscience nécessaire pour pouvoir participer en raison aux prises de décision.

Il est utile ici de mettre en relief la nécessité d'institutionnaliser le consentement populaire. Nous voulons dire que le processus de délibération et de décision doit être officiel et doit, en ce sens, bénéficier d'un statut au sein de l'État. C'est seulement avec l'intervention de la législation et de système judiciaire dans le contrôle, et l'application des décisions du peuple que ce processus pourrait aboutir.

D'un autre point de vue, on ne doit pas se leurrer, au point de donner à cette volonté populaire le statut de la toute-puissance. Si la légitimation par la volonté populaire implique l'implication de ce peuple dans la prise de décision, c'est juste pour que celui-ci se sente responsable devant les institutions qui en seront issues. Il ne s'agit nullement ici de dire que le peuple, par cette idée de souveraineté, a droit à tout. C'est d'ailleurs pour cela qu'un dispositif juridique doit être envisagé dans ce cadre pour qu'en cas de dérapage que la justice puisse statuer en la matière. L'exercice du pouvoir dans un État de droit impose « des restrictions à l'autodétermination souveraine du peuple ».[358] En d'autres termes, la souveraineté populaire doit se soumettre aux principes de la justice pour éviter la tyrannie.

---

[358] *Ibid.*, p. 168.

Certes, on doit concevoir un ensemble de lois susceptibles de cadrer la souveraineté populaire, c'est-à-dire l'action du peuple. Mais ces lois ne doivent aucunement s'inscrire comme limitation de cette souveraineté. En ce sens, les textes juridiques et constitutionnels doivent être connus et consensuellement acceptés par tous. Toujours est-il que la liberté de discussion et de communication est un droit inaliénable pour le peuple et que l'État se doit de prendre toutes les dispositions pour que ce droit soit exercé.

Aussi, pour que l'expression de la souveraineté du peuple dans l'espace public soit authentique, il faut que les citoyens soit à l'abri des manipulations politiciennes. C'est dire que la pratique de la communication publique doit se réaliser de façon à permettre aux citoyens d'échapper à la logique de marchandisation politique. Car comment le peuple sera-t-il en mesure d'exprimer ses profondes convictions si déjà une partie des citoyens est acquise à la cause des hommes politiques. En ce sens, la communication publique doit rentrer dans le sens de dépolitiser l'opinion publique. Avec la logique de politisation, les instances de décision se détachent de la motivation du peuple.

Dans la conception habermassienne, la souveraineté populaire ne se réduit pas uniquement à l'expression des droits subjectifs comme cela se reflète chez certains penseurs à l'image de Rawls. La faiblesse de la théorie rawlsienne réside dans le fait qu'elle privilégie les droits subjectifs privés (contre les abus du pouvoir) sur les droits politiques. Aussi, le libéralisme de Rawls affirme l'extériorité des droits de l'homme et de la constitution par rapport au processus politique. C'est d'ailleurs pourquoi il n'a pas pu établir une perception convenable de la société. Les luttes politiques en faveur des droits fondamentaux (Rawls), loin d'exprimer une souveraineté populaire, garantiraient et susciteraient éventuellement des divisions.

Il est vrai que pour que le peuple soit dans une logique commune et qu'il accepte de statuer sur la validé des normes, faut-il aussi que ces normes elles-mêmes soient établies dans le strict respect des passions et intérêts individuels et collectifs. En conséquence, il faut que les procédures de la discussion soient axées dans des passions et intérêts variés de tous les concernés.

Certes, la souveraineté se traduit dans la dialectique des droits subjectifs et des droits politiques. Mais faut-il que les droits politiques, qui relèvent de l'intérêt commun puissent prévaloir. À ce niveau également, le travail de discussion publique doit être orienté de façon à détacher les individus de leur subjectivité et porter leur regard sur le bien commun. Il faut donc rationnaliser ce que Kant appelle 'l'insociable-sociabilité'. Il faut à ce titre amener les citoyens à comprendre que l'accomplissement des intérêts privés requiert d'abord la matérialisation des droits collectifs. C'est du général que doit naître le particulier.

Sous un autre angle, pour que l'affirmation de la volonté populaire soit effective, faut-il que les citoyens aient accès équitable aux cadres de communication publique. Pour cela, il faut qu'il y ait un dispositif qui intègre toutes les couches sociales sans discrimination. Ainsi, pour conduire à la légitimation, le processus de la discussion doit être sous-tendu par un principe de reconnaissance sociale. Ce désir qui, selon Fukuyama, « est la partie la plus spécifiquement politique de la personnalité humaine ».[359]

De plus, le souci de la rectitude n'est pas suffisant pour pérenniser un pouvoir politique. L'acquiescement de la masse populaire s'avère toujours indispensable. Hannah Arendt disait en ce sens que « toute prétention dans le domaine des affaires humaines à une vérité absolues, dont la validité ne nécessite aucun appui du côté de l'opinion, ébranle les fondements de toute politique et de tout régime »[360]. La conformité à la loi, à elle seule, n'est pas suffisante. La loi doit être en conformité avec la volonté du peuple, elle doit même être issue de la volonté populaire. Le respect de la souveraineté populaire porte, à ce titre, sur la nécessité de soumettre à l'appréciation du public l'essentiel du dispositif décisionnel. En effet, pourrait être source d'une crise de

---

[359] F. FUKUYAMA, *La Fin de l'Histoire et le dernier Homme,* op. cit, p. 195.
[360] H. ARENDT, *La crise de la culture,* Paris, Gallimard, 1972, p. 297.

légitimité, toute attitude visant à « soustraire à la connaissance du public » des données d'intérêt commun :

> La légalité, disait Habermas, ne peut conférer la légitimité que si l'on peut fournir des raisons qui expliquent comment certaines procédures formelles satisfont dans certaines conditions d'applications institutionnelles, des prétentions matérielles concrètes, à l'équité.[361]

Il reste que les opinions et convictions des citoyens ne sont jamais stables. Les citoyens sont souvent versatiles dans leur pensée et leur prise de position. Par conséquent pour éviter une remise en cause des lois et décisions à tout bout de champ, un système juridique unanimement accepté sévirait à maintenir l'équilibre.

2.3. Système juridique et légitimation

Il ne serait pas superflu de rappeler que la particularité de la théorie de la discussion repose sur le fait qu'elle soumet à la discussion argumentée tout l'arsenal des règles de gouvernance. Elle opère ainsi une rupture avec les théories comme la théorie contractualiste de Rousseau qui fonde la volonté populaire sur un accord abstrait, sans participation et confrontation véritables des concernés. Ainsi, l'éthique de la discussion responsabilise le citoyen en le plaçant dans les conditions communicationnelles afin qu'il puisse fonder ses propres lois.

Certes, la conception habermassienne du droit et du système juridique, dans son entier, est une reconstruction de la pensée kantienne. Mais il s'en diffère à un niveau fondamental. Kant lui a cherché à subordonner le droit à la morale, Habermas fait de la discussion argumentée la condition de légitimation. Tout comme les principes administratifs, le système juridique ne doit pas, du point de vue de Habermas, émaner d'un groupement d'individus aussi spécialistes qu'ils soient en la matière.

> ne peut être considéré comme légitime que ce sur quoi les participants à la délibération, pour autant qu'ils sont égaux en droits, peuvent librement se mettre d'accord-et doc ce qui, dans

[361] J. HABERMAS, *Raison et légitimité. Problème de légitimation dans le capitalisme avancé*, trad. Jean Lacoste, Paris, Payot, 1978, pp. 157-158.

les conditions d'une discussion rationnelle, trouve l'assentiment, fondé en raison, de tous les participants[362]

Ainsi, l'élaboration des lois est une chose, l'acceptation en est une autre. Et c'est cette acceptation même qui est capitale car c'est l'appropriation qui définit la légitimité d'une loi. L'esprit de la théorie de la discussion s'articule à ce niveau sur l'impérieuse nécessité de créer les conditions de possibilité pour que le peuple sache la portée des lois, et tous autres dispositifs juridiques. Ici aussi, la société civile et le parlement ont une lourde responsabilité à accomplir. Les citoyens ne doivent pas, en toute logique, être dans la méconnaissance des procédures juridiques qui engagent la nation.

Dans ce cas, le parlement, en premier lieu, doit être au-delà des considérations partisanes et égoïstes pour s'élever à un niveau de responsabilité purement citoyen. En d'autres termes, les représentants du peuple doivent individuellement et collectivement être en contact avec le communs des citoyens, s'enquérir de leur avis par rapport à tous les éventuelles décisions qui seront prises à un niveau ou à un autre. Ils doivent *a posteriori* s'investir à divulguer ces lois. Les citoyens étant égaux devant la loi, ils doivent bénéficier d'un accès équitables pour ce qui est de l'appréciation des dispositions juridiques. Dans ce cas, « il faut encore que le mode de légitimation qui résulte d'un assentiment général obtenu dans les conditions de discussion soit lié à l'idée de lois contraignantes octroyant les libertés subjectives égales ».[363]

Aussi, les ordres juridiques, pour acquérir l'agrément du peuple doivent respecter les mœurs de celui-ci. Les lois qui font entorse à la morale populaire doivent être catégoriquement évitées. Car, selon Habermas, « La légalité ne peut puiser la légitimité que dans une rationalité procédurale ayant une portée morale ».[364] C'est du reste pourquoi les élus du peuple doivent s'imprégner de la réalité socioculturelle du peule pour ne pas le blesser dans son amour propre. En allant à l'encontre de la morale des citoyens, le système juridique et judiciaire serait rejeté par le

[362] J. HABERMAS, *Une époque de transition*, op. cit., p. 180.
[363] *Ibid.*, p. 181.
[364] J. HABERMAS, *Droit et démocratie. Entre faits et normes,* op. cit., p. 17.

peuple. Encore une fois, un « ordre juridique ne peut être légitime que s'il ne contredit pas les principes moraux ».[365]

Cela renvoie à l'idée du Contrôle de la constitutionnalité de la loi au parlement. Les parlementaires se doivent d'accomplir leur devoir de représentants en toute conscience. L'accomplissement de ce devoir peut, à certains égards, requérir l'intervention de la société civile. En tout état de cause, ce n'est pas une garantie que les parlementaires se départent de ses considérations subjectives pour être à la hauteur de la conscience citoyenne. Pour éviter que les considérations politiciennes prévalent, la société civile doit s'impliquer pour rendre les textes de lois accessibles et compréhensibles aux citoyens.

L'ordre juridique doit statuer sur ce qui peut être exécuté dans le cadre du droit et ce qui n'est pas permis. En ce sens, les citoyens sont censés conformer leur volonté, acte et comportement aux lois qu'ils se sont eux-mêmes prescrits. Ils ne sauront, en principe, agir conséquemment que lorsque ces points fondamentaux ont été, au préalable, discutés, argumentés et adoptés sur la base du consentement mutuel de tous. Cela prouve une fois de plus que la pratique de la discussion argumentée traverse toute les procédures démocratiques. Les « lois, y compris la Loi fondamentale, ne sont légitimes que pour autant qu'elles procèdent d'une formation démocratique de la volonté ».[366]

Chaque besoin de légitimation, qui se pose dans l'État de droit, n'a d'autre source que la pratique de la discussion. Pour conférer une légitimité à un ensemble de lois relatives à certaines institutions et pratiques, faudrait-il que ces institutions et pratiques soient juridiquement bien constituées en bonne et due forme. Ainsi, de légitimation en légitimation, le processus de l'État démocratique serait circulaire. Cette circularité dans la quête infinie de légitimation des principes constitue une ouverture sur un cycle indéterminé de discussion argumentée :

> La légitimité procédurale des résultats d'une discussion, quelle qu'elle soit, dépend, par présupposé, de la légitimité des règles selon lesquelles ce type de discussion, compte tenu des

---

[365] *Ibid.*, p. 122.
[366] J. HABERMAS, *Une époque de transition,* op. cit., p. 169.

> considérations temporelles, sociales et matérielles, a été spécifié et institutionnalisé.[367]

Si la validité des principes n'est jamais totalement acquise est qu'elle est toujours susceptible d'être revisitée, le processus de légitimation l'est aussi.

---

[367] *Ibid.*, p. 183.

CHAPITRE III : LYOTARD : DE LA CRITIQUE DE L'ARGUMENTATION À L'ÉDIFICATION D'UNE COMMUNICATION ESTHÉTIQUE

Si chez Habermas, la structure langagière constitue la pierre d'angle de l'intercompréhension et du consensus, chez Lyotard, l'usage argumentatif du langage échoue à créer l'entente et l'harmonie entre interlocuteurs. En effet, Lyotard met en relief cette aporie communicationnelle comme étant la conséquence du caractère différencié des jeux de langage, du primat de la performativité dans l'échange communicationnel mais aussi, en se référant à la situation aporétique dans laquelle se trouve les discours prescriptifs considérés *a priori* par Habermas comme fondement des principes moraux. En lieu et place du langage, Lyotard envisage les sens et la communication esthétique. Ce n'est pas l'argumentation, mais l'expérience et le jugement esthétique qui parviendraient à une universalité sans différend. Tout au long de ce chapitre, l'accent est mis sur ces articulations.

1. Limites de la pratique argumentative

1.1. Limite de l'argumentation consensuelle : Enjeux liés aux jeux de langage

L'idée des jeux de langage, à l'origine wittgensteinienne, a servi de paradigme dans l'analyse de la pratique langagière. Cette approche paradigmatique fondée sur les jeux se retrouve développée le long de la pensée de Lyotard. Il faut tout de même mentionner qu'il n'y a pas eu de rupture quant au sens attribué à l'idée des jeux par ces deux auteurs. À l'instar de Wittgenstein, Lyotard emploie cette terminologie dans le cadre de l'analyse de la langue ordinaire. Tout ce qu'on peut *a priori* mentionner c'est que chez Lyotard, l'idée des jeux a revêtu plus d'envergure en ce sens qu'elle conduit à analyser la communication langagière comme facteur de différend. Aussi, les jeux sont-ils introduits dans un contexte d'ontologie de phrases.

La thèse des jeux de langage, faut-il le rappeler, a été fondamentalement mise en relief dans *Cahier bleu et cahier brun*[368] et dans *Recherches philosophiques* chez Wittgenstein. L'auteur introduit à travers l'idée des jeux une rupture d'avec la thèse de la pensée descriptive du réel, laquelle pensée a été développée dans *Tractatus logico-philosophicus*[369]. Selon Wittgenstein, « L'expression "jeu de langage" doit faire ressortir ici l'idée que parler un langage fait partie d'une activité, ou d'une forme de vie »[370]. Seul l'usage détermine la signification. Les jeux de langage renferment selon Wittgenstein des propriétés qui traduisent leur hétérogénéité. Cette hétérogénéité peut se présenter sous l'angle morphosyntaxique, sémantique ou fonctionnel. L'un dans l'autre, ce que cette hétérogénéité dénote l'impossibilité de fixation théorique achevée[371] de ces jeux. Wittgenstein en donne quelques exemples :

> Donner des ordres, et agir d'après des ordres-
> Décrire un objet en fonction de ce qu'on en voit, ou à partir de mesures que l'on prend-
> Produire un objet d'après une description (un dessin)-
> Rapporter un événement-
> Établir une hypothèse et l'examiner-
> Représenter par des tableaux et des diagrammes et les résultats d'une expérience-[372]

L'analogie des jeux repose sur l'hétérogénéité qui renvoie à la pluralité des activités constitutives du vécu quotidien. Ce qui renvoie à l'idée de l'infinité de jeux et des règles de jeux. Cela implique également que le discours ordinaire constitutif des jeux de langage ne se laisse pas délimiter ou circonscrire. D'où le fait que

> chacune de diverses catégories d'énoncés doit pouvoir être déterminée par des règles qui spécifient leurs propriétés et l'usage qu'on peut en faire, exactement comme le jeu d'échec se définit par un groupe de règles qui déterminent les propriétés des pièces, soit la manière convenable de les placer.[373]

---

[368] L. WITTGENSTEIN, *Le cahier bleu et Le cahier brun. Etudes préliminaires aux « investigations philosophiques »,* op. cit.
[369] L. WITTGENSTEIN, *Tractatus logico-philosophicus,* op. cit.
[370] L. WITTGENSTEIN, *Recherches philosophiques,* op. cit., p. 39.
[371] M. K. AKUE ADOTEVI, *Jeux de langage et Raison communicationnelle,* op. cit., p. 45.
[372] L. WITTGENSTEIN, *Recherches philosophiques*, op. cit., p. 39.
[373] J.-F. LYOTARD, *La condition postmoderne*, p. 22.

Toutefois, ces règles n'ont pas de légitimation par elles-mêmes, elles découlent du contrat entre joueurs. De plus, chaque énoncé constitue un « coup ». Car, « parler, c'est combattre ».[374] Ceci implique qu'il y a donc une agonistique langagière. Même « le lien social est fait de « coups » de langage ».[375]

Dans le contexte lyotardien, l'idée des jeux ouvre sur des grands canaux qui fondent l'originalité de sa réflexion sur le langage. Ainsi, c'est sur la base des jeux de langage qu'il a établi l'idée de la déconstruction des grands récits des Lumières. La théorie des jeux, par le fait qu'elle symbolise l'hétérogénéité du discours langagier, rompt avec l'idée de l'unité du discours. Il n'y a pas d'unité de discours, parce que les genres de discours sont inconciliables. De plus, les phrases qui sont constitutives du discours sont en conflit permanent dans le mode d'enchainement. Il y a « incommensurabilité au sens de l'hétérogénéité des régimes de phrases et de l'impossibilité de les soumettre à une même loi ».[376]

La relation entre les genres de discours est celle de la conflictualité. Chaque genre de discours a son idiome et sa finalité propre. D'un genre de discours à un autre, les idiomes sont différents. Le travailleur et son maître ne sont pas censés se comprendre parce que chacun a ses idiomes qui diffèrent de ceux de l'autre.

Les jeux, entant qu'ils sont constitutifs de vie quotidienne, facilitent la saisie de la réalité dans son état primaire. Une compréhension des structures sociales existantes qui se veut authentique doit s'appesantir sur ces données primaires dans leur contextes ou situation originale. La compréhension passe par le langage. Mais, faut-il aussi respecter la structure langagière dans le contexte qui lui donne sens. Pour Gadamer, nous sommes comme des apprentis et c'est grâce aux jeux que « nous nous élevons à la compréhension du monde ».[377]

---

374 *Ibid.*, p. 23.
375 *Ibid.*, p. 24.
376 J.-F. LYOTARD, *Le différend,* op. cit., p. 187.
377 H.-G. GADAMER, *Vérité et méthode,* op. cit., p. 515.

C'est aussi partant de cette idée que Lyotard tout autant que Gadamer s'accordent sur l'idée de l'indépendance du langage vis-à-vis des acteurs. Ils considèrent que l'acteur (ou les acteurs) ne décide pas de l'orientation à donner au processus de communication. L'acteur est lui-même lié par les circonstances des jeux qui le mènent. On n'est absolument pas dans la liberté de la possession de soi au point de se refuser à la logique du jeu. À ce titre, disait Gadamer, il est exclut « que la conduite de celui qui joue soit comprise comme conduite de la subjectivité, puisque c'est au contraire le jeu qui joue, en intégrant les joueurs et devenant lui-même le véritable subjectum du moment du jeu. »[378] Et à Lyotard d'ajouter qu'on « ne joue pas avec le langage. Et, en ce sens, il n'y a pas de jeux de langage. Il y a des enjeux liés à des genres de discours. »[379]

Aussi, s'inscrivant dans la dynamique wittgensteinienne, Lyotard met en honneur l'originalité de communication ordinaire en tant qu'elle se fonde sur la logique des jeux. Dans ses différentes manifestations, le langage ordinaire renferme déjà le sens du langage. Les jeux fonctionnent ainsi comme système complet de communication humaine. À ce titre, il est vain de chercher à expliciter davantage que les phénomènes originaires ne méritent aucune explicitation. Ils ont déjà un sens par eux-mêmes. Ainsi, l'usage même est basé sur le respect d'un certain nombre de règles établies d'un commun accord entre les gens. Ce qui fait que le fait même de « *suivre une règle* » est une coutume, un usage, une institution ».[380]

Cette conception du langage basée sur les jeux s'oppose au primat du sujet constitutif du sens, ainsi qu'à la conception d'un sujet, auteur et juge de ses intentions sémantiques. La pragmatique langagière des jeux fonde la compréhension de la signification linguistique sur les conditions d'assertabilité, c'est-à-dire les règles d'utilisation. C'est d'ailleurs en ce sens, qu'elle s'oppose catégoriquement au paradigme de la communauté idéale

---

[378] *Ibid.*, p. 515.

[379] J.-F. LYOTARD, *Le différend*, op. cit., p. 199.

[380] M. K. AKUE ADOTEVI, *Jeux de langage et Raison communicationnelle*, op. cit., p. 50.

de communication. La pragmatique des jeux s'oppose à la théorie de la discussion qui établit, de façon a priori, des principes que toute communication doit suivre afin d'accéder au statut de la rationalité. Contrairement à la raison communicationnelle habermassienne, la communication fondée sur les jeux ne se détache pas du « *langage effectif* »[381] du monde de la vie. Elle n'éprouve aucunement le besoin d'idéalisation.

Si donc une compréhension doit être réalisée entre les individus, elle doit l'être par référence aux différents jeux qui caractérisent la langue ordinaire. Or, à s'en tenir à l'hétérogénéité et de l'incommensurabilité, l''intercompréhension ne découle pas de soit, elle peut à la limite être le résultat d'une coïncidence d'interprétation. La logique de la communication langagière n'est pas essentiellement celle de l'intercompréhension. Elle est surtout soumise à des questions d'enjeu. Car comme le souligne bien Wittgenstein, « Le langage est un labyrinthe de chemins. Tu arrives à tel endroit à un certain côté, et tu t'y reconnais ; tu arrives au même endroit par un autre côté, et tu ne t'y reconnais plus »[382].

En effet, il n'y a pas, dans la langue ordinaire, une logique préétablie qui détermine la succession et l'agencement des genres de discours ou de régimes de phrases. Tout découle du jeu en question et de l'application des règles. En ce sens, il y a de l'arbitraire, dans les jeux et, ce caractère arbitraire constitue la justification des coups dans le discours. Partant du postulat des jeux, tout peut être justifié. La rationalité n'est pas une référence exigée dans la pratique de la justification. En conséquence, la compréhension d'un langage ne repose pas sur un processus de justification, il s'agit plutôt de maîtriser une technique[383]. La diversité d'horizons, la confusion de genres de discours ne constitue nullement «des formes de pathologie » comme voulait le faire entendre la théorie habermassienne. Gérard Raulet,

---

[381] *Ibid.*, p. 164.
[382] L. WITTGENSTEIN, *Recherches philosophiques*, op. cit., p. 127.
[383] *Ibid.*, p. 126.

confirme-t-il l'idée de la validité incontestable des jeux lorsqu'il parle de la théorie de Habermas en ces termes ?

> Le langage ordinaire est le talon d'Achille de ce colosse aux pieds d'argile qu'est la théorie de l'agir communicationnel car Habermas veut lui faire prendre en charge la croix de la philosophie : être à la fois empirique et pouvoir de synthèse.[384]

Il découle donc du jeu que toute compréhension n'est pas nécessairement orientée vers l'intercompréhension. D'ailleurs, l'hétérogénéité ne rime pas avec l'intercompréhension, envisagée dans la communication idéale. Cette « hétérogénéité, selon Habermas, rend impossible un consensus, faute d'un idiome commun. »[385].

Le paradigme du jeu serait une approche destinée à valoriser les « ressources allant de soi, constitutives de la *Lebenwelt* »[386]. Le respect des jeux, de l'hétérogénéité des genres de discours et de régimes de phrases équivaut à la valorisation des structures culturelles. La consolidation de ce monde institué sur les « formes de vie » serait indispensable pour une « philosophie du temps présent ». L'approche se veut explicative plutôt que subversive. L'originalité d'un discours, renvoie selon cette même vision, à sa capacité à appréhender la réalité d'une époque à partir de ses propres concepts. L'approche fondée sur les jeux serait comme une « conceptualisation naturelle » pour emprunter la terminologie de Gadamer. Il n'y a absolument pas d'originalité en dehors de la langue ordinaire. L'approche langagière à prétention cognitive ne remplace pas l'herméneutique de sens contenue dans la tradition. Car comme Gadamer le dit : « ...toute compréhension implique que ce qui est exprimé acquière sa détermination par la situation et le contexte qui permet au discours de s'égaler à la totalité du sens... ».[387]

---

[384] G. RAULET, « Critique de la raison communicationnelle » in *Procope. Habermas, La raison, la critique*, C. BOUCHINDHOMME, R. ROCHLITZ, Paris, Editions du Cerf, 1996, pp. 69-103.

[385] J.-F. LYOTARD, *Le différend,* op. cit., p. 90.

[386] L. QUERE, « Vers une anthropologie alternative », in *Procope. Habermas, la raison, la critique,* C. BOUCHINDHOMME, Rainer ROCHLITZ, op. cit., pp. 105-138.

[387] H.-G. GADAMER, *Vérité et méthode*, op. cit., p. 515.

Dans le même ordre d'idées, l'approche selon les jeux constitue une dynamique de libération des potentiels individuels. Elle s'oppose, point par point, à l'approche de la communication idéale qui subsume le particulier sous le général. En effet, lorsqu'elle est théorie explicative, respectant l'authenticité et la particularité de toute disposition sociale, elle se pose non seulement comme rétrospective mais aussi antisubversive.

La philosophie, dans la logique des jeux, doit s'en tenir à la description, pas plus. Dès lors que chaque jeu de langage renvoie à une forme de vie, la saisie d'une telle forme de vie doit inévitablement passer par ces jeux. Si elle passe outre, elle n'est plus digne. Habermas, disait lui-même que, peut être non sans ironie, « le langage ordinaire est son propre métalangage »[388]. C'est en ce sens que la pragmatique lyotardienne des jeux de langage peut constituer un signal d'une postphilosphie, une mise en congé de la pensée philosophique. Enfin, l'idée des jeux, est une ouverture à l'activité performative et à la rationalité technique. L'idée de Habermas selon laquelle « autant de genres, autant de façons différentes de gagner »[389] est significative de cela.

Lyotard reconnait tout de même le consensus comme une valeur. Mais il le conçoit beaucoup plus comme vœu que comme une chose socialement réalisable. Le consensus serait par conséquent, aux yeux de Lyotard, une sorte d'utopie que les modernes entretiennent. Cette utopie renvoie à la tendance vers une perfection jamais atteinte. Le consensus « violente l'hétérogénéité des jeux de langage »[390]. Mais, faut-il relativiser la vision lyotardienne du consensus. En effet, si le consensus demeure difficile, voire impossible sur certaine questions, il reste réalisable sous d'autres angles. Ce souci radicaliste lyotardien est perçu d'ailleurs comme un «...terrorisme de la particularité ».[391]

A notre avis, Lyotard s'est même rendu compte de son radicalisme en revenant sur ses propos lorsqu'il avance :

---

[388] J. HABERMAS, *Connaissance et Intérêt*, op. cit., p. 203.

[389]J.-F. LYOTARD, *Le différend*, op. cit., p. 199.

[390] J.-F. LYOTARD, *La condition postmoderne*, op. cit., p. 8.

[391] J.-L. NANCY, « Dies Irae », in *La faculté de juger*, Jacques DERRIDA, Vincent DESCOMBES et al., Paris, Editions de Minuit, 1985, pp. 9-54.

> ce qui est raisonnable est d'essayer d'apprendre le jeu de l'autre. C'est ce que font, dans leurs différends internes respectifs, la petite fille et l'écrivain. Celui-ci essaie d'apprendre à arranger les mots et les phrases comme il présume que son « interlocuteur » muet les arrange. Cela s'appelle écrire, et j'en dirais autant pour la pensée.[392]

La problématique liée aux jeux de langage n'est pas le seul rempart à L'intercompréhension rationnelle. Le discours performatif teinté de pragmatisme, crée une atmosphère sociale plus propice à la recherche de l'intérêt individuel et égoïste. Pour Lyotard, l'intercompréhension n'est qu'une visée parmi d'autres de l'usage du langage. Ainsi, la performativité prend le pas sur la recherche du consensus.

Par-delà l'enjeu lié aux jeux de langage, l'idée du consensus par pratique argumentative, dans les sociétés contemporaines, est mise à l'épreuve par le principe de la performativité qui prend le pas sur l'entente sociale.

1.2. Aporie des présupposés argumentatifs : défi lié aux performatifs

La pensée développée autour des jeux de langage est, déjà chez Lyotard, significative d'un privilège accordé aux performatifs par rapport aux autres actes de langage. Utile de rappeler à ce niveau que la pratique communicationnelle basée sur les exigences de la loi morale est plus orientée vers les prescriptifs. Cela tient de l'exigence de soumettre les interactions communicationnelles aux impératifs moraux. Dans ce contexte de communication institutionnalisée, les participants à la communication sont soumis au respect d'un dispositif qui oriente la discussion vers une entente rationnelle.

Conformément à la caractérisation austinnienne, les performatifs, contrairement aux constatifs qui renvoient à l'idée de la description, renvoient à l'effectuation d'une action. Aussi, du point de vue formel et grammatical, les performatifs serait des verbes se conjuguant à l'indicatif et à la première personne du singulier : « je t'ordonne ». Du point de vue fonctionnel, ils

[392] J.-F. LYOTARD, *Moralités postmodernes,* op. cit., p. 129.

obéissent non pas aux conditions de vérité (comme les constatifs), mais aux conditions de félicité ou de succès : « La séance est ouverte ». C'est du fait que ces performatifs renvoient à l'action par le simple fait de dire, qu'ils sont d'un grand intérêt. Dans la même perspective, les performatifs n'ont nul besoin de justification : un énoncé comme « L'université est ouverte », proféré par un recteur, ne fait l'objet ni de discussion ni de justification. Ce qui est plutôt requis pour que le discours puisse revêtir tout sens et qu'il soit accepté, c'est seulement que le destinataire soit doté de l'autorité de proférer.[393]

Avant de rentrer dans le vif du sujet, il serait nécessaire de mentionner la nuance qu'introduit Lyotard par rapport à la thèse développée par Austin. En effet, si Austin a mis en relief la question des performatifs, il n'en demeure pas moins vrai que son analyse semble défectueuse. En faisant du langage un objet autonome, il reproduit l'erreur de Saussure qui sépare linguistique interne et linguistique externe. Lyotard partage plutôt la perspective bourdieusienne et rejette catégoriquement cette vision restrictive du langage qui consiste à découvrir dans le discours même « le principe de l'efficacité de la parole ».[394] Dans *Langage et Pouvoir symbolique,* Bourdieu a défendu cette thèse de l'« historicité du langage » et s'est montré critique vis-à-vis de la pensée d'Austin et de Habermas qui cherchent « dans le langage le principe de la logique et de l'efficacité du langage *d'institution* ».[395]

Lyotard partage la même vision que Bourdieu en donnant priorité aux circonstances et aux règles instituées pour la circonstance des échanges. Il n'ya, chez lui, pas de règles absolues incarnées par le langage qui doivent prévaloir en tout lieu et en tout temps.

Lorsque le privilège est du côté des performatifs, les implications sont diverses. En premier lieu que les acteurs ne sont pas maître du langage. En d'autres termes, le processus communicationnel n'est plus astreint au dispositif réglementaire

---

393 J.-F. LYOTARD, *La condition postmoderne*, op. cit., p. 22.
394 P. BOURDIEU, *Pouvoir Symbolique,* Paris, Fayard, 1982, p. 160.
395 *Ibid.*, p. 161.

des acteurs. Ce sont plutôt les situations et les contextes qui déterminent la conduite des interactions. C'est d'ailleurs pour cela que la compréhension de la logique des actes performatifs intègre, par-delà le tournant langagier, un tournant actionnel. Autrement dit, il faut, pour saisir l'« être » des performatifs, envisager la *puissance actionnelle du dire*[396]. Cette approche se trouve pleinement développée dans la pensée parsonienne. En effet, Parsons met en exergue une téléologie de l'action. Comme Lyotard, il démontre que les décisions de l'action sont plus liées à des contingences qu'à la volonté des acteurs eux-mêmes. De plus, Parsons développe l'idée de l'action utilitariste lorsqu'il expose « la liberté de décision de l'action comme un choix entre divers moyens pour des fins déjà posées ».[397] Par ailleurs, la force coercitive des valeurs culturelles n'est pas de mise dans les décisions formulées par les agents.

En effet, c'est du fait que la performativité est essentiellement liée aux conditions, au contexte social de son effectuation qu'il n'existe pratiquement pas la possibilité de le subsumer dans une abstraction conceptuelle, dans le sens d'idéalisation. Le performatif est le discours propre à la « conscience historique » qui n'admet d'évaluation que celle qui le fixe à son contexte d'émergence. Indépendamment de l'institution qui lui confère sa raison d'être, le performatif cesse d'être ce qu'il est supposé être. C'est-à-dire être autant un dire qu'un faire. Pierre Bourdieu nous donne une parfaite illustration de la portée essentiellement situationnelle des performatifs :

> L'efficacité du discours performatif qui prétend faire advenir ce qu'il énonce dans l'acte même de l'énoncer est proportionnelle à l'autorité de celui qui l'énonce : la formule « je vous autorise à partir » n'est *eo ipso* une autorisation que si celui qui la prononce est autorisé à autoriser, a autorité pour autoriser.[398]

---

396 M. K. AKUE ADOTEVI, « La distinction performatif/ constatif : une lecture critique de François Récanati », in *NAZARI*, *Revue africaine de philosophie et de sciences sociales*, 2015, N 001, pp. 129-145.

397 J. HABERMAS, *Théorie de l'agir communicationnel, tome 2,* op cit, p. 234.

398 P. BOURDIEU, *Ce que parler veut dire. L'économie des échanges linguistiques*, op. cit., pp. 140-141.

La pragmatique de langage de Lyotard fait reposer le langage intentionnel sur les règles instituées dans le cadre du discours. À l'instar de Wittgenstein il considère que l'intention du sujet (acteur) n'est valable que lorsqu'elle concorde avec les règles du jeu. Il y a donc chez Lyotard, une primauté des règles sur les intentions et les inférences des sujets individuels. En conséquence, pour que le sujet puisse appréhender le discours, il faut qu'il soit imprégné des règles.

Les performatifs sont présentés chez Lyotard comme une «ouverture d'une communauté prométhéenne »[399]. Chaque acte de communication s'annonce comme poursuite d'une multiplicité d'intérêts. L'acte de communication entre interlocuteurs est en ce sens un combat qu'on peut gagner ou perdre au prorata des capacités techniques qu'on peut faire valoir. Tout « énoncé doit être considéré comme « un coup » fait dans un jeu »[400]

Il ya donc analogie entre performatifs et efficience celle-ci se traduit chez Lyotard tant dans le domaine politique que technique. Dans *La condition postmoderne,* Lyotard annonce : « c'est que parler est combattre, au sens de jouer, et que les actes de langage relèvent d'une agonistique générale »[401]. En célébrant les performatifs ou mieux l'avènement du langage agonistique, Lyotard vise un double objectif. En premier lieu, il s'agit de soustraire le langage de l'impérialisme de la loi morale. En deuxième lieu, il estime que la pensée contemporaine doit faire valoir l'avènement technique. C'est pourquoi il oriente sa pensée du performatif dans le sens d'efficience. Le performatif est le point d'appui sur lequel il s'engage à libérer le potentiel énergétique de l'homme annihilé par la modernité. L'idée étant aussi de dégager la loi morale, le maximum possible, des activités humaines si tel est qu'elle enfreigne le dynamisme de l'instinct combatif. Car pour Lyotard, « La vie est action, vouloir, exploration, conquête »[402]. Le passage suivant nous éclaire suffisamment sur la teneur des

---

[399] J.-F. LYOTARD, *Textes dispersés, tome I : esthétique et théorie de l'art*, Paris, Presses universitaires de Louvain, 2012, p. 184.
[400] J.-F. LYOTARD, *La condition postmoderne*, op. cit., p. 23.
[401] *Ibid.*, p. 23.
[402] J.-F. LYOTARD, *Pérégrinations*, p. 28.

performatifs et leur effet sur la recherche de l'intercompréhension :

> la performativité, en augmentant la capacité d'administrer la preuve, augmente celle d'avoir raison : le critère technique introduit massivement dans le savoir scientifique ne reste pas sans influence sur le critère de vérité. On a pu en dire autant du rapport entre justice et performativité : les chances qu'un ordre soit considéré comme juste augmenteraient avec celles qu'il a d'être exécuté, et celles-ci avec la performativité du prescripteur.[403]

Les prescriptions de la loi morale sont non seulement impuissantes mais aussi inopportunes face à l'avènement du système technoscientifique. L'idéal d'éducation qui serait plus convenable au citoyen des Lumières ne se rapporte pas à la règle morale, il réside plutôt dans l'apprentissage discipliné de l'écriture comme technologie instrumentale.[404] Il s'agirait là, d'une démarche qui se conforme aux réalités du moment. Mais cela est loin d'être du conformisme béat, ou du fatalisme, c'est plutôt une dynamique qui vise à mettre toutes les capacités qui sont inhérentes à la nature humaine qui n'ont pas été jusqu'ici explorées.

Pas « de performatif qui ne s'accompagne de cette exclusion de beaucoup hors de l'autorité de « performer » », disait Lyotard.[405]Les secteurs de communication sont envahis par la recherche du gain égoïste et la sociabilité se résume à la quête de l'intérêt individuel.

Si pour Habermas, le langage incarne le potentiel d'intercompréhension, Lyotard trouve à partir de l'hétérogénéité de genres de discours et des régimes des phrases, que l'entente n'est pas la finalité du langage. La pratique de la communication quotidienne est sujette aux « coups » et aux enjeux. À ce titre, l'entente ne se pose pas comme nécessité, elle relève de l'arbitraire. C'est donc pour toutes ces raisons que Lyotard fait le choix de mettre en valeur la technologie scientifique qui s'offre à

---

403 J.-F. LYOTARD, *La Condition postmoderne,* op. cit., p. 76.

404 J.-F. LYOTARD, *Textes dispersés. Esthétique et théorie de l'art*, Trad. Vlad Ionescu, Erica Haris et Peter. Millne, Paris, Presses universitaires de Louvain, 2012.

405 J.-F. LYOTARD, *Rudiments païens*, op. cit., p. 112.

l'humanité comme valeur ajoutée. D'où le fait qu'il radicalise la vision d'Austin afin d'envisager le discours performatif comme moyen d'explorer l'avènement du système. Dans le passage ci-dessous, Lyotard nous livre l'effet des performatifs sur l'élan de la créativité :

> [La] performativité, en augmentant la capacité d'administrer la preuve, augmente celle d'avoir raison : le critère technique introduit massivement dans le savoir scientifique ne reste pas sans influence sur le critère de vérité. On a pu en dire du rapport entre justice et performativité : les chances qu'un ordre soit considéré comme juste augmenteraient avec celles qu'il a d'être exécuté, et celles-ci avec la performativité du prescripteur.[406]

Toutefois, il faut se garder de développer l'idée que Lyotard fait l'apologie de la finalité instrumentale qui se présente sous la bannière du discours performatif. On retrouve chez lui une approche visant à harmoniser le discours performatif avec les autres genres. Cela s'opère sans qu'il y ait primauté du prescriptif, comme il est en vigueur dans la raison communicationnelle habermassienne. Il existe donc une modalité d'atténuation des performatifs qui s'opère comme passage à l'aune du *Begebenheit.* Le *Begebenheit* est tenue par Lyotard comme le sentiment qui permet d'atténuer « la prétention de la phrase du capital à valider toutes les phrases selon son critère de performativité ».[407]

1.3. Aporie des prescriptifs

Commençons par rappeler ici le statut du discours prescriptif chez Kant. Remontons plus spécifiquement aux trois fameuses maximes mises en relief dans la *critique du jugement* qui sont la « pensée sans préjugé » de l'entendement ; la pensée élargie » celle de la faculté de juger ; et la « pensée conséquente », celle de la raison. Pour assurer l'unité de raison, c'est le principe transcendantal de la finalité du jugement réfléchissant qui détermine les rapports entre ces différentes législations. Aussi, Kant utilise l'argument de ce principe transcendantal, dans cette

---

406 J.-F. LYOTARD, *La condition postmoderne,* op. cit., p. 76.

407 J.-F. LYOTARD, « Introduction à une étude du politique selon Kant » in *Rejouer le politique,* op cit, pp. 91-134.

configuration, pour accorder la primauté à la raison pratique. Ceci a pour conséquence la subordination de la pensée de l'entendement, de la pensée sans préjugés, et la pensée élargie du jugement réfléchissant à la loi morale. On se rend à l'évidence que la pensée conséquente kantienne se présente ainsi comme « pensée du moralisme subjectif du devoir-être ».[408]

Cette posture du formalisme kantien et de l'obligation sera le point de départ de l'analyse de Lyotard. En effet, Kant et après lui Habermas ont admis que toutes les activités de l'homme doivent se référer d'une façon ou d'une autre à la règle d'obligation. Du coup, ils mettent « hors jeu » les conditions extérieures et intérieures de l'action. La volonté humaine est donc liée à la loi. Elle ne peut agir qu'en référence à celle-ci. Or vouloir réduire l'humain à cette dimension, c'est ignorer qu'il est avant tout un être de besoin et il vit dans un contexte historique bien défini qui détermine à bien des égards ses comportements et attitudes.

Tout en restant dans le canevas kantien, Lyotard revient sur la configuration de ces facultés. Pour ce dernier, il n'y a pas une faculté supérieure qui doit régir les autres. S'il y aurait une faculté humaine qui reflèterait l'universalité humaine et qui déterminerait l'agir humain, plutôt que d'être une « instance supérieure », elle serait l'instance comme résultat de toutes les autres. Ce qui détermine la volonté humaine n'est pas essentiellement la loi, d'autres facteurs entrent en jeu. Comme le dit Ricœur, la volonté humaine est commune à tous les êtres et « est empiriquement déterminée par les inclinations sensibles.»[409]

Il découle que l'idée d'inclination est indice de la finitude de cette volonté donc son inadéquation au principe d'universalité. Il faut donc séparer l'aspect d'universalité de l'aspect contraignant du devoir.

À considérer la théorie des actes de discours, l'impératif qui revêt la règle d'obligation est confronté à une difficulté majeure qui est celle de l'accord du commandement avec « les conventions

---

408 G. KORTIAN, « Du droit de la philosophie », in *La faculté de juger,* J. DERRIDA, V. DESCOMBES et al., Paris, Editions de Minuit, 1985, pp. 141-163.
409 P. RICOEUR, *Soi-même comme un autre,* op. cit., p. 241.

qui l'autorisent ». Nous devons donc nous inscrire dans la perspective de Derrida qui estime qu'on doit « pouvoir juger *ce qu'est* le jugement avant de juger de *la façon* dont il faut juger ».[410] La logique de l'impératif catégorique se traduira dans la communication quotidienne, par prescription et subordination. Une partie qui annonce le commandement et une autre qui le reçoit et l'exécute.

C'est dans ce sens que Lyotard affirme qu'« il faut une autre phrase pour légitimer la phrase prescriptive »[411]. Cela veut dire concrètement qu'il faut établir un tribunal de jugement qui puisse prendre en considération la réversibilité de la norme d'obligation. Car, pour qu'il y ait universalité, selon Lyotard, le « législateur ne doit pas échapper à l'obligation qu'il norme. Et l'obligé peut promulguer la loi qui l'oblige. »[412]

Au fond, l'aporie du prescriptif est liée à la soumission de ce genre de discours au système logique. Or il se trouve que, dans la vie ordinaire même, les gens sont plus liés par la dimension sensible que par le concept. Ce qui nous livre à l'universel, n'est donc pas la loi prescriptive dans sa dimension abstraite. L'universalité serait dans l'expérience humaine, dans les rapports dialogiques qu'entretiennent les individus en société. Habermas l'a située dans la pratique discursive. À travers la théorie de la discussion, c'est dans les échanges pratiques entre acteurs sociaux que les lois sont décidées. Cela constitue un progrès véritable, au vu de la détranscendantalisation opérée, c'est-à-dire un « passage d'un concept de la raison cosmologique à un concept procédural »[413]. Mais, la procédure ne demeure pas moins défectueuse en ce que la loi morale demeure toujours suspendue, comme étalon de mesure qui demande à chaque individu d'agir d'une façon et non d'une autre. C'est du reste pour cette raison que

---

410 J. DERRIDA, « Préjugés »p, *La faculté de juger*, J. DERRIDA, V. DESCOMBES et al., op. cit., pp. 87-139.

411 G. KORTIAN, « Du droit de la philosophie », in *La faculté de juger,* J. DERRIDA, V. DESCOMBES et al., op cit, pp. 141-163.

412 *Ibid.*, p. 146.

413 J.-P. ARNASON, « L'Autre de la Raison », *Procope, Habermas, La Raison, La critique,* C. BOUCHINDHOMME, R. ROCHLITZ, op. cit., pp. 9-38.

Lyotard estime que l'éthique de la discussion n'est pas non plus le cadre d'un jugement équitable dans la mesure où nous restons toujours dans le cercle vicieux de la logique prescriptive. Certes on n'est pas dans la transcendance, mais on obéit tout de même à la prescription, parce que, le juge qui ordonne que la loi soit mise en pratique échappe toujours à celle-ci. Le souci de la réversibilité n'est pas jusque-là pris en considération dans le cadre de l'éthique.

> La solution de ce problème appartient à un autre jugement, ultérieur, dont à son tour l'évaluation sera remise à un jugement ultérieur. Car dans l'ordre de l'éthique, le jugement doit être jugé, si bien qu'on ne cesse de s'avancer à travers l'inépuisable flot des évaluations sans autre guide que le respect que l'on éprouve pour la loi indéterminée.[414]

En substance, ce passage nous rappelle, une fois de plus que dans son esprit de prescription, la loi, qu'elle soit transcendantale ou post-métaphysique, nous empêche « de nous identifier à elle, de prendre de avantage d'elle »[415]. On remarque que dans la logique de la postmodernité lyotardienne, l'institution du tribunal doit être fonction des régimes de phrases, il n'est pas préexistant, encore moins soumis au discours prescriptif. Lyotard n'est du reste pas moins critique vis-à-vis du régime démocratique qui de son point de vue rentre dans le cadre du prescriptif. Ce petit passage, résume l'essentiel de sa position sur cette question :

> La démocratie est un cas de l'illusion politique, puisqu'elle confond autant que possible la capacité de légiférer et celle d'exécuter. Il est contradictoire que le souverain, le *Gesetzgeber*, soit l'exécutant. Ils ne relèvent pas de la même famille de phrases.[416]

Nous trouvons à ce niveau une piste de réflexion prometteuse chez Paul Ricœur. Plutôt que d'attribuer à la raison un pouvoir infaillible, et confiner sa démarche dans la théorie discursive guidée par les présuppositions communicationnelles, Ricœur met l'accent sur l'élan de respect en tant que mobile qui nous conduit à souscrire à la logique de l'autre. Chez Paul Ricœur,

---

414 J.-François LYOTARD, *Pérégrinations* Paris, Galilée, 1990, p. 75.
415 *Ibid.*, p. 28.
416 J.-F. LYOTARD, « Introduction à une étude du politique selon Kant » in *Rejouer le politique,* op cit, pp. 91-134.

Par l'idée de la « sollicitude qui désigne le rapport originaire »[417], nous interpelle par sa simple présence, et nous demander d'agir par respect pour lui.

La pratique de la discussion n'a pas pris en charge les facultés humaines dans leur intégralité, confiante qu'elle est vis-à-vis de la loi morale et du discours prescriptif, qui en lui-même n'est que l'autre pan du système théorique. Le discours de Lyotard prône la réconciliation avec ces dimensions. Cela dit, la vue et l'écoute ne valent pas moins que le dire dans les interactions humaines. D'ailleurs, certaines interactions humaines sont plus authentiques lorsqu'elles passent par les sens que lorsqu'elles découlent du discours. En ce sens, pour qu'on se sente dans une obligation vis à vis de l'autre, on n'a pas besoin du discours argumenté, la présence seule suffit. « La présence de l'autre, dit Tariq, me parle. Elle parle à mon intelligence à mon cœur, à mes émotions : il faut prendre le temps d'analyser ma façon de les écouter »[418].

Ainsi, Lyotard démontre coup sur coup que la communication discursive à l'épreuve du pragmatisme social, loin de créer les conditions de consensus, à tendance à aggraver les différends. À cet effet, Lyotard estime que c'est essentiellement dans la communication esthétique qu'il serait possible de concilier l'universel et le particulier, et créer une entente exempte de toute domination et de différend.

2. Sentiment esthétique et argumentation : la primauté du sens sur la communication langagière chez Lyotard

2.1. Communicabilité de la sensation : de l'universalité du goût

Joindre le concept de la communication à celui de la sensation pourrait susciter de brouillard d'incompréhension chez le commun, tant l'essentiel d'écrits consacrés à la communication sont focalisés sur la communication discursive. Pourtant les icônes

---

417 P. RICOEUR, *Soi-même comme un autre*, op cit, p. 237.

418 T. RAMADAN, *L'autre en nous. Pour une philosophie du pluralisme,* Paris, Presses du Chatelet,, 2009, p. 68.

de la philosophie, à l'instar de Kant et de Hegel, ont développé des réflexions très riches en matière de la communication esthétique. De l'esthétique kantienne à celle hégélienne on retrouve la quintessence d'une pensée du sensible qui investit l'homme d'une dignité inestimable. La dialectique de la communication sensible et la communication discursive, que nous livre Lyotard, vise fondamentalement à mettre à nu les limites du système conscient en mettant à l'honneur la faculté qu'ont les sens d'exprimer l'être authentique de l'homme qui demeure discursivement inarticulable.

Le sens peut être perçu comme fondement de la dignité humaine. Le sensible est susceptible d'élever l'humain à des finalités de noblesse. De plus, le beau artistique est perçu par Hegel comme l'apparence sensible de l'idée.[419] Le beau est manifestation sensible de l'esprit. Via la pensée hégélienne, on peut retracer une cohérence logique entre l'élément sensible et l'élément spirituel.

Par delà l'idée que nous avons de la sensation à travers les sens externes qui nous mettent en contact avec la nature externe, la sensation est aussi affaire d'intériorité. En effet, cette dernière se révèle comme « pièce indispensable » dans la création des conditions de la connaissance. Comme le souligne Kant, c'est par la sensation que l'esprit s'informe de son état. Il n'y a pas de mode de pensée qui ne soit pas, d'une façon ou d'une autre, accompagné par la sensation. Le goût peut être caractérisé comme un mode de sensation particulière. Il n'est pas à assimilé au goût mondain qui est commun à chaque individu même s'il existe un lien plus ou moins logique entre les deux.

Le goût dont il est question ici a d'abord une dimension transcendantale, s'il n'est pas d'ailleurs essentiellement transcendantal. Certes, le goût est en même temps un phénomène esthétique, social, et moral. Le goût se constitue comme un sens particulier qui distingue les individus les uns des autres.

---

[419] G. W. HEGEL, *Esthétique*, volume 1, trad. Charles Bénard revue et corrigé par Benoît Timmermans, Paris, Librairie Générale Française, 2001, p. 177.

De façon générale, le goût éveille en nous un intérêt pour l'universalisme et crée en même temps un désintérêt pour les intérêts égoïstes. Ainsi, sous le signe du goût se manifeste un certain nombre d'attitudes chez l'individu. Le sens de la mesure, la distance dans le rapport à soi, la maîtrise de soi face aux penchants. Bref, le goût se manifeste par des qualités morales qu'il induit chez les êtres.

La question du goût se manifeste à travers une certaine généralité. La généralité dont il est question est celle du partage. L'idée du goût va de pair avec le principe de partageabilité. Mais, le goût ne doit pas aussi être perçu comme un fait de mode. Pendant que la mode « crée ainsi une dépendance sociale à laquelle on peut difficilement se soustraire »[420], le goût lui, serait une faculté « spirituelle de distinction ». Le goût n'est pas soumission aveugle aux attitudes changeantes, il est plutôt question de choix personnel et responsable.

C'est cette dimension de partage qui pose la problématique d'universalité du goût. Cette universalisation du goût se constitue à travers la sensation que nous avons lorsque nous sommes en présence d'une forme. Lors de cette « expérience mentale », nous éprouvons le sentiment que « toute pensée devrait se trouver dans l'état où se trouve la nôtre en présence de cette forme. Mais « devrait » seulement ».[421]Il est important surtout de retenir que la nécessité appelée ici par le jugement du goût est seulement légitime, lorsque la disposition de sentir serait communément partagée. C'est un aspect important qui distingue le jugement du goût de la loi morale. La loi morale s'impose avec un caractère absolu et sans égards aux conditions subjectives et objectives qui déterminent le sujet en question. Alors que le jugement du goût s'annonce avec flexibilité. Il n'est pas si catégorique : le goût n'implique pas que tout le monde souscrira nécessairement, mais qu'il devrait y souscrire.

De plus, contrairement au jugement de la loi morale qui subsume le particulier sous le général, le jugement de goût ne

---

420 H.-G. GADAMER, *Vérité et méthode*, op. cit., p. 53.

421 J.-F. LYOTARD, *Leçons sur l'analytique du sublime*, op. cit., p. 181.

pense pas le général à partir d'un particulier, il ne pense pas non plus le cas à partir de la règle. En d'autres termes, le goût ne se manifeste pas par une règle à appliquer « un cas » de jugements esthétiques déterminé *a priori*. On ne peut pas non plus trouver de règle à partir du jugement d'autrui[422]. De plus, le fait empirique d'une unanimité ou la simple majorité d'avis ne fonde pas la légitimité d'un jugement de goût. L'universalité de celui-ci a un caractère purement transcendantal.

Par ailleurs, le goût est une sensation qui juge sans médiation du concept. Sa dimension d'universalité se partage, se fait admettre sans discussion. La « partageabilité demandée par le goût, disait toujours Lyotard, ne peut pas se soutenir de la seule démonstration qu'elle est impliquée dans tout acte de connaissance théorique. Pour une raison finalement simple : c'est que cette demande n'agit pas comme une règle d'entendement, mais comme une norme de raison. »[423]

Ainsi, le goût ne connait pas l'embarras de la loi morale. Du fait qu'il ne juge pas par le concept, et donc ne nécessite aucune discussion pour se faire admettre. La loi morale, par sa rigidité, subsume toujours le particulier dans un concept général, alors qu'il faut, pour rentrer dans le registre de Gadamer, apprécier la singularité de façon « immanente ». C'est pour cela qu'il reste critique vis-à-vis de l'approche kantienne et Habermassienne. « Kant, selon Gadamer, exige en effet que la détermination de la volonté relève uniquement des mobiles qui reposent sur la législation que la raison pratique pure se donne elle-même. »[424]

Par-delà la médiation universelle du jugement du goût, Lyotard entrevoit parallèlement une espèce d'unité du sujet humain à travers les pulsions inconscientes. C'est le contenu inconscient et les pulsions sensibles liées au corps, plutôt que la pensée réflexive qui fonde l'unité du sujet pensant.

---

422 *Ibid.*, p. 177.
423 *Ibid.*, p.188.
424 H.-G. GADAMER, *Vérité et méthode*, op. cit., p. 50.

2.2. De l'unité du sujet dans la dialectique du langage et des " intensités"

Il est important de rappeler, de prime abord, que la logique du cogito cartésien est centrée sur la pensée consciente, et la récusation du sensible. Comme aime bien le rappeler Jacques Derrida, « toute signification, toute « idée » d'origine sensible est exclue du domaine de la vérité, au même titre que la folie ». Il a été précédemment démontré qu'il n'y a pas à vrai dire de pensée réflexive qui ne soit soutenue par une sensation. Non pas seulement que celle ci est constitutive de celle-là, mais que c'est grâce à la seconde que la première se rende compte de son état. Il est question ici de mettre en relief le statut de chacune dans la constitution du sujet. La pensée réflexive s'identifie comme attribut de la conscience et les intensités comme attributs de l'inconscient. L'idée est de confronter les modes de manifestation des différents contenus afin de définir leur portée dans la réconciliation du « sujet pensant »[425]. Le sujet, en tant que sujet conscient, a été largement mis en relief par la philosophie cartésienne. Ce sujet défini dans la claire conscience de ce qu'il est, dans sa différence d'avec le monde extérieur et dans la proportion de liberté qu'il dispose pour perfectionner son être. Le sujet se particularise surtout par le fait qu'il dispose d'une conscience réflexive, conscience qui le met en contact avec l'extérieur par le médium du langage. Ainsi, qu'il soit appliqué sur l'objet ou dans le cadre d'échange avec l'autre moi, le langage est une manifestation de la conscience. Dans la communication intersubjective, on est sans nul doute dans l'œuvre de la conscience réflexive. C'est dire que le langage est ouverture du sujet vers « son autre ». Tout « discours, selon les termes de Lyotard, est lancé en direction de quelque chose qu'il cherche à saisir, qu'il est incomplet et ouvert, un peu comme le champ visuel est partiel, borné et prolongé par un horizon.».[426]

La communication intersubjective, engagée entre les acteurs sociaux, relève sans nul doute de la quête de sens. Chez

[425] J. DERRIDA, *L'écriture et la différence,* Paris, Editions du Seuil, 1967, p. 77.
[426] J.-F. LYOTARD, *Discours et figure*, op. cit., p. 32.

Habermas, elle reçoit un caractère institutionnalisé notamment à travers l'instauration des présuppositions pragmatiques de la discussion qui garantissent la validité rationnelle de celle-ci. Lyotard porte à ce titre son analyse sur la place du langage la capacité du langage à exprimer l'unité du sujet. Cette préoccupation revêt un sens dans la mesure où, la pensée consciente n'est pas nécessairement la seule caractéristique de ce sujet. À part le langage de la conscience, il y a un « système linguistique » propre à l'inconscient qui, comme le premier, participe à définir l'être du sujet. Si l'« archaïsme du langage inconscient » constitue au même titre que celui de la conscience réflexive, une dimension du sujet, quelle serait la validité de l'unité ou plutôt de l'entente issue de la communication dite rationnelle ? Cette question serait pertinente à plus d'un titre quand on sait que le consensus issu de la discussion argumentée est le résultat d'un accord dit « rationnellement motivé».

L'existence et la fonctionnalité du système inconscient renvoie à l'idée que l'instauration du sens ne s'effectue pas essentiellement par le langage. La reconstruction du système inconscient freudien par Lyotard révèle les limites du langage de la conscience réflexive ainsi que la question du consensus dont Habermas fait grand cas. La mise à l'écart du système inconscient, par la pensée du cogito, ne trouve pas de fondement, car« si la pensée a besoin de s'accomplir, si elle ne peut se priver du contenu refoulé, c'est qu'elle puise son énergie dans le même réservoir que les pulsions ».[427]Le mécanisme des rêves, les expressions corporelles, la question de la sexualité rentrent en ligne de compte dans la constitution du sujet. Dans la même perspective, Paul Ricœur avance l'idée qu'il « faut réellement perdre la conscience et sa prétention à régir le sens, pour sauver la réflexion et son inexpugnable assurance. »[428]

C'est dans ce sens que la posture lyotardienne trouve tout son sens. L'inconscient ne constitue pas un vide non investit par la

---

[427] *Ibid.*, p. 128.

[428] P. RICOEUR, *De l'interprétation. Essai sur Freud,* Paris, Editions du Seuil, 1965, p. 444.

conscience, c'est plutôt « une autre localité dans la quelle résident des représentations »[429]. Le mécanisme des pulsions, de désir, le mécanisme de rêve, traduisent, autant que le discours langagier, l'être de l'homme. La théorie de la conscience réflexive, sur laquelle est fondé le raisonnement discursif, est elle-même ensevelie dans l'illusion de son égo. Toute approche qui veut définir le sujet dans son exhaustivité se doit de l'appréhender tant dans sa dimension consciente que dans sa dimension inconsciente.

Lyotard met au crible de la critique la tendance qui consiste à présenter le système inconscient comme un pôle négatif qu'il faut écarter dans l'analyse du sujet. Aucune interprétation ne serait à mesure de traduire l'inconscient. L'« archéologie du sujet » conduite grâce à la psychanalyse freudienne nous démontre la richesse inestimable du domaine inconscient. Lyotard expose dans *Des dispositifs pulsionnels*, le potentiel d'énergie lié à l'inconscient :

> En réalité, la pulsion de mort, ou l'intensité, la dérive devrait être imaginée comme positivité. Le déplacement fulgurant ou lent d'investissements est positivité justement en tant qu'il échappe au langage comme régulation et qu'il n'a aucune « raison ». Ce qui est positif en ce sens est ce qui ignore les écarts réglés, les vides ou les frontières, les hiérarchies. C'est la positivité de l'oubli et de la conservation bête, sans mémoire.[430]

La dimension de l'inconscient échappe à la temporalisation. L'inconscient fait échec à la succession du temps. Ainsi, la sensibilité, en tant qu'intensité permet (mieux que la parole) à l'homme de s'inscrire dans la temporalité, et de donner sens à son existence. La sensibilité « tient ensemble présents, même en un instant, ce qui vient de passer et ce qui arrive. »[431]. Ainsi, grâce à la sensibilité « le déjà-plus et le pas-encore sont tenus ensemble ici maintenant. »[432]

En effet, Lyotard et autres poststructuralistes comme Derrida et Merleau-Ponty ont mis en exergue, après Freud, les limites du privilège accordé au langage. Le pouvoir du langage se

[429] *Ibid.*, p.445.
[430] J.-F. LYOTARD, *Des dispositifs pulsionnels*, op. cit, p. 119.
[431] J.-F. LYOTARD, *Misère de la philosophie,* op. cit., p. 217.
[432] *Ibid.*, p. 217.

résume donc à exprimer l'être de la conscience réfléchissante. C'est du reste parce que le langage est insuffisant à exprimer l'inconscient que Lyotard fait de l'art le médium de l'affirmativité du sujet. Dans l'activité artistique, s'extériorise le potentiel de l'énergie libidinale, les intensités ou pulsions. De plus, « la position de l'art est un démenti à la position du discours. La position de l'art indique une fonction de la figure, qui n'est pas signifiée, et cette fonction autour et jusque dans le discours. »[433] Le système inconscient est le socle d'énergie et d'intensités qui sont exprimées dans les créations artistiques. En tant que produit du sentiment esthétique, l'être d'une œuvre d'art se donne au regard et non au discours.

C'est en raison du grand crédit attribué à la conscience, qu'on a souvent tendance à déconsidérer l'énergie exploitable[434] du domaine inconscient. Telle est la logique des perspectives comme celle de Habermas. La théorie de la discussion est si centrée sur le paradigme du système logique et l'agir moral qu'elle ne saurait concevoir la positivité du système. Or, selon Lyotard, la pratique politique ne doit pas être envisagée uniquement comme celle des institutions, elle est celle des intensités et elle doit concerner « la détermination d'un espace de jeu d'intensités libidinales, des affects, des « passions ».[435]

Lyotard s'inscrit contre la thèse des structuralistes comme Saussure, mais aussi contre Habermas, pour démontrer que la communication ne se réduit pas seulement à un cadre transcendantal abstrait. Il se fonde sur la simple logique que le contact que nous établissons avec l'extérieur n'est pas de l'ordre verbal mais plutôt intuitif. Il met en relief, dans *Discours figure*, l'incapacité du langage à saisir l'objet. Ainsi, malgré sa « présomption à la totalité », le langage n'épuise pas le réel. Le système de renvoie infinie de signification présente l'inaptitude du langage à couvrir son objet.

---

433 J.-F. LYOTARD, *Discours figure*, op. cit., p. 13.
434 J.-F., LYOTARD, *Des Dispositifs pulsionnels,* op. cit., p. 12.
435 *Ibid.*, p. 115.

Faire reposer tout sur le langage c'est renforcer la négation des intensités et des pulsions créatrices. Si le langage est le médium de la consciente réfléchissante, le désir ou intensité est celui de l'inconscient. À chaque faculté son médium. Le Parler exige l'exclusion des intensités, relatives à la phonation[436]. Il faut, selon Mikel Dufrene, attribuer à l'inconscient la démarche qui est chez lui inconsciente »[437].

C'est dans cette perspective que Lyotard estime que le discours logique et/ou philosophique doit s'appuyer sur l'art figural afin de pouvoir combler ses faiblesses dans sa tentative à vouloir exprimer l'être. Il faut, selon lui, faire descendre le langage dans le sensible»[438], « la figure-forme, disait-il, est la présence du non-langage dans le langage. Elle est quelque chose d'un autre ordre qui est logé dans le discours et lui confère son expressivité. »[439]

2.3. Du sentiment esthétique à l'éthique : enjeu du jugement réfléchissant

Bien avant l'entrée en scène de l'avènement du concept du beau, la pensée philosophique a largement débattu sur la richesse de la nature et de la qualité du commerce que l'humain entretient avec cette dernière. Dans l'histoire de l'humanité dans ses dimensions rétrospectives[440], la nature est présentée comme l'autre de la raison. Cette nature a joué un rôle prédominant dans le développement des capacités de l'homme. Allusion est principalement faite, à ce niveau, aux théories du contrat social qui ont mis en relief l'hypothèse d'un état de nature, lequel état incarne autant des péripéties que des conditions de progrès de l'humanité. C'est dire également que, par-delà l'idée de domination et de possession de la nature émise à travers le cartésianisme, il y a dans les Lumières une vision noble de la nature.

---

[436] *Ibid.*, p. 118.

[437] M. DUFRENNE, *Esthétique et philosophie*, tome 1, Paris, Editions Klincksieck, 1980, p. 77.

[438] J.-F. LYOTARD, *Discours figure*, op. cit., p. 37.

[439] *Ibid.*, p. 51.

[440] G. KORTIAN, « Droit de la philosophie », in *La faculté de Juger,* J. DERRIDA, V. DESCOMBES et al., op cit., pp. 141-163.

Ainsi, la nature dans sa dimension tant interne (la réalité physique) qu'externe (le corps et l'archaïsme inconscient) a fait l'objet d'une analyse esthétique. Cette analyse qui met en valeur le système des sens, le désir ainsi que la traduction de cette énergie en œuvre d'arts, pourrait être source de comportement éthique. C'est ce qu'a souligné Lyotard après Kant. Selon ces derniers, notre commerce avec la nature nous apprend mieux sur nous-mêmes que ce qui résulte de la communication entreprise avec nos semblables. En effet, le sentiment esthétique ne découle pas d'une intervention de la raison discursive, il est la réponse spontanée et immédiate de notre moi à des impressions. En conséquence, le sentiment esthétique se constitue à travers les facultés subjectives de l'individu.

Lyotard estime qu'il y a un lien intrinsèque entre les sentiments esthétiques et l'éthique et qu'on peut passer d'une communication esthétique à une communication éthique. C'est surtout à travers le concept de beau que les « rapports de l'esthétique et de l'éthique se jouent ».[441] En effet, le beau comme jugement réflexif se fait, avions-nous dit, à l'occasion des formes. Mais, ce jugement se particularise par une satisfaction libre et désintéressée. C'est sur cette caractéristique que s'appuie sa portée éthique. Ce désintérêt est la condition pour avoir « des bonheurs ». Du fait qu'il plait lui-même sans considération d'intérêt, il suscite lui-même « un autre intérêt, pour son existence, pour l'existence de quelque chose ».[442]

À travers le sentiment des belles formes le sujet se dévoue sans intérêt. C'est cette même thèse que met en relief Gadamer lorsqu'il évoque l'idée de « l'être-hors de soi du spectateur »[443] dans le mode authentique de participation. Il s'agit, en d'autres termes, d'une participation au spectacle à travers laquelle, l'individu se fait absorbé par la scène. Gadamer parle de contemporanéité d'une œuvre esthétique comme essence de « la présence à ». Des tels événements esthétiques permettent de vivre la temporalité et en

---

[441] J.-F. LYOTARD, *Leçons sur l'analytique du sublime,* op. cit., p. 149.

[442] *Ibid.*, p. 149. Il s'agit là d'un commentaire fait par Lyotard sur l'idée kantienne du beau

[443] H.-G. GADAMER, *Vérité et méthode*, op. cit., p. 143.

même temps participe à l'édification d'un comportement éthique. L'idée de Lyotard selon laquelle le progrès des peuples est « nécessairement impliqué dans leur enthousiasme »[444], est relativement liée au même cas de figure.

L'œuvre d'art devient un contexte de communication au sens où elle unit les membres publics dans une relation intersubjective. À noter toutefois que l'intersubjectivité dont il est question, n'est pas identique à la pratique argumentative comme envisagée dans *De l'éthique de la discussion*[445].Ce qui est en vue, c'est plutôt l'idée selon laquelle, le sujet contemplateur, de part le processus d'appréciation, regagne automatiquement ses semblables dans cette communauté esthétique. Et c'est dans ce cas, spécifiquement, que l'acte esthétique nous amène à concevoir l'autre comme égal et du coup, il fait disparaître les éventuelles divergences qui caractérisent les relations entre sujets. Il s'agit donc de l'universalisation qui découlera à l'occasion de la belle forme. Du point de vue de Lyotard, le partage du sentiment pourrait se transposer dans le bien. Comme il le dit en substance, «en faisant sentir le beau, on fera le bien. En façonnant le donné selon le beau, avec goût, on moralisera, l'*éthos* individuel, ou le communautaire, le *politikon*.»[446]

C'est en ce sens que l'inclination à faire du bien découlera du sentiment esthétique. L'œuvre esthétique ouvre l'individualité à l'universalité et la rend beaucoup plus réceptive au bien moral. Il peut résulter donc du beau une communicabilité que les méthodes déductives et hypothéticodéductives si chères à la science ne sauraient assurer. « Par le beau, confirme toujours Lyotard, le sujet est mis à l'écoute de la nature, de sa nature de « sujet », aussi bien.»[447]

Nous retrouvons le développement de cette même idée chez Levinas, à la différence qu'ici c'est par la simple présence de son autre que le soi est éveillé à la sollicitude et à la responsabilité.

---

[444] J.-F. LYOTARD, « Introduction à une étude du politique selon Kant » in *Rejouer le politique*, E. BABILAR, L. FERRY, op. cit., pp. 91-134.

[445] J. HABERMAS, *De l'éthique de la discussion*, op. cit.

[446] J.-F. LYOTARD, *Leçons sur l'analytique du sublime*, op. cit., p. 151.

[447] *Ibid.*, p. 168.

Cette sollicitude éthique levinassienne s'exprime donc en tant que souci de l'autre que soi. La découverte de la présence de l'autre dans le soi peut se faire à travers le récit. Le récit, en tant qu'il me rappelle des événements vécus dans le passé m'interpelle également sur l'obligation qui est la mienne vis-à-vis de l'autre. Ainsi, ce récit permet au « soi » de réajuster sa conduite vers le mieux.

La quintessence de la vision lyotardienne, à ce sujet, réside dans l'idée que le sentiment esthétique détermine le comportement éthique mieux que la discussion argumentée. Cette réflexion est partagée par Jean-Louis Genard qui trouve que le comportement éthique pourrait être mieux développé à travers « le transfert émotionnel »[448] que par la communication discursive. Il peut même arriver que l'abandon du sujet à l'affectivité soit plus avantageux que le modèle cognitif.

En s'appuyant sur les cas d'événements culturels tels que les commémorations, cérémonies, incantations, symbolismes, Jean-Louis Genard démontre que l'institution et la reproduction des valeurs « est attachée à des expériences sociales où la capacité de la distanciation individuelle se trouve réduite, au profit de la communauté émotionnelle. »[449]

Si le jugement esthétique permet d'établir une universalité non-finalisée et non-déterminée, alors il ne serait pas moins important de s'interroger sur l'orientation qu'il adopte quant au processus de légitimation des valeurs sociales.

---

[448] J.-L. GENARD, *Sociologie de l'éthique*, op. cit., p. 238.
[449] *Ibid.*, p. 240.

CHAPITRE IV : GENRE ARGUMENTATIF ET GENRE NARRATIF DANS LA LOGIQUE DE LÉGITIMATION DE LYOTARD

Pour donner suite à la démarche d'universalisation esthétique, Lyotard s'inscrire dans une perspective contraire à celle du processus argumentatif. À cet effet, il élabore un édifice de légitimation basé sur la structure du récit narratif. Dans la suite de notre analyse, il serait question de la validité du discours narratif dans le processus de légitimation des valeurs sociales. Aussi, Lyotard s'interroge sur les tenants et aboutissants de la légitimation par le nom. Mais avant, il s'attèle à mettre en relief les limites du discours spéculatif.

1. Critique de la légitimation moderne

1.1. La légitimation du savoir scientifique : dispositif spéculatif

Le projet de légitimation formulé comme dispositif spéculatif, auquel nous renvoie la pensée lyotardienne, serait fondamentalement lié à l'idéalisme allemand. L'idéalisme allemand a établi un méta-principe envisagé comme « vie divine » par Fichte et « vie de l'esprit » selon Hegel. C'est sur ce principe que repose le développement de la science, de la société et de l'État. C'est surtout dans « le discours uni-total » du « *système du savoir* hégélien »[450] que la légitimation se présente sous l'angle d'un discours de système-sujet. On doit lire la pensée de Hegel comme l'accomplissement du concept à travers le temps pour pouvoir appréhender le véritable enjeu de sa réflexion. Le concept, chez Hegel se réalise à travers le développement cohérent et complet de la « vérité discursive ». Le concept comme réalité dernière de ce processus est la totalité des éléments constitutifs ou des notions qui se rapportent. Seul le concept a une réalité concrète et effective. Tout « ce qui n'est pas posé par le concept »[451]

---

[450] A. KOJEVE, *Le temps, le concept et le discours. Introduction au système du savoir,* Paris, Gallimard, 1990, p. 175.

[451] G. W. F. HEGEL, *Les principes de la philosophie du droit. Le droit naturel et science de l'Etat en abrégé,* trad. Robert DERATHE, Paris, Vrin, p. 61.

n'a qu'une existence contingentielle. De plus, les individus et les peuples ne deviennent personnalités qu'une fois parvenus au concept dans le sens de « savoir pur de soi ».[452]

Le discours herméneutique contemporain, à travers Heidegger, s'institue aussi comme un discours de « système sujet ». En effet, Heidegger comme Hegel est dans la trame du discours-total. Son discours d'investiture en tant que recteur à l'Université de Fribourg[453] 1933-1934 révèle, à suffisance, le primat du sujet spéculatif sur tout considération d'ordre physique : « seul le monde de l'esprit garantit au peuple sa grandeur ».Ainsi, Heidegger fonde l'unité dans la transcendance du *Dasein*, c'est-à-dire dans la métaphysique comme tel[454].

La première implication, c'est que l'accomplissement du concept n'exclut aucune catégorie de discours. Le contradictoire et le non-contradictoire interagissent dialectiquement et constituent la substance de l'accomplissement du concept. Le vrai est aussi valable que le non-vrai, ce qui existe autant que ce qui ne l'est pas. Ce qui n'existe pas étant considéré comme impossible dans la philosophie d'Aristote[455]. Avec Hegel, le discours vrai et discours faux ne s'excluent donc pas. La rhétorique logomachique écartée du discours philosophique par Platon, fut rétablie dans le système hégélien. Le discours comme accomplissement de l'universel comporte en même temps le discours vrai et le discours sophistique. Il n'ya aucune raison de « préférer une contra-diction à une autre ou de préférer le non contra-dictoire en tant que tel à la contradiction en général ».[456]

La deuxième conséquence de la vérité discursive du concept « uni-total » est la désubstantialisation de toute la réalité concrète. En effet, la logique du « spéculatif », la chose en tant que réalité n'a pas d'existence authentique. Elle n'est que dans son rapport

---

[452] *Ibid.*, p. 96.

[453] L. LABARTHE, « La transcendance finit dans la politique », *Rejouer le politique*, Etienne BABILAR, Luc FERRY, op. cit, pp. 171-214.

[454] *Ibid.*, p. 193.

[455] Cf. A. KOJEVE, *Le concept, le temps, et le discours, Introduction au système du savoir,* op. cit.

[456] Ibid, pp. 298-299.

avec l'être du concept. La notion participe à la constitution du concept, elle n'a pas de sens proprement dit, elle l'acquière dans son rapport à autre qu'elle-même. Tout ce qui est donné, ce qui relève du temporaire, du momentané n'a pas d'existence en soi. Un discours, en lui-même, est une portion toujours fragmentaire du concept. Sa validité est liée à son rapport au parcourt, à la vie de l'esprit absolu. Le discours de la connaissance est incorporé « au métarécit d'un sujet qui en assure la légitimité ».[457]

Dans cette même perspective, les sujet sociaux, en tant qu'acteurs, participent seulement à la réalisation de l'avènement de l'esprit sans la parfaite compréhension de la finalité dernière de leur action. La pensée systémique hégélienne, en tant que pensée de la totalité sociale, nous renvoie à celle d'un « Etat totalitaire ». Elle inféode la totalité sociale à la vie du monarque. Ce monarque est comme conscience du peuple.[458]

La liberté du sujet social hégélien n'a de sens que lorsqu'elle renvoie à l'existence d'un souverain qui est considéré comme l'incarnation de la rationalité et de l'universalité. Aussi, le peuple dans la pensée philosophique hégélienne, n'acquière sa liberté effective que dans sa dépendance vis-à-vis de l'absolu. Bref, dans la vision hégélienne, le sujet, dans son individualité, est inféodé à l'universel incarné par le souverain. Cette conception se trouve mentionnée dans *Les principes de la philosophie du droit* en ces termes :

> Les idées concrètes, les esprits des peuples ont leur vérité et leur destination dans l'Idée concrète qui est l'universalité absolue : l'esprit du monde. Autour de son trône, ils se tiennent comme des agents de sa réalisation, comme des témoins et des ornements de sa splendeur.[459]

L'encyclopédie hégélienne (1817-1827) rentre dans la perspective du projet de totalisation. Celle-ci prétend « exposer

---

[457] J.-F. LYOTARD, *La condition postmoderne,* op. cit., p. 59.
[458] J.-L. NANCY,« La juridiction du monarque hégélien, in *Rejouer le politique*, E. BABILAR, L. FERRY, pp. 51-90.
[459] G. W. F. HEGEL, *Les principes de la philosophie du droit. Le droit naturel et science de l'Etat en abrégé*, op cit, p. 338.

l'*ensemble* de la philosophie dans son contenu *définitif* »[460]. L'esprit du savoir encyclopédique, en tant que concept, se veut l'exhaustivité du parcours intégral de la pensée philosophique durant toute la durée de l'histoire. Le discours unitaire ainsi établi, le temps à venir ne ferait que réaliser ce que Hegel a, *a priori*, envisagé dans l'encyclopédie.

L'objectif de la pensée uni-totale est donc l'unité perdue dans le système de pensée. Ici, pouvons nous dire, avec Lyotard que l'erreur fondamentale de pensée hégélienne serait de voir le temps comme facteur de l'accomplissement de l'unification ou de l'universel. Pour Lyotard, l'établissement d'un universel qu'il soit d'ordre abstrait ou concret ne résiste pas autant à l'écoulement du temps.

Aussi, la considération de la temporalité dans l'hégélianisme va-t-elle de pair avec le rejet de tout positivisme. En considérant que les choses sensibles n'ont de réalité en elles-mêmes que rapportées au concept, ce discours spéculatif contient un scepticisme vis-à-vis de la connaissance positive et au divers dans toutes ses dimensions. Pour Lyotard, ce n'est ni dans le concept, ni dans l'esprit de dieu qu'il faut chercher l'unité. Cette unité, au cas où elle est réalisable, doit l'être ici et maintenant, c'est-à-dire dans le présent et à travers le « divers éparpillé ». S'inscrivant dans la perspective héraclitienne, Lyotard affirme que « l'un est dans le multiple » et que « le sens du monde n'est nulle part ailleurs qu'au monde ».[461]

Le processus de légitimation « spéculatif » hypostasie la dimension sociale concrète dans un esprit absolu qui décide à la place du peuple. Le sujet hégélien est totalement détaché de toute idée de « positivité»[462]. Le système sujet est disjoint des situations vécues et le peuple de la pensée hégélienne, n'a de légitimité qu'en rapport avec cette « raison *a priori* » qui réuni les individus en tant que sujet unique.

---

[460] A. KOJEVE, *Le concept, le temps et le discours, Introduction au système du savoir*, op cit, p. 62.
[461] J.-F. LYOTARD, *Pourquoi philosopher ?,* op. cit., p. 48.
[462] J. HABERMAS, *Discours philosophique de la modernité,* op. cit., p. 32.

En réalité, à travers le « système-sujet », ce serait même un abus que de parler de peuple ou de légitimation en tant que telle. Que serait la validité d'une légitimation si le peuple est dépossédé de sa volonté au profit d'un sujet qui est considéré comme le tout de l'État. En effet, le premier principe d'une légitimité serait une volonté libre et responsable, une volonté qui est rationalisée parce que fondée sur les principes de la liberté, de l'autonomie publique et privée.

Ce n'est certes pas en mettant la raison à la place du « destin qu'on instaure une légitimité. Ce n'est pas non plus « l'institutionnalisme fort » qui fait la légitimation d'un pouvoir. Celui-ci doit trouver la légitimité à travers le cœur et la volonté des dirigés. Il faut reconnaître que la théorie du « système-sujet » n'est pas sans attache avec la théorie consensuelle de la vérité ou la théorie communicationnelle de la société. Seulement lorsque la raison communicationnelle « fait médiation avec les traditions des pratiques sociales et des complexes d'expériences »[463], la « rationalité gonflée » en esprit absolu de Hegel a détruit ces conditions à travers desquelles la modernité trouve ses garanties.

L'un dans l'autre, la légitimation du discours uni-total ne trouve pas bon accueil chez Lyoatrd. Position tout à fait fondée, de notre point de vue, car une théorie de légitimation, qui ne prend pas ancrage véritable dans la volonté libre et consciente de tous, est bien loin de prendre en charge l'hétérogénéité des cas individuels. Or, à bien lire les ébauche de la pensée hégélienne, à travers ses écrits de jeunesse, on trouve aisément dans ses thèses le rejet des positions positivistes au profit d'une « raison *a priori* ». La vision développée par Gadamer dans *Vérité et méthode*, même si elle s'inscrit dans le cadre d'une herméneutique biblique, constitue évidemment un positionnement anti « système-sujet ». Gadamer, met au crible de la critique la « présupposition fondée dogmatiquement » de l'Écriture biblique[464] et suggère l'abandon de

---

[463] *Ibid.*, p. 386.

[464] H.-G. GADAMER, *Vérité et méthode,* op. cit., p. 194.

« l'unité dogmatique du canon »[465], de l'Écriture sainte au profit d'une interprétation grammaticale et historique.

Toutes les déterminations métaphysiques de la vérité, selon Jacques Derrida, quelles relèvent des présocratiques, de l'entendement divin, du sens pré ou posthégélien, « sont plus ou moins inséparables de l'instance du logos ou d'une raison de la descendance du logos, en quelque sens qu'on l'entende. »[466]

1.2. La légitimation par la preuve : nom et référent

S'il est vrai qu'avec la détranscendantalisation, on a détaché le « discours spéculatif » du domaine social, il n'est pas moins vrai que cette ère a consacré la division de la raison cognitive théorique et la raison pratique. Ce processus a également entériné la légitimité de chaque discours en mettant en honneur l'idée du jeu de langage qui est propre à chaque genre de discours. Ce qu'il faut retenir à propos des Lumières, ce n'est pas essentiellement le dépassement de la métaphysique, mais aussi la confiance plus ou moins outrée qui se manifeste vis-à-vis de la science. C'est du reste relativement à cette aventure de la raison cognitiviste que se sont prononcés Horkheimer et Adorno, notamment dans *La dialectique de la raison.*[467] Ces derniers, considèrent qu'avec l'avènement de la science, l'homme moderne a non seulement renoncé au sens, mais il a aussi remplacé le concept par la formule, la cause par la règle et la probabilité[468]. Pour Lyotard, avec le projet d'émancipation, « on est plongé dans le positivisme de telle ou telle connaissance particulière, les savants sont devenus des scientifiques »[469]. La rationalisation et différenciation du système de savoir découlerait de l'impossibilité pour le discours unitaire d'appréhender le sens. Ce processus de rationalisation serait donc un tournant décisif pour l'avènement de la modernité à la recherche de ses propres garantis[470].

---

465 *Ibid.*, p.195.
466 J. DERRIDA, *De la grammatologie,* Paris, Editions de Minuit, 1967, p. 21.
467 M. HORKHEIMER, T. W. ADORNO, *Dialectique de la Raison,* op. cit.
468 *Ibid.*, p. 23.
469 J.-F. LYOTARD, *La condition postmoderne,* op. cit. p.67.
470 J. HABERMAS, *Discours philosophique de la modernité*, op. cit., p.53.

Ainsi, si la multiplication ou différenciation des discours rentre dans la logique de la recherche du sens, cela impliquerait aussi que le sujet de la modernité n'est toujours pas en possession du sens. Ce sens n'a pas un caractère de fixité, il est confondu au temps et demeure aussi fuyant que ce dernier. On serait, à ce titre, tenté de dire que le discours est toujours à la quête du sens, et dans les différents processus communicationnels l'homme n'a jamais pu trouver « asile » au sens. En effet, au vu de la mobilité ou plutôt du caractère fuyant du réel et du temps, le langage discursif serait dans une recherche sans cesse de celui-ci sans pouvoir l'acquérir définitivement. Ce qui ce dit, c'est-à-dire le discours serait toujours en train de nommer de phraser dans un discours infini et indéfini sans pour autant atteindre le sens, celui étant « modifié par le fait qu'il est dit ».[471]

Dans le processus de la communication, nous opérons continuellement sur le registre du signifiant et du signifié. La parole est finalement un processus de va-et-vient qui dénote la « co-naissance du discours et du sens ».[472] Le sens n'est, par conséquent, jamais en notre possession. Par ailleurs, Wittgenstein a déjà notifié que l'homme ne s'approprie pas le langage. Le « vrai sujet du dire, ajoute Lyotard, n'est pas le diseur, mais le dit »[473]. Les sujets sont, en ce sens, toujours la quête du sens, le sujet humain n'étant plus le maître ultime du langage. Il découle de cette considération que la parole est en quête permanente du sens. Cela constitue, sans nul doute, une remise en cause de l'idée du « discours total » développé dans l'encyclopédie hégélienne. Ce discours, avons-nous dit, présentait le sens comme unité déjà constitué.

C'est donc dans la perspective de sédentarisation du sens que la modernité a fait recours à la procédure formelle de légitimation. L'usage de la preuve, à des fins d'argumentation, serait envisagé comme garantie de légitimation. Dans le processus de formalisation du langage, les sujets ne sont plus maîtres dans

---

471 J.-F. LYOTARD, *Pourquoi philosopher ?*, op. cit., p. 70.
472 *Ibid.*, p. 70.
473 *Ibid.*, p. 68.

le processus communicationnel. La pragmatique langagière établit les règles de façon *a priori* et « demande à l'interlocuteur de les accepter »[474]. Cela veut dire que le contenu de la communication importe peu eu égard au système formel établi qui détermine l'orientation du discours :

> Quand on déclare qu'un énoncé à caractère dénotatif est vrai, on présuppose que le système axiomatique dans lequel il est décidable et démontrable a été formulé, qu'il est connu des interlocuteurs et accepté par eux comme aussi formellement satisfaisant que possible.[475]

La pratique communicationnelle est axée sur l'application des énoncés analytiques dont la validité est inhérente aux règles qui régissent l'usage des symboles constitutifs. Le principe du discours tautologique serait conçu à partir de cette dimension d'abstraction. Suivant la logique formelle, l'argumentation communicationnelle est formalisée et se traduit en processus de détours, en « art de dialogue », en « objection et réfutation ». C'est le cas typique de la logique de dialogues chez Platon, à la seule fin de consensus et de « l'unicité du référent comme garantie de la possibilité de tomber d'accord ».[476]

Ainsi, c'est le processus communicationnel valable au niveau de la communauté scientifique qui servira de paradigme même dans la pratique quotidienne. Ce mode de légitimation est propre au cadre scientifique et repose essentiellement sur des paramètres préconçus. Etant donné le contexte plus ou moins restreint de l'environnement des recherches, aucune contrainte ne se pose en termes de prise en compte du contexte extérieur aux incertitudes et probabilités susceptibles d'affecter les axiomes ainsi établis. Or, si le formalisme conceptuel est une garantie d'objectivité dans le cadre scientifique, il est de loin en déphasage avec la pratique communicationnelle commune.

Les déictiques, il est vrai, sont désignateurs de la réalité. Ils révèlent le statut extralinguistique du référent. Toutefois, ils se rapportent nécessairement à l'univers des phrases et sont

---

[474] J.-F. LYOTARD, *La condition postmoderne*, op. cit., p. 69.
[475] *Ibid.*, p. 71.
[476] *Ibid.*, p. 50.

employés à une origine spatio-temporelle. Cette origine ne constituant pas une permanence, elle disparait donc avec l'univers des phrases. La succession des phrases, l'écoulement de l'instant s'accompagne de l'instabilité des déictiques. Ainsi, la validité même de la phrase ostensive requiert chaque fois les moyens de répéter le cas. C'est du reste pour remplir les conditions de validité que le ici, le maintenant, le « je » seraient complétés par les désignateurs du lieu, de moment et de personne. Ainsi, chaque donnée empirique est un cas qui demande des référents afin d'être expliquée. Le processus d'explication demeure, à ce titre, une dynamique infinie et indéfinie.

Le nom est un référent qui sert à instancier un énoncé dans la structure d'une argumentation. Le « référent » en tant qu'instance est fluctuant, il diffère d'un régime de phrase à un autre. Son statut opère un glissement d'une phrase ostensive à une phrase prescriptive. Cette instabilité influe sur la dynamique argumentative. Suivons un peu comment Lyotard nous décrit la fluctuation du sens du référent selon les régimes des phrases :

> Par exemple dans : *La porte est ouverte,* le sens par rapport auquel le référent est situé est sous le régime des phrases descriptives. (Il est important d'observer que le sens n'est pas toujours présenté sous ce régime, et qu'en conséquence le référent n'occupe pas toujours la place du sujet de l'énoncé. Une prescriptive : *ouvrez la porte* présente un sens sans que le référent (quelque chose comme : la porte ouverte pas vous à l'instant suivant) fasse l'objet d'une description.[477]

L'usage du nom propre constitue une procédure de légitimation du discours. Avant tout, l'identification de toute réalité se fait d'abord par l'attribution d'un nom. La nomination est la première définition d'une réalité. Nommer le réel c'est l'extraire de la multitude de réels qui l'entoure. L'usage du nom propre rend un discours plus probant. Le nom sert de pièce de conviction lorsqu'il s'agit d'apporter un témoignage dans un contexte argumentatif. La présence des noms propres dans les discours permet à ceux-ci d'acquérir une certaine fixité. En d'autres termes, lorsqu'un discours renvoie à des noms, il résiste à l'épreuve du temps et il a beaucoup plus d'effet sur les consciences.

---

[477] J.-F. LYOTARD, *Le différend*, op. cit., p. 70.

En effet, la multiplicité de discours portée sur un nom propre n'aura pas d'effet sur la valeur de celui-ci. Certaines des lois mathématiques et des sciences physiques doivent leur grande crédibilité aux noms qu'elles portent. La réitération, disait Lyotard, qui assure la validité de la loi de Joule[478] n'a été effectuable que grâce à la fixité des noms de mesure. C'est dire qu'en général le nom propre est un aspect très influent dans l'établissement de la réalité du discours.

L'administration de la preuve est relayée par le discours performatif. Le critère du jeu cesse alors d'être la vérité et la liberté, et devient la performativité. Le contexte serait lié « refus de tout ce que l'époque des Lumières tenait pour l'essence commune de l'humanité sous le titre « de pensées rationnelles »[479].

En marge de la légitimation par le nom, il est loisible de lire, dans l'approche de Lyotard, une critique de la légitimation politique. Il s'agit de mettre en lumière le caractère transcendantal de légitimation par la loi.

1.3. La légitimation politique : le transcendantalisme de la loi

Nous avons précédemment élucidé deux modalités de légitimation qui s'opèrent transcendentalement. La première, celle du système-sujet, et la seconde, celle du langage formel n'articule pas la dimension historique. Il est aussi un autre mode de légitimation, qui peut être considéré comme un dépassement des deux précédentes. Il s'agit, à ce niveau, d'un mode de légitimation qui prend encrage dans les expériences quotidiennes. Il est ici question des différentes modalités ayant trait tant aux lois politiques, institutionnelles que morales formulées dans la perspective de stabilisation de l'ordre public. Ce qui importe est moins la loi elle-même que les contextes et les modes d'élaboration des dispositions en question. L'un dans l'autre, la préoccupation lyotardienne peut être entrevue comme unique à tous les niveaux de légitimation. Cette préoccupation porte sur la validation

[478] J.-F. LYOTARD, « Judicieux dans le différend » *in La faculté de juger*, J. DERRIDA, V. DESCOMBES, op. cit., pp. 195-236.
[479] G.-H. GADAMER, *Vérité et méthode*, op. cit., p. 197.

partielle de loi. Il faut comprendre, par-là, que la loi n'est pas nécessairement une émanation de toutes les parties concernées. Lyotard trouve qu'il y a imposture lorsque l'institution d'une règle ne prend en considération le contexte de son énonciateur. Une règle morale qui ne découle pas de la participation égale de tous les concernés serait plus qu'une imposture. C'est à ce titre que Lyotard met au crible de la critique toutes les théories morales qui sont socialement instaurées pour orienter les conduites des consciences mineures. Au fond, le véritable souci que nous partageons également est celui de la liberté de choix. L'imposition d'un canevas moral aux jeunes enfants pourrait à la limite être entrevue comme une violation de leur être. Une telle imposition constitue un viol de conscience. En prenant cette position, on voit bien que Lyotard s'approche plus ou moins de la vision habermassienne lorsque celui-ci met l'accent sur l'autonomie privée. Reste que cette question soulevée risquerait de faire face à une impasse. En tout état de cause, s'il est noble de penser au consentement libre et conscient de l'autre, que serait le devenir de cette vie non guidée par un certain soubassement de valeur *a priori* ?

Lyotard s'inscrit contre l'idée de toute prescription quelque soit sa source. Aucune classe ou entité sociale ne doit se prévaloir d'avoir le meilleure discours pour articuler une meilleure vision sociale. Lyotard estime également que ce qu'est l'être humain ne se réduit pas au dire. Son véritable être serait aussi et surtout ce for intérieur que le discours ne peut articuler. Cette vie intérieure serait le siège de l'expérience vécue par le sujet lui-même. C'est pour cela, en fait, qu'on ne peut véritablement parler à la place de l'autre sans le trahir. Au fond chacun est le meilleur juge quant il 'agit de sa vie intérieure. Pour que cette vie intérieure se manifeste elle n'a ni besoin d'une tierce personne encore moins de discours. En effet, l'universalité n'est pas exprimable en mots. « Les rôles des protagonistes de l'histoire ne se jouent pas dans un seul et même genre de discours. »[480]

[480] J.-F. LYOTARD, *Pérégrinations,* op. cit., p. 116.

C'est en sens que Lyotard est très critique vis-à-vis de la position de certaines structures comme le marxisme qui, à un niveau de sa lutte, se croyait non seulement détenteur de la vérité, mais aussi le mieux placé pour parler de ce qui doit être, c'est-à-dire de la loi.

Le souci premier de Lyotard c'est de ne pas se permettre de parler à la place de l'autre. Ainsi, selon Lyotard, aucune classe et aucun parti n'est le meilleur. Il n'ya finalement pas l'un qui est supérieur à l'autre, il n'ya pas non plus d'un qui est mieux placé pour dire la loi que l'autre. Parler à la place de l'autre, instaurer des lois à son nom serait une simple « imposture politique »[481]. Très souvent lorsqu'on se positionne pour dire la loi, on rentre seulement dans la rhétorique de l'avocat, où « tout est mis en œuvre pour explorer les indices, administrer la preuve, emporter la créance »[482]

En effet, selon la vision de Lyotard, même celui qui est exploité et marginalisé injustement ne doit se considérer comme détenteur du discours juste, comme un modèle idéal. Il s'inscrit contre « le point de vue de classe »[483], Le prolétariat ne constitue pas à ce titre un modèle à partir duquel on peut tracer les règlements justes. Disons en substance que le positionnement lyotardien ne rime pas avec la constitution d'un éclectisme[484] quel qu'il soit.

Le discours marxiste serait lui-même illégitime sur un double angle. Ainsi, quelle serait la légitimité de la phrase marxiste lorsqu'elle prétend se prononcer au nom du prolétariat et contre la bourgeoisie ? Si le marxisme se baserait sur son propre langage pour dénoncer la pratique bourgeoise il ne demeure pas moins illégitime. Par ailleurs, en se prononçant au nom de toute une classe, il ne le serait pas moins. La préoccupation serait la suivante : comment traduire la version originale du discours sur lequel on prétend prendre appui « en transcrivant une situation, rappelle Lyotard, une expérience, un référent quelconque exprimé

---

481 J.-F. LYOTARD, *Pérégrinations,* op. cit., p. 95.
482 *Ibid.*, p. 94.
483 *Ibid.*, p. 114.
484 *Ibid.*, p. 100.

par l'un dans l'idiome de l'autre, ce référent devenait méconnaissable pour le premier, et le résultat de la transcription incommensurable avec l'expression initiale. »[485]

La posture de Lyotard est certes radicaliste, et d'un radicalisme aussi fort que celui qu'on peut lire dans l'approche de l'universalisme spéculatif qu'a développé Hegel. Il ne s'agirait donc ni de prendre position en faveur de l'un et contre l'autre, encore moins de se positionner comme juge pour soumettre les autres à vos idéaux. Si idéaux il y a, du moins à bien comprendre Lyotard, ils ne résideraient pas dans une approche qui consisterait dans une posture de destinateur et destinataire.

Il développe largement l'ambigüité de « la prescription » dans *Lecture d'Enfance.* Nous retenons en substance que pour lui, « pour autant qu'on peut soumettre les autres à telles de ces modalités, on est en position de destinateur ou d'adresseur de la prescription, on exerce un droit d'obliger, d'interdire, de permettre, etc. »[486]

Dans le même ordre d'idées, Lyotard met au crible de la critique le formalisme éthique. Par formalisme éthique, entendons cette tendance qui consiste à élaborer des règles communes de conduite à l'issue de la discussion argumentée. Ainsi, la légitimité institutionnelle ne serait pas fondée à travers une commutation quelle que soit sa nature.

Ce qui fait la validité une éthique politique, ce sont les expériences communes que les communautés ont vécues. Édifier une éthique sur fond d'un ensemble de procédures formelles ou de garanties légales, serait faire plus confiance au transcendantalisme du langage qu'aux expériences sociohistoriques des peuples. On peut, sans nul doute, conclure que l'inconsistance des institutions modernes est due au fait qu'elles se fient trop à la raison et au discours logique au détriment du monde intérieur sensible.

Le fondement de l'éthique ne pas réside dans la communication langagière à des fins d'intercompréhension.

---

[485] *Ibid.*, p. 115.

[486] J.-F. LYOTARD, *Lecture d'enfance,* op. cit., p. 37.

« L'éthique naît de la souffrance naturelle, le politique du supplément que l'histoire ajoute à la souffrance. »[487]. Lyotard ferait-il allusion, à ce niveau, à des théories comme celle de Habermas, voire celle de Rousseau qui mettent la loi au-dessus de l'homme, même si par ailleurs, ils l'a font reposer sur la volonté légistratrice. Dans tous les cas, ce qui relève de la prescription appartient encore au transcendantal et passe outre les libertés psychologiques des individus qui ne font qu'entériner ce qui a été conçu sans eux.

Retenons donc en substance qu'il ya un souci d'égalité qui habite la pensée de Lyotard. En effet, bien qu'il prône la nécessité d'une détranscendantalisation, et qu'il s'accorde à ce niveau avec Habermas, il est loin de prendre parti. Tout ce qu'on peut lire, c'est que la posture lyotardienne serait contre les théories du macro-sujet comme le prolétariat dans le marxisme, et cela même au non de la justice. Plutôt que de centrer le monopole de la décision ou de la loi, il opte pour « une politique des opinions »[488]. Comme dans *Au juste,* il accepte l'idée qu'il y a des minorités, il ya des gens victimes de marginalisation sociale, mais ces gens ne constituent pas pour autant une classe. « Au fond, les minorités ne sont pas des ensembles sociaux, les minorités sont des territoires de langage. Chacun de nous appartient à plusieurs minorités et ce qui est important, c'est qu'aucune ne l'emporte. »[489]

Ainsi, même si la préoccupation fondamentale de Lyotard demeure à ce niveau l'adéquation des idéaux aux expériences sociohistoriques de chaque entité, il s'inscrit contre tout privilège de classe. Lyotard aurait en ce sens raison surtout au regard de ce qui a caractérisé l'histoire des modèles politiques des classes soi-disant égalitaristes qui étaient au fondement des plus grandes bavures de l'histoire. En témoigne les parties d'inspirations marxistes, prétendument égalitaristes, qui étaient source de tourmente de la liberté des millions d'individus.

---

[487] J.-F. LYOTARD, *Pérégrinations,* op. cit., p. 114.
[488] J.-F. LYOTARD, *Au juste,* op. cit., p. 183.
[489] *Ibid.*, p. 195.

Ce que Lyotard reproche en gros aux théories modernes de légitimation, c'est la considération d'une classe comme étant « l'en soi et le pour soi » de tous les individus. Il fait précisément allusion à la considération selon laquelle, il y a une classe qui est supposée parler et décider à la place de tous. Or pour Lyotard, chaque personne est maître de son être, une tierce ne peut, traduire l'originalité de cette vie intime. Cette vie intime n'est pas totalement traduisible en discours. Alain Touraine semble partager cet avis lorsqu'il affirme dans *La critique de la modernité* :

> La faiblesse de presque toutes les pensées critiques de la modernité vient de ce qu'elles supposent la toute puissance d'un pouvoir central, celui de l'Etat ou celui de la classe dirigeante, ce qui est proche de la représentation, bien superficielle, de l'histoire comme complot.[490]

2. Genre narratif et écriture dans la légitimation

2.1. Genre narratif et légitimation : respect du différend

Décryptant l'impuissance de la conscience humaine face à la mobilité effrénée de l'instant temporel, Lyotard note ceci :

> Le soi n'aura pas, n'a pas eu ce qu'il désire. Il manque à être, et drogue sa privation en mode temporel. Il vit de vie mortelle, il survit, se survit, s'accommode de ne pas être à l'heure de es objets, il temporise. La temporalité est son aménagement, au soi, manière de bon ménage qu'il fait avec l'inaccompli, consuétude, mis en sursis de l'acte. Le temps décline la déception, le temps s'incline, résigne la présence.[491]

Ce passage de *La Confession* d'Augustin traduit, d'une part, le caractère indéniable de la mobilité de l'instant temporel et, d'autre part, l'aspiration du sujet humain de pouvoir influer sur le temps, en créant les conditions de possibilité d'avoir une emprise sur celui-ci. Les théories langagières orientées sur la discursivité argumentative sont loin de combler le vide de la temporalité existentiale et historique qui constitue une « course vers la mort »[492]. La saisie de l'être du temps permet à l'individu de donner sens à la vie et de vaincre l'angoisse de la mort. Selon

---

490 A. TOURAINE, *Critique de la modernité*, op. cit., p. 193.
491 J. F. LYOTARD, *La Confession d'Augustin*, Paris, Galilée, 1998, p. 53.
492 H.-G. GADAMER, *Vérité et méthode*, op. cit., p. 139.

Lyotard le récit narratif permet non seulement de saisir cet être du temps mais aussi d'exprimer qui ne se laisse pas enchaîner[493], dans le discours argumenté c'est à dire le différend. « La temporalité, disait Paul Ricœur, ne laisse pas dire dans le discours direct de la phénoménologie, mais requiert la médiation du discours indirect de la narration ».[494]

L'option de Lyotard consistant à la légitimation par narration trouve ainsi toute sa portée. Le récit historique a le double mérite de garantir, d'une part, « une certaine coprésence des différents temps (passé, présent, et l'avenir) »[495] et de prendre en considération tous les genres de discours et les régimes de phrases, d'autre part. Par là, il nous conduit à solutionner le problème de l'articulation de l'indicible auquel la théorie argumentative n'a pas trouvé solution. Dans le *différend*, Lyotard confirme lui-même que le « récit est peut-être le genre de discours dans lequel l'hétérogénéité des régimes de phrases et même celle des genres de discours trouvent au mieux à se faire oublier».[496]

La forme du récit se présente sous l'angle d'une intrigue, du moins en ce qui concerne l'agencement des faits et des personnages qui le constituent. L'intrigue narrative s'annonce chez Lyotard comme ensemble constitué d'éléments équivoques qui, tout en étant unis sont séparés ; tout en formant une totalité, conservent chacun son identité. C'est cette richesse exprimée en « assonances et dissonances » qui caractérise la relation des éléments constitutifs des récits. Cette configuration est au fondement du paradigme de la temporalisation de l'instant.

Ainsi, la configuration de l'intrigue serait un paramètre sur fond duquel l'homme serait capable de maintenir la permanence de l'identité dans l'espace temporel et d'assurer, par-là, la légitimité. Ainsi, le récit en tant constitutif de l'imagination poétique, tient « ensemble présents, même en un instant, ce qui

---

493 J.-F. LYOTARD, *Que peindre*, op. cit., p. 197.

494 P. RICOOEUR, *Temps et récits, tome, 1. L'intrigue et le récit historique,* Paris, Editions du Seuil, 1983, p. 435.

495 C. ROMANO, *L'Evénement et le temps*, Paris, PUF, 1999, p. 129.

496 J.-F. LYOTARD, *Le différend,* op. cit., p. 218.

vient de passer et ce qui arrive ».[497] Elle est médiation et processus de réappropriation de la temporalité de l'être. C'est l'usage du temps par la prise en compte du « maintenant » qui permet d'articuler le différend. La communauté Cashinahua s'assure de la légitimité et de la permanence des noms : « En plaçant les noms dans les histoires, la narration met les désignateurs rigides de l'identité commune à l'abri des événements du « maintenant » et du péril de son enchainement. »[498]

L'intrigue présente un ensemble uni et disparate d'éléments en conflictualité permanente, en elle, « un paralogisme: l'absolu et le relatif se trouvent confondus ».[499] Elle est figure constituée, une multiplicité et une diversité d'intensités qui aspire à la transgression et à la dissolution de l'unité. De plus, l'intrigue du récit transforme la contingence en nécessité ou en probabilité par le jeu de concordance et discordance des éléments qui la constituent : l'action, l'intention, les causes, les hasards, et l'enchainement de l'histoire racontée. Toute cette dynamique caractérisée par le double visage d'harmonie et de conflictualité a pour finalité d'articuler la temporalité des événements en marquant leur succession dans le temps et en rendant celle-ci sensible par le sujet humain. C'est dans cet esprit que la forme narrative est constituée de façon à obéir « à un rythme, elle est la synthèse d'un mettre qui bat le temps en périodes régulières et d'un accent qui modifie la longueur ou l'amplitude de certaines d'entre elles »[500]: proverbe et dicton assurent une temporalisation :

> Il n'y aurait pas d'écart, sauf chronologique en principe, entre le narrateur actuel et les Anciens. Le style indirect libre est fidèle à cette condensation de l'instance extradiégétique (le narrateur actuel) avec l'instance intradiégétique (les Anciens) qui caractérise cette sorte de tradition. Le « *in illo tempore* » du temps mythique n'est pas différent du temps où à lieu la narration.[501]

Contrairement à la théorie qui repose sur une approche de modélisation, la composition de l'intrigue est enracinée dans la

---

497 J.-F. LYOTARD, *Misère de la philosophie*, op. cit., p. 217.
498 J.-F.- LYOTARD, *Le différend*, op. cit., p. 221.
499 *Ibid.*, p. 119.
500 J.-F. LYOTARD, *La condition postmoderne*, op. cit., p. 41.
501 J.-F. LYOTARD *Le différend*, op. cit., p. 222.

précompréhension du monde de l'action des structures symboliques. C'est du reste ce qui accrédite la procédure de légitimation narrative. Elle n'a aucune prétention universalisante, mais s'appuie sur la dimension historique. C'est dans cette perspective que le discours de Ricœur trouve tout son sens lorsqu'il affirme que l'intelligibilité de l'intrigue présuppose plutôt la familiarité avec les règles de composition qui gouvernent l'ordre diachronique de l'histoire. Elle ne s'appuie pas sur le « réseau conceptuel constitutif de la sémantique de l'action. »[502]Avec l'intrigue, n'importe quelle coupure dans le continuum distingue et unit.

Du point de vue lyotardien, l'approche du récit historique est la meilleure approche de légitimation, puisque elle seule reconnait qu'il y a diversité plutôt qu'unicité, elle seule admet, comme le dit Hannah Arendt, la «*pluralité humaine*»[503]. Ainsi la légitimation par la médiation par le récit s'appuie sur la reconnaissance de la diversité au détriment de l'idée d'universalité construite à travers les différents discours de la modernité. À bien suivre la configuration du récit et le mode d'interaction des différents éléments, on peut déduire la dynamique qui caractérise les variétés des peuples de l'humanité. Cette humanité n'est que l'expression de la particularité de par ses dimensions historiques, géographiques.

Par ailleurs, la faculté d'écoute que consacre le récit permet, et cela plus que l'approche argumentative, d'acquérir ou de renforcer le potentiel cognitif. La communication discursive, on l'a noté plus haut, est limitée dans la saisie de la réalité et des événements. Cela en raison du caractère évanescent du discours parlé et de la réalité elle-même. Notre premier rapport au langage, disait Paul Ricœur, « n'est pas que nous parlions, mais que nous écoutions. »[504]

---

[502] P.RICOEUR *Temps et récits, tome 1 :l'intrigue et le récit historique*, op. cit., p. 112.

[503] P. RICOEUR, *La mémoire, l'histoire, l'oubli*, op. cit., p. 395.

[504] P. RICOEUR, *Temps et récits, tome 1 : l'intrigue et le récit historique,* op. cit., p. 85.

L'imagination poétique comme faculté de répétition s'ouvre sur des potentialités réprimées, ou inaperçues. La narration ne constitue pas seulement une réactualisation du passé, elle est la confrontation d'un présent passé avec un présent dans l'optique d'un présent futur. Loin d'être une tautologie ou une logomachie, ce propos renvoie à l'opportunité qu'offre le récit de lire les événements dans leurs individualités afin de construire notre identité. Les récits, selon Lyotard, racontent les succès et les échecs, donnent légitimation aux institutions de la société. Représentant un modèle d'intégration aux institutions « la science est d'origine en conflit avec le récit »[505]. L'écoute du récit, en plus du fait qu'elle maintient l'altérité du passé toujours présente ; serait aussi source d'un potentiel imaginatif chez le récepteur. Comme le confirme Ricœur, « c'est l'imaginaire qui empêche l'altérité de sombrer dans l'indicible ».[506]

Un autre point capital sur lequel nous renvoie le discours narratif est celui de la détermination de l'origine. La configuration du récit représente l'environnement indépassable de l'occurrence des événements ainsi que l'évolution des personnages. L'image des personnages en question constitue une représentation des individus au sein de la communauté représentée par la configuration. Même si une dynamique se dessine à travers l'évolution du tout et de la partie, le contexte socioculturel comme déterminant ne saurait être ignoré dans ce processus. Cela ne veut rien dire d'autre que les sujets sont, en tout lieu et en tout temps, déterminés par les événements qui les ont précédés. À sa naissance, disait tantôt Claude Romano, l'individu s'inscrit dans un contexte et il ne saura jamais s'en affranchir complètement. Il disait en substance que la « naissance surplombe, et par là même, aussi, tout instant et tout présent possibles. »[507]

La défaite de la pensée[508] d'Alain Finkielkraut admet, dans le même sillage, la pertinence d'un processus de légitimation fondé

[505] J.-F. LYOTARD, *La condition post moderne*, op. cit., p. 7.
[506] P. RICOEUR, *Temps et récits, tome 1, l'intrigue et le récit historique*, op. cit., p. 336.
[507] C. ROMANO, *L'événement et le temps,* op. cit., p. 277.
[508] A. FINKIELKRAUT, *La défaite de la pensée,* Paris, Gallimard, 1987.

sur le savoir historique. Ainsi, pour Alain Finkielkraut, « l'arbitraire culturel » s'est arrogé « le monopole de légitimité »[509] face à la prétendue universalité. La dimension historique traverse, de part en part, tous les domaines du savoir. Par- delà les invariants culturels, même les valeurs à prétention universelle seront différemment appréhendées par les individus au prorata de leur culture d'appartenance. Le récit des Cashinahua est institué essentiellement pour ce peuple celui qui n'appartient à ce peuple « ne peut pas entendre et ne peut pas raconter ».[510]

Mieux, l'écoute du récit permet de s'abstraire de la contrainte du présent et de développer des capacités d'initiation. Le récit nous fait rêver, il nous dote d'une force que ne nous procure aucunement la pratique argumentative. Pour approfondir cet aspect, il est important d'examiner proprement le récit dans sa dimension véritablement éthique.

2.2. Éthicité du genre narratif

Le genre narratif n'est pas un rappel désintéressé des événements antérieurs, il n'est pas non plus une entreprise folklorique à laquelle se donne les personnes en manque d'occupation. Le récit tel que développé par Lyotard se présente comme constitutif de la tradition sacrée. Etant incorporé dans la tradition, le récit obéit ainsi à un certain nombre de procédures établies par la communauté en question. Il ne constitue pas, en ce sens, une simple description. Le récit, selon Lyotard,

> est une figure du discours qui emprunte sa forme au mythe et au conte, et qu'il a comme eux pour fonction de distribuer les « données » en une succession toujours édifiante, d'en tirer une « morale » » ; de la sorte le récit accomplit toujours un désir ; et d'abord, par sa forme même, le désir que la temporalité soit sensée et l'histoire signifiable[511].

Le processus de ritualisation qui caractérise ce récit tranche avec le genre prescriptif qui exige l'obéissance à la loi. Tout au plus, la tradition requiert l'intériorisation de l'ensemble des règles de narration. Le récit Cashinahua est ainsi soumis à certaines

509 *Ibid.*, p. 88.
510 J.-F. LYOTARD, *Le différend*, op cit, p. 156.
511 J.-F. LYOTARD, *Dérive A partir de Marx,* op. cit., p. 115.

règles que chaque narrateur est censé respecter et faire respecter. En témoigne l'éternel rituel qui commence et termine le récit. « Voici l'histoire de, telle que je l'ai toujours entendue. Je vais vous la raconter à mon tour, écoutez-là ! ». Et la clôture s'opère par une formule générique qui dit : « Ici s'achève l'histoire de...celui qui l'a racontée, c'est un (nom cashinahua)... »[512] Telle est la caractéristique du récit Cashinahua. Il n'y a pas de forme standard de récit historique, il y en a autant de typologies que de types de communauté. À bien comprendre la thèse de Lyotard, les traditions communautaires sont trop rigides pour qu'elles soient englobées dans une histoire prétendument universelle. D'une communauté à une autre, les « récits de l'une sont exclusifs de ceux de l'autre »[513].

Le récit, comme le dit Ricœur, « n'est pas de récit éthiquement neutre »[514]. Sa force de légitimation repose sur sa capacité à créer une médiation entre la prescription et la description. Et, en tant que discours de médiation, il peut revêtir la forme d'un discours d'approbation, d'évaluation ou de condamnation. L'un dans l'autre il ouvre le champ « propédeutique à l'éthique »[515] sans la médiation du discours d'obligation. Ainsi, en tant qu'il confronte les événements du passé avec le temps présent, il contribue à l'édification de l'identité sans anéantir l'« existant ». Dans le même ordre d'idées, il enseigne sur un comportement éthique à partir de la permanence de l'identité dans le temps. Plus spécifiquement, la portée éthique serait jauger à travers le récit en fonction de la permanence des valeurs « le *caractère* et la *parole tenue* »[516].

Ainsi, Paul Ricœur met en exergue, Dans *Soi-même comme un autre*, les qualités morales que véhicule le récit. Ici, faut-il le préciser, l'approche du récit se veut une sorte d'enseignement des valeurs jugées nobles. L'appropriation de ces valeurs est jugée souhaitable aux destinateurs. Toutefois, la démarche de la

---

512 J.-F. LYOTARD, *Le différend,* op. cit., p. 220.
513 *Ibid.*, p. 226.
514 P. RICOEUR, *Soi-même comme un autre*, op. cit., p. 139.
515 *Id.*
516 *Ibid.*, p. 143.

narration repose sur un « impératif hypothétique »[517]. Elle ne se pose aucunement comme règle d'obligation que le destinataire doit impérativement appliquer. Même si les valeurs véhiculées sont estimées pertinentes, il n'y aucun indice d'obligation.

Le récit est donc un enseignement public qui a sa propre pédagogie. La particularité de cette pédagogie réside dans le fait qu'elle donne au destinataire le libre choix de s'en approprier ou de rejeter l'enseignement qui lui est offert. Aussi, les récits peuvent servir de modèles négatifs ou positifs d'intégration sociale. C'est-à-dire que contrairement à l'approche de la modernité qui présente toujours l'histoire en rose, le récit s'inscrit dans une logique double. L'histoire est en même temps présentée sous l'angle de la réussite et de l'échec. En d'autres termes, on ne trouve pas dans le récit un avenir tout tracé et meublé de promesses. Certes, l'homme est servi par l'histoire de son peuple, mais il lui appartient de se définir. C'est du reste ce qui caractérise beaucoup plus le récit Cashinaua. En ce sens, les récits n'exigent pas une unanimité à n'importe quel prix. La fidélité à la parole tenue est un des modèles de la permanence dans le temps : la promesse a une justification éthique, la tenue de la promesse, disait Ricœur, « paraît bien constituer un défi au temps, un déni au changement »[518]

Tout au plus, pouvons-nous dire que le récit ouvre la faculté imaginative des destinateurs sur les enjeux, mais il laisse, en denier ressort, à chacun le choix d'adhérer en fonction de son libre vouloir. Aussi, requiert-il essentiellement la capacité d'écoute. Le souci, ici, est de mettre les destinataires sur le même pied. Ce faisant, l'écoute nous permet, du moins plus que le parler, d'appréhender le sens. En d'autres termes, il y a plus de « libéralisme » dans les sens que dans le logos. Le « logos » représente la raison et la soumission à l'universel. Les sens, en revanche, ouvrent à l'individuel à la libération des intensités.

De plus, le récit éthique ne présente pas essentiellement des valeurs, il présente également des antivaleurs. Qu'est ce à dire ?

---

517 J.-F. LYOTARD, *Le différend,* op. cit., p. 156.

518 P. RICOEUR, *Soi-même comme un autre,* op. cit., p. 149.

C'est dire que le récit ne présente pas un ensemble de règles de vie toutes faites pour exiger aux destinateurs de les adopter. Ceci relève de l'attitude moderne. Le récit est une totalité des divers combinés qui se complètent, s'opposent et même s'entrechoquent. Il présente des exemples d'échecs et de réussites, des attitudes louables et des attitudes réprimandables. Bref, le récit s'oriente vers le dissensus.

Le récit annonce le dissensus par le fait qu'il s'ouvre à l'enchainement. Sa portée réside dans sa capacité à « enchaîner sur l'occurrence »[519]. En effet, la configuration du récit n'est pas identique à un système clos, ce qui fait que le « il arrive a toujours une place dans le récit. La structure du récit n'annihile pas le contingent, elle l'intègre au nom du progrès historique. C'est ainsi que la logique du récit fait place à tous les genres de discours, admet une pluralité des jeux de langage.

L'histoire est faite « de volontés en train de s'émanciper »[520] et la légitimation narrative n'a pas une visée de domination, elle s'inscrit plutôt dans le cadre de la libération des énergies. C'est d'ailleurs ce qui explique que, contrairement à la grande histoire qui procède à une extinction des noms, le récit utilise des noms individués afin de particulariser les attributs et de conférer à chaque partie ce qui lui revient de droit et qui la différencie des autres.

Comme le laisse apparaître la configuration de l'intrigue, l'individuel fait l'expérience de la contingence sans pour autant s'enliser dans la généralité. Il reste lui-même tout en étant un autre grâce à la transformation de la contingence en nécessité. La dialectique du divers et de l'identité permettant de faire avancer l'histoire sans pour autant qu'il y ait un universel englobant. C'est à l'instar de la dynamique de la répétition que Gilles Deleuze met en relief dans *Répétition et différence* : « La répétition, affirme Deleuze, ne change rien dans l'objet qui se répète, mais elle change quelque chose dans l'esprit qui la contemple »[521].

---

519 J.-F. LYOTARD, *Le différend,* op. cit., p. 229.

520 *Ibid.*, p. 231.

521 G. DELEUZE, *Différence et répétition,* Paris, PUF, 1968, p. 96.

2.3. L'écriture dans le processus de légitimation

Pour bien appréhender la portée de l'écriture chez Lyotard, il y a lieu de se rendre à l'évidence que le langage, en tant que tel, n'existe pas. Lyotard reconnait qu'il y a des phrases et des combinaisons des phrases qui s'enchainent. Ce que l'on voit, disait-il, ce n'est pas le langage, « mais une infime partie de phrases qu'on peut entendre, écrire, lire, et prononcer ».[522]Ces phrases sont constituées des propositions, phonèmes, des mots, des lettres et des ponctuations. C'est l'ensemble de tous ces éléments constitués selon des structures variées qu'on appelle langage. Ainsi, la vision de Lyotard est plus focalisée sur les éléments constitutifs du langage que le langage lui-même qui peut être résumé à une vue de l'esprit. La théorie de l'écriture élaborée, s'inscrit comme prolongement de cette vision.

Ainsi, c'est lorsqu'elle met en exergue la place et la portée de chaque élément constitutif du discours qu'elle se présente comme une théorie de légitimation. L'écriture rétablit, en ce sens, un ordre de pluralité où chaque élément, bien que partie du tout, conserve sa propre identité. Elle s'oppose en ce sens, à la communication discursive, qui, orientée vers la recherche des preuves, respecte à peine les identités de ces éléments. L'approche de l'écriture, telle qu'elle est mise en exergue dans *Discours Figure et Textes dispersés*, s'oppose à la vision du structuralisme linguistique dans laquelle la partie est totalement inféodée au tout.

L'écriture, en revanche, nous fait obligation de présenter individuellement les parties de ce tout. Tel est le sens de légitimation par écriture. Elle s'inscrit dans l'optique de l'autonomisation des identités de chaque élément du discours. Elle vise à « faire sa juste place à l'énergie potentielle qui se trouve accumulée ».[523]L'écriture requiert du sujet le respect des intensités incarnées par chaque élément du discours. Elle responsabilise le

---

[522] J.-F. LYOTARD, *Textes dispersés II : artistes contemporains*, Paris, Presses universitaires de Louvain, 2012, p. 444.
[523] J.-F. LYOTARD, *Discours Figure*, op. cit., p. 216.

sujet par rapport à cette nécessité, car c'est la tension issue des différentes intensités qui conditionne l'enchainement.

Le but de l'écriture est de dire le singulier là où le système cognitif ne parle que de l'universel. Dans sa dimension littéraire même, l'écriture est expression de la singularité. Elle force le lecteur au respect des lettres constituant les différents termes de la phrase, et impose la prise en compte de la ponctuation. En d'autres termes, c'est dans l'écriture que les régimes des phrases trouvent toute leur forme. Grâce à l'écriture, on fait exister le mot et tous les autres éléments constitutifs de la phrase, pendant que ces derniers ont tendance à se faire absorber dans le vacarme du discours

L'écriture est un style de description, et en tant telle elle relate le réel tel qu'il est dans son exhaustivité. L'écriture fait l'anamnèse de la matière, les mots ; elle permet « d'exposer et de manifester, une manière de langue, un idiome, qui par là procède de la tradition, mais qui ne résulte pas. »[524]. C'est en ce sens que la pratique de la légitimation par l'écriture transcende et s'oppose à l'abstraction de l'éthique de la discussion. De plus, en tant que trace, l'écriture facile la compréhension parce qu'en tant qu'elle est toujours présente au lecteur, elle offre la possibilité de reprise et de meilleure compréhension. Pendant que dans le débat argumentatif public, l'interlocuteur réussit difficilement à parvenir à la mémorisation du discours de son auditeur, l'écrivain garantie à son lecteur la possibilité de le reprendre autant de fois qu'il le peut afin que la compréhension du document soit plus poussée, et que par conséquent le dernier verdict soit plus fondé. Comme le dit toujours Lyotard, l'« appréhension requiert donc une emprise temporalisante minimale ».[525]

Aussi, ce que le discours tente en vain de noyer, l'écriture le révèle avec netteté. On pense effacer *Auschwitz* de l'histoire en mettant fin à la vie de tout ce qui peuvent témoigner de l'existence des chambres à gaz. On a tenté de nier l'histoire en faisant table rase de tout ce qui s'est produit comme abominable. Mais, les

---

[524] J.-F. LYOTARD, *Misère de la philosophie,* p. 103.
[525] J.-F. LYOTARD, *L'inhumain. Causeries sur le temps,* op. cit., p. 154.

traces parlent plus que le discours. Derrida disait que lorsque« la parole échoue à projeter la présence, l'écriture devient nécessaire ».[526] Tout ce qui fut fait va demeurer en tant que réalité. Pire, c'est lorsqu'on tente d'effacer l'écriture dans sa dimension de trace qu'elle se révèle au grand jour comme indéniable. « Écrire, selon Lyotard, pointe et assigne des fragments atterrés. Penser n'est rien auprès, qui les rassemble et les ordonne en longs discours *(sustena)* apprivoisant la violence que leur matière recèle ».[527]Dans leur esprit de réconciliation et de l'instauration de l'universel et du particulier, les modernes voulaient faire abstraction du passé. On veut faire oublier quelques fragments de ce passé en instaurant une espèce de discours qui présente le monde commun. Pour les penseurs comme Lyotard, si cela est possible, il doit ne pas être un prétexte pour nier les dures réalités du passé.

De ce point de vue, Lyotard se convainc de l'idée qu'il n'y a pas d'autres moyens susceptibles d'établir une réconciliation en dehors de l'écriture dans sa dimension artistique. En même temps qu'il exprime l'innommable, l'art offre la possibilité d'unité. Mais cette unité que permet l'art est englobante et non-exclusive. Elle est englobante parce qu'elle embrasse toutes les parties de l'être. Elle est non exclusive parce qu'elle ne priorise pas un aspect sur un autre. Ceci tient du fait que l'art émane de la faculté de l'imagination et non de l'entendement. En ce sens, le type d'unité qu'il établit n'est ni déterminée ni finalisée au sens de l'approche conceptuelle. Ce passage en dit long sur la caractéristique de cette unité que permet l'art :

> L'art propage à la dérobée le tintement de l'inouï. Comme nous sommes amants ou fraternels par fusion de gorges étanches, de même l'œuvre d'art met en communication des solitudes absolues, les unes avec les autres, et avec les stridulations du cosmos.[528]

C'est surtout dans la relation au texte[529] que l'on découvre le plus la vertu de l'écriture. En effet, face au texte, le lecteur se sent

---

[526] J. DERRIDA, *La grammatologie,* op. cit., p. 201.
[527] J.-F. LYOTARD, *Misère de la philosophie,* op. cit.,p. 295.
[528] J.-F. LYOTARD, *Chambres sourde,* Paris, Galilée, 1998, p. 111.
[529] J.-F. LYOTARD, *Discours Figure*, op. cit., p. 213.

plus en sécurité, plus en liberté. N'étant pas en face d'une autre présence physique, le sujet échappe de beaucoup, aux éventualités manipulatoires. En revanche dans l'interlocution ou communication publique argumentée, les interlocuteurs sont exposés, par delà le langage, aux éventualités de manipulation liées au contact physique.

Disons que l'écriture devient nécessaire dès que le contexte de la réalité devient inapte à exprimer l'être de l'inaudible, c'est-à-dire à présenter quelque chose qui mérite de l'être mais qui ne l'est pas encore. L'écriture symbolise alors un manque de la présence en même temps qu'elle est présence. Ainsi, l'écriture dans son acception globale, versant classique et artistique, a pour but de combler ce vide, en donnant vie à l'inexistant, à ce qui est nié par la réalité de la vie. « Par quelque moyen qu'elle procède, il lui reste à faire sous-entendre la présence du reste, omis d'emblée par le discours : le rien que celui-ci suture. »[530]

La communication discursive s'envole et s'écoule, emportée par l'instant. D'une part, le locuteur n'est pas suffisamment responsabilisé dans la communication argumentative et d'autre part, le temps qui passe emporte avec lui les preuves du témoignage et donne la possibilité à celui de nier ses propres propos. En revanche, l'écriture requiert du sujet l'oubli de soi. C'est en étant « absent aux réalités »[531], qu'il sera converti »en visionnaire très réel de l'Absent »[532].De plus, pour appréhender le véritable sens du discours, il nous faut du temps et de la concentration. Cette concentration est beaucoup plus garantie dans la lecture des textes écrits qu'à travers le débat public.

L'écriture a aussi trait à la conservation du passé historique. Elle« ouvre le champ de l'histoire »[533] , mais l'expression de l'historicité vise plus que la simple réactualisation de ce qui est passé, elle s'attèle fondamentalement à révéler ce qui même étant passé ne doit pas être oublié. Plus spécifiquement, l'écriture est

---

[530] J.-F. LYOTARD, *Chambre sourde*, op. cit., p. 63.
[531] *Ibid.*, p. 59.
[532] *Ibid.*, p. 59.
[533] J. DERRIDA, *La Grammatologie*, op. cit., p. 42.

donc destinée à faire une « archéologie du silence »[534], pour parler comme Derrida. L'engagement pour l'écriture est un engagement qui vise à briser le silence sur le non-dit, sur ce que le discours a mis de côté. Car, la parole, pour le dire une fois de plus, est en soi, défaillante, elle se réduit à exprimer uniquement le contenu de la raison. Le discours en tant que logocentrique est une structure d'exclusion.

Bref, on peut dire que l'implication de l'écriture dans toute son acception vise, dans la perspective lyotardienne, à dénoncer le principe d'universalisation de la communication discursive. En effet, Lyotard s'accorde avec Derrida pour démonter que le principe de discours argumenté ne peut en aucun cas fondé une unité dès lors que le discours est affecté d'une incomplétude. La communication discursive, a besoin, pour atteindre son effectivité, l'écriture comme complément. Daniel Bougnoux n'a pas tort lorsqu'il affirme que le langage n'est pas le tout de la communication.[535]Il est évident qu'on ne saurait réaliser un universel par le biais de ce qui, en soi, est défaillant. Cette universalité, si elle serait possible passerait par ce qui est plus indiqué à exprimer les identités, ce qui du coup disqualifie la parole, car le mot oralement articulé est trop faible pour traduire le « sens originaire de l'être ».[536]

Comme l'art, l'écriture est liée à la faculté d'imagination tandis que le discours est lié à la raison. Ces deux facultés s'opposent dans leur mode de fonctionnement. Dans son fonctionnement, l'imagination cherche à restituer à chaque entité son identité pendant la raison opère une légitimation par universalisation. Aussi, l'écriture témoigne-t-elle de la parfaite autonomie de son auteur, parce qu'elle ne fait suite à aucune demande. Tandis qu'un style de la conversation est en dette par rapport à une question, une réplique à un autre discours déjà constitué, l'écriture, elle « ne vient pas en réponse à une question. Elle va de son propre pas. » Et elle « ne tient pas son être d'autre

---

[534] J. DERRIDA, *L'écriture et la différence,* op. cit., p. 57.

[535] D.BOUGNOUX, *La Communication par la bande, Introduction aux sciences de l'information et de la communication*, Paris, La Découverte, 1998, p. 66.

[536] J. DERRIDA, *La Grammatologie*, op. cit., p. 35.

chose que soi même. »[537]. Aussi, à travers le style d'écriture, on ne justifie rien d'autre que ce que l'on écrit à l'instant. C'est ce qui fait d'elle le discours du présent.

Sur un tout autre plan aussi déterminant, on se sert de l'écriture pour valoriser les événements passés. Grâce à l'écriture, des générations culturelles sont conservées et participent à la construction de l'avenir. Pendant que le discours volatile s'écoule avec le temps qui s'écoule, l'écriture demeure un défi face au temps. L'écriture, disait Lyotard, rend compte, « elle rend compte un compte qui serait perdu sans elle. »[538].

En même temps qu'elle constitue un mécanisme de conservation, elle participe à la libération en faisant échec à la fuite du temps. Avec l'écriture, l'homme se libère de l'angoisse parce qu'il parvient à poser le passé, le présent et même le futur comme instant. Mais, l'écriture pose une exigence qui est la lecture. Pour s'approprier son être ou légitimer le passé il faut être en mesure de lire. Hans-Georg Gadamer en donne la confirmation en disant que la familiarité avec l'écrit « nous libère et nous lie », en « lui l'espace et le temps semblent abolis. Quiconque sait lire ce qui est transmis par écrit atteste et accomplit la pure présence du passé. »[539]

537 J.-F. LYOTARD, *Moralités postmodernes*, op. cit., p. 148.
538 *Ibid.*, p. 148.
539 H.-G. GADAMER, *Vérité et méthode*, op. cit., p. 183.

CONCLUSION

Pour tirer une conclusion sur l'enjeu de la communication argumentative et esthétique, la nécessité s'impose de faire un récapitulatif des articulations et concepts saillants qui déterminent l'ossature de chaque approche. Ainsi, il importe de rappeler que Jürgen Habermas et Jean-François Lyotard ont procédé à une réélaboration du système kantien. L'un et l'autre ont démontré, selon les orientations respectives qu'ils ont données à la raison kantienne, que le formalisme kantien est trop transcendantal pour avoir prégnance sur la réalité sociale. Cette reconstruction de la raison kantienne, s'inscrit pour Habermas dans la logique de la réalisation des objectifs des Lumières, c'est dire de la libération et l'émancipation de l'humanité par la communication publique délibérative. C'est donc sous l'angle de la communication que Habermas a trouvé la clef qui sert à la réalisation de l'émancipation et de l'unité des divers. On doit donc, comme l'a bien exposé Habermas, créer les conditions de l'unité du divers sous la conduite de la raison communicationnelle.

Pour Lyotard, en revanche, il n'a y a pas d'unité qui tienne. La raison ne peut pas est être un facteur d'unité du divers. Il s'est, en ce sens, attelé à démontrer que l'unité, en tant qu'elle est prônée par les penseurs de la modernité comme Habermas, n'est que l'expression de la domination du particulier. La raison communicationnelle, en tant qu'elle s'appuie sur la logique discursive, ne peut pas asseoir l'unité sans créer des différends. En effet, si pour Habermas, le langage incarne une structure universelle qui facilite l'intercompréhension, pour Lyotard, il constitue un facteur de différend en érigeant la vérité cognitive comme métalangage à l'aune de laquelle on évalue le langage ordinaire. Aussi, pour Lyotard le langage ordinaire est original et doit rester comme tel. Il s'oppose ainsi à la question de la rationalisation dans le sens de reconstruction du monde vécu et du langage.

Certes, pour Habermas, toute structure langagière recèle la possibilité d'un consensus. Mais la reconstruction de la raison kantienne traduite par une théorie de la discussion vise la mobilisation du principe moral comme principe d'universalisation.

Le langage naturel subi, en ce sens, une restructuration qui pourra mieux permettre aux acteurs sociaux d'instituer des intérêts à valeur universalisable. Ainsi, la procédure de l'éthique habermassienne a consisté à reconstruire les contenus d'une morale universelle à travers les présupposés de l'argumentation. Aussi, l'édification du consensus comme objectif ultime de la communication intersubjective requiert-elle la reconstruction théorique des compétences des acteurs sociaux. C'est seulement à ce prix que les codes moraux individuels peuvent acquérir une portée universelle.

Les idéaux normatifs mis en place à travers la discussion sont basés sur 'la prétention de la validité' critiquable de chaque acte langagier et les présuppositions pragmatiques de la communication. Honorer les prétentions à la validité d'un acte de discours consiste, dans cet esprit, à prouver la validité du discours produit par le locuteur. Quant aux présupposés pragmatiques de la communication, ils sont conçus comme dispositifs procéduraux qui permettent à chaque acteur impliqué dans la discussion d'assumer des responsabilités dans le sens du respect de ses actes de paroles mais aussi dans le sens du respect de ses interlocuteurs. De plus, Habermas élabore un système de droit et d'institutions administratives qui garantiront la bonne conduite des activités de communication publique et assureront la légitimité des procédures et décisions issues du public.

Pour Lyotard, le processus de justification, en tant qu'il implique une exigence cognitive, est un processus discriminatoire. En mettant l'accent sur l'argumentation et la justification, la théorie de la discussion commet un tort d'abord en érigeant un genre de discours au détriment d'un autre. Elle commet un autre tort en soumettant tous les individus à l'argumentation sans se soucier du potentiel argumentatif des uns et des autres. Aussi, elle se détache d'une couche sociale considérable qui ne peut faire preuve d'une telle abstraction communicationnelle.

En premier lieu, l'argumentation n'est qu'un genre de discours parmi tant d'autres. Il y a bien des genres de discours et des régimes de phrases, a-t-il avancé qui méritent d'être envisagés dans toute pratique de discours. Ainsi, chez Lyotard, le récit est le genre de discours qui prend beaucoup plus en compte la question du différend parce qu'il n'exclut aucun genre de discours. Aussi, la pratique narrative dans sa dimension historique, se pose-t-elle comme processus légitimation des institutions sociales. Cette légitimation diffère toutefois, du discours moderne.

Sur un tout autre plan, Lyotard conçoit la réalisation de l'universel et du particulier uniquement dans la communication esthétique. L'universalité qui n'est pas réalisable dans l'argumentation est possible dans le jugement du goût. Pour Lyotard, la communication argumentative échoue dans la réalisation de l'universel parce qu'elle s'opère sous l'emprise de l'entendement. En ce sens, l'universalité du goût dépasse l'universalité discursive en ce qu'elle n'est ni déterminée ni finalisée. En conséquence, Lyotard pense que ce sont les œuvres artistiques qui peuvent réaliser l'unité assignée à l'argumentation. En effet, dans la contemplation esthétique la sensibilité prend la place du langage discursif. Même si l'appréciation esthétique requiert également un talent spécifique, elle demeure beaucoup plus à la portée des citoyens que la pratique de la discussion, du moins, telle qu'elle est envisagée par Habermas. À ce niveau, la discrimination n'est sera si criarde comme dans la pratique la discussion habermassienne, l'exigence cognitive n'étant pas de mise en situation d'expérience esthétique. De plus, l'expérience esthétique ne requiert aucune confrontation argumentative. Seulement, chaque acteur éprouve la même chose que son prochain et c'est de cette façon que se constitue l'universalité dans le jugement du goût.

La restructuration des deux approches peut permettre de poser le jalon d'un paradigme intermédiaire qui reprendra à son compte certains fondamentaux de ces deux approches. Cette restructuration doit consister, d'une part, à reconsidérer l'intersubjectivité dans l'espace public en renforçant la question de reconnaissance sociale et celle du contexte de la communication, non suffisamment pris charge par Habermas. Elle consistera, d'autre part, elle à reconsidérer l'idéal de la communication esthétique en prenant éventuellement en considération l'avènement de la technoscience qui caractérise le contexte actuel.

BIBLIOGRAPHIE

1. Ouvrages de Jürgen HABERMAS

La technique et la science comme Idéologie, trad. Jean-René Ladmiral, Paris, Gallimard, 1973.

Profils philosophiques et politiques, trad. Françoise Dastur, Jean-René Ladmiral et Marc B. de Launay, Paris, Gallimard, 1974.

Connaissance et Intérêt, trad. Gérard Clemançon, postface traduite par Jean-Marie Brohom, préface par Jean-René Ladmiral, Paris, Gallimard, 1976.

Espace public. Archéologie comme dimension constitutive de la société bourgeoise, trad. Marc B. de Launay, Paris, Payot, 1978.

Raison et Légitimité. Problème de légitimation dans le capitalisme avancé, trad. Jean Lacoste, Paris, Payot, 1978.

Après Marx, trad. Jean-René Ladmiral et Marc B. de Launay, Paris, Fayard, 1985.

Morale et communication, trad. Christian Bouchindhomme, Paris, Cerf, 1986.

Théorie de l'agir communicationnel, tome 1 : *Rationalité de l'agir et rationalité de la société*, trad. Jean-Marc Ferry, Paris, Fayard, 1987.

Théorie de l'agir communicationnel, tome 2 : *Critique de la raison fonctionnaliste*, trad. Jean-Louis Schlegel, Paris, Fayard, 1987.

Logiques des sciences sociales et autre essais, Paris, PUF, trad. Rainer Rochlitz, 1987.

Discours philosophique de la modernité. Douze conférences, trad. Christian Bouchindhomme et Rainer Rochlitz, Paris, Gallimard, 1988.

Ecrits politiques. Culture, droit, histoire, trad. Christian Bouchindhomme et Rainer Rochlitz, Paris, Cerf, 1990.

Textes et contextes. Essais de reconnaissance théorique, trad. Marc Hunyadi et Rainer Rochlitz, Paris, Cerf, 1994.

Sociologie et théorie du langage, Trad. Rainer Rochlitz, Paris, Arman Colin, 1995.

Droit et démocratie. Entre faits et normes, trad. Rainer Rochlitz et Christian Bouchindhomme, Paris, Gallimard, 1997.

L'intégration républicaine. Essais de théorie politique, trad. Rainer Rochlitz, Paris, Fayard, 1998.

Après l'État-nation. Une nouvelle constellation politique, trad. Rainer Rochlitz, Paris, Fayard, 2000.

Vérité et justification, trad. Rainer Rochlitz, Paris, Gallimard, 2001.

L'avenir de la nature humaine, Trad. Christian Bouchindhomme, Paris, Gallimard, 2002.

Éthique de la discussion et la question de la vérité, Paris, Grasset, trad. Patrick Savidan, 2003.

De l'usage public des Idées. Ecrits politiques, trad. Christian Bouchindhomme, Paris, Fayard, 2005.

Une époque de transition. Ecrits politiques 1998-2003, Trad. Christina Bouchindhomme, Paris, Fayard, 2005.

Débat sur la justice politique, Trad. Catherine Audard et Rainer Rochlitz, Paris, Editions du Cerf, 2005.

Idéalisation et communication. Agir communicationnel et usage de la raison. Trad. Christian Bouchindhomme, Paris, Fayard, 2006.

Théorie et pratique, Trad. Gérard Raulet, Paris Payot, 2006.

De l'éthique de la discussion, trad. Mark Hunyadi, Paris, Flammarion, 2013.

2. Ouvrages de Jean-François LYOTARD

La phénoménologie, Paris, PUF, 1954.

Économie libidinale, Paris, Les Editions de Minuit, 1974.

Instructions païennes, Paris, Galilée, 1977.

Le mur du pacifique, Paris, Galilée, 1979.

La condition postmoderne, Paris, Minuit, 1979.

Le Différend, Paris, Editions de Minuit, 1984.

Tombeau de l'intellectuel et autres papiers, Paris, Galilée, 1984.

L'enthousiasme, Paris, Galilée, 1986.

« Heidegger et les juifs », Paris, Galilée, 1988.

Le postmoderne expliqué aux enfants, Editions Galilée, 1988.

Lectures d'enfance, Paris, Galilée, 1991.

LYOTARD Jean-François, *Dérive à partir de Marx et de Freud,* Paris, Galilée, 1994.

Signé Malraux, Pais, Grasset, 1996.

La guerre des Algériens, Paris, Galilée, 1989.

Pérégrinations Paris, Galilée, 1990.

Des dispositifs pulsionnels, Paris, Galilée, 1994.

La confession d'Augustin, Paris, Galilée, 1998.

Chambre sourde, Paris, Galilée, 1998.

Misère de la philosophie, Paris, Galilée, 2000.

Discours, Figure, Paris Klincksieck, 2002.

Moralités postmodernes, Paris, Galilée, 2005.

Au Juste, Paris, Editions de Minuit, 2006.

Que peindre, Paris, Hermann Editeurs, 2008.

Les transformateurs Duchamp. Écrits sur l'art contemporain et les artistes, Paris, Galilée, 1977.

LYOTARD Jean-François, *Rudiments Païens,* Paris, Klincksieck, 2011.

Pourquoi philosopher ?, Paris, PUF, 2012.

Textes dispersés tome I : esthétique et théorie de l'art., Paris, Presses universitaires de Louvain, 2012.

Textes dispersés tome II : artistes contemporains, Paris, Presses universitaires de Louvain, 2012.

L'inhumain, causerie sur le temps, Paris, Klincksieck, 2014.

Leçons sur l'analytique du sublime, Klincksieck, 2015.

3. Autres documents consultés

ADORNO Theodor W., *Dialectique négative*, trad. Collectif du collège de philosophie, Paris, Payot, 1978.

ADORNO Theodor W., *Minima moralia*, Paris, Payot, 1980.

AKUE ADOTEVI Mawusse Kpakpo, *Jeux de langage et raison communicationnelle. Le statut de l'incompréhension dans le langage*, Marseille, Résurgences, 2014.

AKUE ADOTEVI Mawusse Kpakpo, « La distinction performatif/constatif : une lecture critique de François Recanati », *Nazari*, Revue africaine de philosophie et de sciences sociales, N°001, Niamey, 2015, pp. 129-145.

AMEY Claude et OLIVE Jean-Paul, *A partir de Jean-François Lyotard*, Paris, l'Harmattan, 2000.

ARENDT Hannah, *La condition de l'homme moderne*, trad. Georges Fradier, Paris, Calmann-Lévy, 1961.

ARENDT Hannah, *La crise de la culture*, Paris, Gallimard, coll. « Folio Essais », 1972.

ASSOUN Paul-Laurent, RAULET Gérard, *Freud, La philosophie et les philosophes*, Paris, PUF, 1976.

ASSOUN Paul-Laurent, RAULET Gérard, *Marxisme et théorie critique,* Paris Payot, 1978.

AUSTIN John Langshaw, *Quand dire c'est faire*, Paris, Editions du Seuil, 1962.

BABILAR Etienne et. al., *Rejouer le politique*, Paris, Editions Galilée, 1981.

BADIOU Alain (Avec TARBY Fabien), *La philosophie de l'évènement. Entretiens suivis d'une courte introduction à la philosophie d'Alain Badiou*, Paris, Edition s Jermania, 2010.

BENVENISTE Emile, *Problème de linguistique générale*, Paris, Gallimard, 1966.

BOUCHINDHOMME Christian, ROCHLITZ Rainer, *Habermas, la raison, la critique,* Paris, Cerf, 1996.

BOUGNOUX Daniel, *La communication par la bande. Introduction aux sciences de l'information et de la communication*, Paris, La Découverte, 1998.

BOURDIEU Pierre, *Ce que parler veut dire, l'économie des échanges linguistiques,* Paris, Fayard, 1982.

CASSIRER Ernest, *Philosophie des formes symboliques. La pensée mythique,* Paris, Editions de Minuit, 1972.

CUSSET Yves, STEPHANE Haber, *Le vocabulaire de l'école de Francfort*, Paris, Ellipses, 2002.

D'ANS André-Marcel, *Le Dit des vrais hommes. Mythes, légendes et traditions des indiens Cashinahua*, Paris, Gallimard, 1991.

DEGUIY Cortine et al., *Du sublime,* Paris, Editions belin, 1988.

DERRIDA Jacques, *La voix et le phénomène,* Paris, PUF, 1967.

DERRIDA Jacques, *L'écriture et la différence,* Paris, Editions du Seuil, 1967.

DERRIDA Jacques, *De la grammatologie,* Paris, Editions de Minuit, 1967.

DERRIDA Jacques et al., *La faculté de Juger,* Paris, Editions de Minuit, 1985.

DUFRENNE Mikel, *Esthétique et philosophie*, tome 1, Paris, Editions Klincksieck, 1980.

DUPERIX Alexandre, *Comprendre Habermas*, Paris, Armand Colin, 2009.

DURAND-GASSALIN Jean-Marc, *L'Ecole de Francfort*, Paris, Gallimard, 2012.

FERRY Jean-Marc, *Philosophie de la communication, 1. De l'antinomie de la vérité à la fondation ultime de la raison,* Paris, Editions du cerf, 1994.

FERRY Jean-Marc, *Philosophie de la communication, 2. Justice politique et démocratie procédurale*, Paris, Editions du Cerf, 1994.

FINKIELKRAUT Alain, *La défaite de la pensée*, Paris, Gallimard, 1987.

FISCHBACH Franck, *L'être et l'acte. Enquête sur les fondements de l'ontologie moderne de l'agir*, Paris, Librairie philosophique J. Vrin, 2002.

FUKUYAMA Francis, *La fin de l'histoire et le dernier homme*, Paris, Flammarion, 1992.

GADAMER Hans-Georg, *Vérité et méthode. Les grandes lignes d'une herméneutique philosophique,* trad. Etienne Sacre, Paris, Seuil, 1976.

GRICE Paul, « Logique et conversation », in *Communication*, pp. 57-72,30, 1976, Trad. Fréderic Berthet, Michel Bozon, http://www.perse.fr/doc/comm-0588-8018-1976-num-30-1-1446.

GUEYE Sémou Pathé, *Du bon usage de la démocratie en Afrique*, Dakar, Nouvelles Editions Africaines du Sénégal, 2003.

HABER Stéphane, *Critique de l'antinaturalisme. Etudes sur Foucault, Butler et Habermas*, Paris, PUF, 2006.

HAGIE Samar, *Bernard-Marie Koltès. L'Esthétique d'une argumentation dysfonctionnelle,* Paris, L'Harmattan, 2011.

HEGEL Georg Wilhelm Friedrich, *Principes de la philosophie du droit*, trad. Robert Dératé avec la collaboration de Jean-Paul Frick, Paris, Vrin, 1982.

HEGEL, Georg Wilhelm Friedrich, *Esthétique*, volume 1, trad. Charles Bénard revue et corrigé par Benoît Timmermans, Paris, Librairie Générale Française, 2001

HORKHEIMER Max, *L'éclipse de la Raison*, Paris, Payot, 1974.

HORKHEIMER Max, ADORNO Theodor W., *La Dialectique de la raison*, trad. Eliane Kaufholz, Paris, Gallimard, 1974.

HORKHEIMER Max, ADORNO Theodor W., *Théorie traditionnelle et théorie critique,* Paris, Gallimard, 1974.

HUBENY Alexandre, *L'action dans l'œuvre de Hannah Arendt. Du politique à l'éthique*, Paris, Découvrir, 1993.

KABORE Boniface, *L'idéal démocratique entre l'universel et le particulier. Essai de philosophie politique,* Paris, L'Harmattan, 2001.

KOJEVE Alexandre, *Le concept, le temps et le discours. Introduction au système du savoir,* Paris, Gallimard, 1990.

LEVINAS Emmanuel, *Le temps et l'autre*, Paris, PUF, 1983.

LEVINAS Emmanuel, *Totalité et infini. Essai sur l'extériorité,* Paris, La Haye, Martinus Nijhoff, 1961, rééd. Paris Librairie Générale Française, collection « Le livre de poche », 2006.

MERLEAU-PONTY Maurice, *Phénoménologie de la perception,* Paris, Gallimard, 1945.

MEYER Michel, *Qu'est-ce que l'argumentation ?*, Paris, Vrin, 2008.

NIETZSCHE Friedrich, *Généalogie de la morale*, Paris, Gallimard, 1964.

PACIFIC Christophe, *Consensus/dissensus. Principe du conflit nécessaire,* Paris, L'Harmattan, 2011.

POPPER Karl R., *Conjectures et réfutations. La croissance du savoir scientifique,* Paris, Payot, 1985.

RAJCHMAN John et WEST Cornel, *La pensée américaine contemporaine,* Paris, PUF, 1991.

RAMADAN Tariq, *L'autre en nous. Pour une philosophie du pluralisme,* Paris, Presses du Chatelet, 2009.

RAWLS John, *Théorie de la Justice,* trad. Catherine Audard, Paris, Edition Les seuils, 2009.

RECANATI François, *Philosophie du langage*, Paris, Gallimard, 2008.

RENAUT Alain, *Kant aujourd'hui,* Paris aubier, 1997.

RESWEBER Jean-Paul, *La philosophie du langage,* Paris, PUF, 1979.

RICŒUR Paul, *De l'interprétation. Essai sur Freud,* Paris, Editions du Seuil, 1965.

RICŒUR Paul, *Temps et récits 1. L'intrigue et le récit historique,* Paris, Editions du Seuil, 1983.

RICŒUR Paul, *Temps et récits 2. La configuration dans le récit de fiction,* Paris, Editions du Seuil, 1984.

RICŒUR Paul, *Temps et récit 3. le temps raconté*, Paris, Seuil, 1985.

RICŒUR Paul, *Soi-même comme un autre*, Paris, Editions du Seuil, 1990.

ROCHLITZ Rainer, *Subversion subvention. Art contemporain et argumentation esthétique,* Paris, Gallimard, 1994.

ROCHLITZ Rainer, *Habermas. L'usage public de la raison*, Paris, PUF, 2002.

ROMANO Claude, *L'évènement et le temps*, Paris, PUF, 1999.

L'Harmattan, 2016.

SEARL John Rogers, *Les actes de langage. Essai de philosophie de langage*, Paris, Hermann, 1972.

SERKI Mounkaïla Abdo Laouali, *Penser l'art contemporain. Contribution à l'esthétique philosophique,* Paris, L'Harmattan, 2014.

SFEZ Gérald, *Jean-François Lyotard, la faculté d'une phrase*, Paris, Galilée, 2000.

TOUMANOV Vladimir, *Pensée Juridique contemporaine,* Moscou, Editions du progrès, 1974.

TOURAINE Alain, *Critique de la modernité,* Paris, Fayard, 1992.

VEGA Amparo, *Le premier Lyotard : philosophie critique et politique,* Paris, L'Harmattan, 2010.

WAHL François, *Frege Gottlob. Ecrits logiques et philosophiques,* Trad. Claude Imbert, Paris, Editions du Seuil, 1967.

WEBER Max, *L'éthique protestante et l'esprit du capitalisme suivi d'un autre essai,* Trad. Jacques Chari, Paris, Librairie Plon, 1964.

WIGGERSHAUS Rolf, *L'Ecole de Francfort. Histoire, développement et signification,* trad. Lilyane Deroche-Gurcel, Paris, PUF, 1993.

WITTGENSTEIN Ludwig, *Cahier bleu et cahier brun, Etudes préliminaires aux « investigations philosophiques »,* trad. Guy Durand, Paris, Gallimard, 1965.

WITTGENSTEIN Ludwig, *Tractatus logico-philosophicus,* Trad. Gilles-Gaston Granger, Paris, Gallimard, 1993.

WITTGENSTEIN Ludwig, *Recherches philosophiques,* trad. Françoise Dastur, Maurice Elie, Jean-Luc Gautero, Dominique Janicaud, Elizabeth Rigal, Paris, Gallimard, 2004.

TABLE DES MATIÈRES

Structures éditoriales du groupe L'Harmattan

L'Harmattan Italie
Via degli Artisti, 15
10124 Torino
harmattan.italia@gmail.com

L'Harmattan Hongrie
Kossuth l. u. 14-16.
1053 Budapest
harmattan@harmattan.hu

L'Harmattan Sénégal
10 VDN en face Mermoz
BP 45034 Dakar-Fann
senharmattan@gmail.com

L'Harmattan Cameroun
TSINGA/FECAFOOT
BP 11486 Yaoundé
inkoukam@gmail.com

L'Harmattan Burkina Faso
Achille Somé – tengnule@hotmail.fr

L'Harmattan Guinée
Almamya, rue KA 028 OKB Agency
BP 3470 Conakry
harmattanguinee@yahoo.fr

L'Harmattan RDC
185, avenue Nyangwe
Commune de Lingwala – Kinshasa
matangilamusadila@yahoo.fr

L'Harmattan Congo
67, boulevard Denis-Sassou-N'Guesso
BP 2874 Brazzaville
harmattan.congo@yahoo.fr

L'Harmattan Mali
Sirakoro-Meguetana V31
Bamako
syllaka@yahoo.fr

L'Harmattan Togo
Djidjole – Lomé
Maison Amela
face EPP BATOME
ddamela@aol.com

L'Harmattan Côte d'Ivoire
Résidence Karl – Cité des Arts
Abidjan-Cocody
03 BP 1588 Abidjan
espace_harmattan.ci@hotmail.fr

L'Harmattan Algérie
22, rue Moulay-Mohamed
31000 Oran
info2@harmattan-algerie.com

L'Harmattan Maroc
5, rue Ferrane-Kouicha, Talaâ-Elkbira
Chrableyine, Fès-Médine
30000 Fès
harmattan.maroc@gmail.com

Nos librairies en France

Librairie internationale
16, rue des Écoles – 75005 Paris
librairie.internationale@harmattan.fr
01 40 46 79 11
www.librairieharmattan.com

Librairie l'Espace Harmattan
21 bis, rue des Écoles – 75005 paris
librairie.espace@harmattan.fr
01 43 29 49 42

Lib. sciences humaines & histoire
21, rue des Écoles – 75005 paris
librairie.sh@harmattan.fr
01 46 34 13 71
www.librairieharmattansh.com

Lib. Méditerranée & Moyen-Orient
7, rue des Carmes – 75005 Paris
librairie.mediterranee@harmattan.fr
01 43 29 71 15

Librairie Le Lucernaire
53, rue Notre-Dame-des-Champs – 75006 Paris
librairie@lucernaire.fr
01 42 22 67 13